日本文化的
雙重性格

菊與刀

THE
CHRYSANTHEMUM
AND THE SWORD

01

露絲・潘乃德

Ruth Benedict

目錄

第一章　任務：日本

美國全力對付的敵人中，日本是最陌生而難懂的一個。日本人的行為和思考習慣與美國人大相逕庭，這在以前的大戰中前所未有。和一九〇五年的沙皇俄國一樣，我們在與日本這樣一個全副武裝、訓練有素，卻和西方文化傳統無關的國家作戰。西方國家習以為常的戰爭慣例對日本來說形同虛設。所以太平洋戰爭的困難不僅僅在於登陸一系列的島嶼灘頭，也不僅僅是後勤補給。太平洋戰爭的最大難題是真正瞭解敵人。知己知彼，百戰不殆。

實現這一目標困難重重。日本緊閉的國門被開啟已有七十五年，對它的描述總少不了一長串「卻又」之類的轉折句，這在世界各國中絕無僅有。在嚴肅的學者筆下，只有日本人才會非常禮貌「卻又粗野蠻橫」；其民眾冥頑不化「卻又能迅速適應最激進的創新」；日本人本性柔弱「卻又不喜歡順從上級指揮」；他們忠誠慷慨「卻又陰險奸詐、睚眥必報」；他們英勇卻又怯懦；他們的行動多半是為了面子，卻又有著真正的良心；他們軍隊的紀律如鐵，士兵卻又時常不服管教甚至無視軍令；這個民族積極地學習西方新知識，同時卻又狂熱地守舊。如果要著書介紹日本，可以寫一本書專門介紹這裡如何風行唯美主義，對藝術家和伶人推崇備至，對菊花栽培藝術的追求不吝餘力；同時也得另補一本書，專門介紹這個國家同樣盛行對刀的無上崇拜和武士所享有的至高榮譽。

這些描述看似自相矛盾，實際上千真萬確。介紹日本的書，內容都不離其宗。刀和菊花，同構一圖。日本人，將矛盾的氣質詮釋到極致：富有侵略性卻又毫無威脅，奉行軍國主義卻也不乏審美情趣，粗野蠻橫卻又彬彬有禮，冥頑不化卻又與時俱進，順從軟弱卻又不甘受欺，忠誠而又奸詐，英勇而又膽怯，保守而又迎新。他們極度在意面子，但若做了壞事，即便根本沒人知道，也會深受良心譴責。他們的士兵接受最嚴明的軍紀訓練，卻又桀驁不馴。

瞭解日本已是美國的當務之急，故對於這些及其他同樣突出的矛盾，美國不能置之不理。我們正在面對一系列接踵而至的危機。日本人想要幹什麼？有沒有可能不入侵日本而讓他們投降？我們該不該轟炸天皇所在的宮殿？日本的戰俘又是什麼樣子？對日本軍隊和本土民眾進行什麼樣的宣傳才能減少我軍傷亡，同時削弱日本戰到最後一人的決心？這些問題的答案，就連在「日本通」之間都存在激烈爭議。當和平降臨後，日本人是否需要永久的軍事管制才會安分？我軍有沒有必要準備在每一個山林要塞和負隅頑抗的敵人作戰到底？要讓世界重建和平，日本是否有必要進行像法國和俄國那種規模的革命？誰來領導這個革命？消滅日本人是不是除此之外的唯一選擇？我們的判斷至關重要。

一九四四年六月，我受委派研究日本。我被要求用一個文化人類學家的所有技巧來細細描繪日本人到底是什麼樣子。那年初夏我們對日本的大反攻才初露端倪。美國國內的人還在說這場對日戰爭可能會持續三年，也許十年，也許不止。日本國內的說法是一百年。據他們說美國人的勝利都是局部的，畢竟新幾內亞和所羅門群島離日本本島還有十萬八千里。日本的官方公報根本不承認海軍失利，日本人民還把他們當作勝利者。

但是情況在六月份開始改變。第二戰線在歐洲開闢，最高指揮官兩年半以來把歐洲戰場作為軍事優先的考慮終於有了回報。對德戰爭已勝利在望。在太平洋地區我軍登陸塞班島，這一偉大行動預示了日本最終的失敗。從這兒開始，我們的士兵將越來越近距離地面對日本軍隊。我們都明白，和我們對陣的是多麼可怕的敵人，新幾內亞、瓜達爾卡納爾島（Guadalcanal）、緬甸，還有阿圖（Attu）、塔拉瓦（Tarawa）及比亞克（Biak）等地的戰鬥都表明了這個事實。

因此，弄清楚一系列有關我們的敵人，即日本的問題在一九四四年六月至關重要。不管是軍事還是外交，不論事關高層政策的問題還是要發配日本前線的宣傳手冊，一點點真知灼見都很重要。日本已經為這場戰爭傾巢而出，我們必須瞭解東京掌權者的目標和動機，還有日本悠久的歷史以及經濟和軍事方面的統計數據。除此之外，我們還必須瞭解日本政府可以指望他們的人民幹什麼？我們必須瞭解日本人思維和情緒的習慣以及表現出來的模式。我們要瞭解什麼樣的制約因素導致了這樣的行為和意見。我們必須暫時摒棄自己作為一個美國人的行動依據，盡量避免以己度人，輕易對日本人的行為下結論。

我的任務艱鉅。日美正在交戰，戰時不問來由地譴責對方實屬容易，試圖設身處地去理解敵人可就難了。我卻不得不這麼做。問題在於日本會怎樣行動，而不是換成我們會怎麼做。我必須利用日本人戰時的行為來理解日本人，而不是把這個當成阻礙。我必須暫時把日本人打仗的方式當作文化問題而不是軍事問題來研究。無論是和平年代還是戰爭時期，日本人都是按本色行動。他們處理戰爭的方式透露了什麼樣的特殊生活和思考方式？他們的領袖是如何煽動戰爭情緒，如何撫慰困惑的民眾，又如何現場運用士兵，這些都透露了什麼是他們認為可以利用的力量。我必須緊緊追蹤戰爭的每一細節來研究日本人是如何一步步地暴露自己的。

兩國交戰的事實不可避免地給我帶來了極大的不便。這意味著我不得不放棄文化人類學家的最高技術——實地考察。我無法去日本住到居民家中觀察他們日常生活的壓力，親眼驗證什麼才是至關重要的。我無法觀察他們作出決定的複雜過程，也無法看到他們怎樣帶大孩子。約翰．恩布里（John Embree）的《須惠村》是唯一一本關於人類學家實地考察日本村落的著作，對我裨益匪淺。但是一九四四年我們面對的很多日本問題，在該書成書時根本還沒人提出。

作為一個文化人類學家，哪怕困難重重，我對有些特定的技巧和必要條件是可用的依舊很有信心。至少我還能和研究對象面對面地接觸，這是人類學家賴以維生的手段。這裡有足夠多的在日本長大的日裔，我可以詢問他們各自經歷的細節、看他們如何看待這些事實，從他們的描述裡補充我們對日本認知的漏洞，這對人類學家理解任何文化都是至關重要的。其他研究日本的社會科學家們或利用圖書館、或分析史料和數據，或跟蹤調查日本的宣傳文字。我相信他們所追尋的解答很多就在日本文化的規則和價值裡，而研究真正經歷過這種文化的人能更有效地探討出答案。

這並不意味著我就不讀書，更不意味著我不曾受惠於那些在日本生活過的西方人。有關日本的著作之多，以及優秀的「東方通」之中在日本居住過的人數之多都對我很有利。這可是去亞馬遜河源頭或新幾內亞高地研究不識字部落的人類學家享受不到的資源。沒有書寫文字意味著這些部落不會在紙上表達自己，此外西方人的評論也是少而膚淺，沒有人知道他們的歷史。考察人員必須獨力發掘部落的經濟生活方式、社會層次以及宗教的最高信仰，有關部落生活細節的描述深藏於故紙堆中。日本則不同：來自歐洲和美國的男男女女都寫下了他們多姿多彩的經歷，日本人自己也寫下了不同凡響的自我表現。與其他東方民族不同，日本人急於把自己的想法付諸筆墨；他們筆下有生活瑣事，也有世界擴張的計劃，而且作者都不可置信地坦誠。當然他們沒有全面地展示日本，沒有人能做到。一個描寫日本的日本人會忽略不少關鍵，因為太過熟悉所以視而不見，就像美國人寫美國。不過總而言之日本人喜歡表現自己。

達爾文說他在完善進化論的時候，邊讀書邊記錄下他當時沒法理解的地方。我也是這樣來閱讀這些有關日本的著作的。怎樣才能理解一篇國會演講稿中各種觀點交錯共存？某些在我看似情有可原的行為，日本人卻要重責；我覺得罪不可赦的，他們卻輕易饒恕，這又說明了什麼？我一邊閱讀，一邊不斷問自己：這裡描寫的情景有什麼問題？我要補充什麼知識才能理解它？

我也看日本編劇製作的電影，包括宣傳片、歷史片和描寫東京與農莊現代生活的片子。看完後我會和在日本看過同樣電影的日本人討論這些片子。至少他們用日本人的觀點看待男女主角及反派角色，我則不同。當我覺得一頭霧水時，他們顯然完全明白。情節也好動機也罷，都不是我理解的那樣，但從電影本身架構來說都合情合理。和那些描寫日本的小說一樣，這些電影對在日本成長之人的意義和對我的意義完全不同，兩者間的差異遠遠超出表面所見。有些日本人急於為日本的習俗辯護，有些卻痛恨日本的一切，很難說哪種人使我學到更多。他們向我細細描述在日本人們是怎樣打理生活的，儘管有的人對這種生活心存怨恨，有的則欣然接受，他們的描述仍是一致的。

如果只是從研究對象那裡收集資料並依此發表見解，那麼不少在日本住過的西方觀察者們都這麼做過。一個人類學家如果只有這點能力，就無法對該領域作出貢獻。但是文化人類學家特殊的訓練使得我別有所長，所以值得我去嘗試為這個學者眾多、從者如雲的領域盡一己之力。

作為一名人類學家，我瞭解亞太地區的諸多文化。日本人生活中許多的社會秩序和習俗甚至和太平洋地區的原始部落相似。這些部落有的在馬來西亞，有的在新幾內亞，還有的在波利尼西亞。雖然據此推測兩地間遠古的遷徙和聯繫當然也很有意思，但是對我來說這些發現之所以重要並不是因為可以研究歷史上的連結，而是由於我瞭解這些相對簡單的文化中制度的運作，並且根據兩者間的相似之處和差別我可以找到瞭解日本人生活的線索。我對亞洲大陸上的暹羅、緬甸和中國也略知一二，所以我可以把日本和這些擁有共同偉大文化傳統的國家相對照。人類學家對原始人的研究反覆表明文化比較是何等重要；一個部落在正式儀式上可能和相鄰部落有百分之九十的共同之處，然而他們也會改造這些儀式用來配合他們與周圍鄰族不同的生活方式和價值觀。在這個過程中他們也許不得不摒棄某些基本的安排，哪怕只是很小的一部分，都能將未來的發展導向一個迥然不同的方向。對一個人類學家來說，研究擁有許多共同點的民族之間的差異是最有幫助的。

面對自己的文化和研究對象之間的巨大差異，人類學家必須有心理準備，並且運用特殊的技巧來應對。經驗告訴他們不同文化的人被迫碰面時的情況會大不相同，不同部落和國家以什麼方式界定這類會面的意義也大相逕庭。在一些北極的村落或者熱帶沙漠，某些部落對親族責任和經濟交換的規則是人類學家事先怎麼也無法想像的。他們不僅必須調查這種親屬關係或者交換的細節，還得通過部落的表現調查這些規則的後果，以及每一代是如何從孩童時期就經受訓練來傳承這些規則。

這種對於差異及其形成的原因和後果的職業性關注可以同樣用於對日本的研究。日本和美國根深蒂固的文化差異無人不知。美國民間甚至傳說無論我們做什麼，日本人都還以顏色。如果因此便堅定地認為我們不可能瞭解如此不同的人顯然是有害的。我可以用自身經歷證明哪怕行為再古怪也不妨礙我們去理解它。相對於其他社會科學家，人類學家更常把差異當作助力，而不是包袱。制度和人越是奇怪離譜，反而更要集中注意力。在研究部落生活時任何事都不能當作是理所當然的，一切都值得關注。在研究西方國家時，沒有受過比較文化訓練的人容易忽略整片領域的行為。他太過自以為是以至於忽略日常生活的細枝末節和家常事務中的約定俗成，但其實正是這些東西，放大到全國，比外交官簽署的條約更能影響國家的未來。

人類學家必須培養研究尋常事物的技巧，因為這些部落中的尋常事物和他自己的國家中對應的東西截然不同。當他試圖理解某部落的窮凶極惡和另一些部落的膽小怕事，當他試圖預測特定情況下研究對象的可能反應和感受，人類學家很大程度上必須取材於他的觀察和文明社會中不常有的細節。他有理由相信這些細節至關重要，也懂得如何發掘它們。

這種方法在研究日本時值得一試。只有當人認識到任何民族的存在都再自然不過，才會完全認同人類學家的前提，那就是：無論是在原始部落還是文明前沿的國家，人類的行為都習自日常生活。不管一個人的行為或意見如何古怪，他的感受和想法都和他的經歷有關。我越是對某些行為納悶，就越相信日本生活中存在某種影響造成了這種怪異。追尋答案時如果把我指向日常生活中的細枝末節，那是再好不過。人們就是從日常生活的細枝末節中學習的。

作為一名文化人類學家，我從這個前提出發：即使是單獨發生的看似毫無關聯的行為之間也存在著一些系統的聯繫。我認真研究如何把成千上萬的細節歸納為總體模式。人類社會必須對自己的生活有所規劃，比如面對某些情況該怎樣反應，如何掂量當時的情形。這個社會裡的人把這些解決方式當作宇宙的基石。不管有多少困難人們都會貫徹執行。如果一個人接受了一個生活價值系統，卻長期在某一方面依照另一個相反的價值系統思考行事，他就不可能不造成混亂和低效。他會試圖盡量統一兩者或者給自己編出一些共同的理由和動機。某種程度上的統一是必不可少的，不然這個系統就支離破碎了。

經濟行為、家庭秩序、宗教儀式和政治目的就是這樣相互嚙合到了一起。某一方面的變化超前就會給其他方面帶來很大的壓力，這種壓力本身來自於各方面一致的需要。文字出現前的社會致力於追求統御他人的權力，這種渴望不僅表現在經濟交易和與其他部落的關係裡，也通過宗教習慣表現出來。與沒有書面文字的部落不同，在有古老書面文字的文明社會裡，教會不可避免地保留了過去幾個世紀的記載，但是在某些領域卻放棄了權威，因為那有可能影響公眾對經濟和政治權力的支持——字猶存，意已變。宗教信條、經濟活動和政治並不是涇渭分明地各自為政，它們其實是一潭渾水。正因如此，對研究者來說越是分散地調查經濟、兩性、宗教，甚至嬰兒照料等各方面的實例，越是容易追蹤瞭解這個社會。有了假設，很容易就能在生活中的任何方面獲取數據支持。任何國家提出的要求，不管是政治上的、經濟上的，還是道德上的，都只是他們社會經歷中積累的習慣和思考方式的表現。所以本書不僅僅是一本詳述日本宗教、經濟、政治、家庭的著作，也解析了日本人對於人生行為的潛在觀點，並描述了這些觀點是怎樣不停地通過各種行為展現出來。本書解釋了日本何以為日本人之國。

二十世紀的一大弊病就是我們依然抱有模糊而極端的偏見。不光是針對日本，也包括美國、法國和俄羅斯。如果不能瞭解為什麼不同的國家有不同的人民，各個國家之間就會相互誤解。當我們害怕不可調解的差異時，其實問題可能只在於是兌德爾頓（Tweedledum）還是兌德爾第（Tweedledee）[1]。當我們大談共同目標時，兩國有意採取的行動卻可能因為歷史和價值系統的差異而大相逕庭。這都是因為我們沒有給自己機會去發掘別人的習慣和價值觀。否則我們也許會發現，一個對我們而言陌生的行動方案並不一定邪惡。

往往每個國家對自身行為和思考習慣的描述並不完全準確。各國的作家都曾試圖解釋自己的國家，但這談何容易。國家間看事物的角度都不盡相同，每個國家都想當然地認為自己的觀點無可厚非，而一個被社會公認的價值體系對那個國家的人民來說更是神聖不可變更的。拿眼鏡作個比方，我們不指望戴眼鏡的人知道如何計算自己鏡片的公式；同理我們也不能指望一個國家分析出它們自己的世界觀。如果我們想要瞭解眼鏡，我們會請專業眼科醫生，讓他們寫出鏡片的計算公式。同樣，總有一天人們會意識到想要瞭解當代世界各國，也得依靠社會科學家的專業知識。

做好這個工作有時候需要堅忍固執，有時候又需要非常寬容。這種必要的堅忍固執有時候會被善意的人們詬病。一些「世界大同」的倡導者把說服全人類的希望建立在這樣一個基礎上：不管是東方還是西方，黑人或是白人，基督教徒還是穆斯林，所有的差異都是膚淺的，全人類的想法其實是類似的。這個觀點又稱「四海之內，皆兄弟也」。我不懂為什麼相信「四海皆兄弟」就不能說日本人有日本人的行為方式，美國人有美國人的。那些空想者似乎只能把善意原則建立在全世界的人都是出自同一個模子的這個假設上。實際上，以這樣的絕對一致來作為尊重他國的條件就如同要求自己的妻兒同自己一樣般神經質。尊重現實的人不以差異為意，他們尊重差異的存在。他們的目標是建立一個讓各種差異安全共存的世界。那裡無論是美國人、法國人還是日本人都可以各行其是而不威脅世界和平。對於不把差異看作是時刻高懸頭上的達摩克利斯之劍[2]的人來說，以外力去強硬地阻止這種尊重差異的態度是毫無道理的。他也無須害怕這種觀點會造成世界停滯不前。鼓勵文化差異並不意味著世界將靜止不變。英國並沒有因為從伊麗莎白時代到安妮女王時代和維多利亞時代的變遷而失去它的文化特徵。正是因為英國人堅持自己的個性，他們才能在不同的時代彰顯出不同的社會標準和民族情緒。

系統地研究各國差異既需要堅忍固執，也需要一種寬容的心態。比較宗教學之所以能夠興盛，是因為人們對自己的信仰有了足夠的信心，因此才能擁有非比尋常的寬容。這些人也許是耶穌會成員，也許是阿拉伯學者，或者並不信教，但他們絕不可能是宗教狂熱分子。同樣地，如果人們把自己的生活方式當作唯一的正道來維護，比較文化學就無法興盛。這樣的人永遠不會因為瞭解不同的生活方式而更加熱愛自己的文化。這種愉快而有意義的經歷與他們無緣。他們防備心理太重，只能要求別國採用他們的方式解決問題。這樣的美國人要求所有的國家都信奉我們最喜歡的信條；而其他國家則無法立刻按照我們的方式生活，就如同我們無法學習十二進制來代替十進制，或者像某些東非土著一樣以金雞獨立的姿勢休息。

所以這本書寫的是日本人期待和公認的習慣。諸如什麼情況下講究禮貌，什麼情況下又不講究；什麼時候覺得羞恥，什麼時候又覺得尷尬；還有日本人對自己有什麼要求。能夠評判書中所述的最佳權威應該是日本街頭的普通人，或者任何人。也就是說這些人無須親身經歷過書中所描述的每一個特定場合，但他們一定能夠辨別某種場合下日本人的行為習慣就是如此。這項研究的目的是描述日本根深蒂固的思維和行為方式。即使我沒有完全做到，至少這是本書努力的目標。

在研究過程中，我很快發現要瞭解很多行為習慣並不需要採訪大量的對象反覆論證同樣的信息。比如說，想要弄明白誰應該什麼時候向誰鞠躬就不完全需要進行全民統計。幾乎任何日本人都能準確解釋那些約定俗成的東西，一般經過幾人確認後就不必再向上百萬的日本人調查同樣的信息了。

日本之所以形成現在的生活方式是建立在怎樣的基礎之上？要挖掘出其中的成因是

一項艱鉅的工作，難度遠遠大於僅用統計數字作驗證。這些公認的習俗和意見如何成為日本人看待事物的出發點，這是研究者面臨的巨大挑戰。研究者必須論述清楚日本人自認為理所當然的東西是如何影響他們看待生活的重點和角度，還得把一切解釋得清清楚楚，讓截然不同的美國人也能明白。評判這一任務是否完成，一個普普通通的日本人比如說田中先生，就不一定是最佳的裁判人選了。因為田中先生不會把自己潛意識裡接受的觀點表述出來，寫給美國人看的解釋在他看來更是多此一舉。

美國的社會研究很少會涉及文明社會建立的基礎。大部分研究都認為這些基礎是不言自明的。社會學家也好，心理學家也好，都忙於研究民意和行為的「分散性」，最常用的手段就是統計。他們用統計分析來處理大量的人口普查數據、問卷調查的答案以及心理測試等等，試圖從中得出某些因素是獨立存在或者相互依賴的結論。在公眾言論領域，美國早已高度完善通過科學方法選擇一小部分人作為代表來調查全國民意的寶貴技巧，要知道多少人支持或反對某一公職候選人或某一政策都不難。通過統計，我們可以知道支持者和反對者的分佈，比如他們是城市居民還是農村居民、低收入還是高收入、共和黨還是民主黨。在這個全民擁有選舉權的國家，所有的法律都由人民代表起草和通過，所以這樣的研究發現有很大的實際意義。

美國人之所以能夠在本土搞民意調查並理解其調查結果，有一個不言而明的前提——他們都瞭解美國的生活方式，並認為這是理所當然的。有了這個前提，民意調查才能夠加深我們對已知事物的瞭解。當我們試圖瞭解另一個國家時，除非我們能夠先系統地、定量地研究那個國家國民的習俗和慣例，否則民意調查沒什麼用處。通過仔細選擇調查對象，民意調查能夠發現多少人是反對或者擁護政府的，但是如果我們不瞭解他們對政府的概念，這個調查結果又有什麼幫助？只有瞭解了日本人的政府概念，我們才能知道各個黨派在街頭或者國會爭論的是什麼。一個國家對於政府的潛在認識和理解遠比黨派勢力的大小更為廣泛和持久。在美國，共和黨和民主黨都認為政府是個不得不有的禍害，它限制了個人的自由。除了戰爭時期，公務員遠不及私有企業的職員有地位。這種看法和日本人相去甚遠，甚至和不少歐洲國家也完全不同。我們首先要瞭解的就是日本人的看法，具體表現在他們的習俗，他們對成功人士的評價，對於國家歷史的神化，還有他們的國慶演講上。這些間接的表現都可供研究，但必須是系統的研究。

我們總是投入地仔細研究某個選舉中投票贊成或反對的人群比例。我們至少可以用同樣的熱情去研究一個國家潛在的定例和法則。日本的基本潛規則就很值得探索。我所受的西方薰陶在某些方面不符合日本人對生活的看法，一旦發現這點，再瞭解了一些他們使用的範疇和標誌，我就明白了許多西方人眼裡日本人的矛盾行為其實並不矛盾。我開始理解為什麼日本人把一些行為上的巨大轉變看成一個統一整體的和諧部分，我可以試圖闡明其中的原因。隨著我和日本人工作上的深入，他們開始冒出一些奇怪用詞和概念，後來我才發現其寓意深遠並充滿悠遠的情感。西方意義上的善與惡在這裡發生了翻天覆地的變化；這個系統是獨一無二的，它既不是佛教也不是儒學。這就是日本的特點，既是彼之所長也是彼之所短。

1 《愛麗絲鏡中奇遇記》中的一對雙胞胎，此處意指細微的差異。

2 意指擁有強大的力量非常不安全，很容易被奪走。或說感到末日的降臨。

第二章　戰爭中的日本人

每個文化傳統都有關於戰爭的正統觀念，很多觀念在所有的西方國家是相通的，哪怕細微處不盡相同。在西方國家之間的戰爭中，如何號召國民全力以赴投入戰爭，局部失利時如何安撫民眾，陣亡和投降人數比例的某些規律，對待戰俘的行為標準皆可預測，因為這些國家擁有一個共同的文化傳統，其中甚至包括了戰爭。

所有日本偏離西方戰爭規範的地方都是我們研究他們不同的生活觀和責任觀的素材。我們的目的是系統地研究日本文化和行為，所以對我們來說哪些差異在軍事上有關鍵意義並不是最重要的，因為任何方面的差異都有助於提出關於日本人本性的問題。這些問題都亟需答案。

日本為其戰爭辯護的理由就和美國截然相反。它對國際形勢有著不同的解釋。美國將第二次世界大戰（以下簡稱二戰）歸罪於軸心國即日義德的侵略行為嚴重挑戰了國際和平。不管軸心國是在滿洲、埃塞俄比亞，還是在波蘭奪權，都證明了它們走上了欺凌弱小的邪惡路線。他們違背了「互不相擾」和自由貿易「門戶敞開」的國際公約。日本則從另一個角度看待二戰的起因。如果每個國家都有絕對的主權，那麼世界就必然處於無政府狀態。日本有必要通過戰爭來建立等級秩序，當然，只有日本能夠領導這一秩序，因為只有它才全國上下井然有序，人人理解「各得其所」的必要性。日本本土已經實現統一與和平，消滅了盜匪，修建了公路，興起了電力和鋼鐵產業。他們自己的官方數據表明百分之九十九・五的下一代在公立學校裡接受了教育。根據日本的等級制度，下一步就該提拔落後的小弟——中國。因為大東亞地區人種相同，日本就應該先消滅美國在該地區的勢力，再來消滅英俄，最後取得自己應有的地位。那時就實現了世界大同，各國都在國際等級體系裡擁有固定的位置。下一章我們將研究日本文化中這個等級制度有著什麼重要意義。對於日本來說這個夢想並不奇怪，不幸的是被它占領的國家並不認同。即便戰爭失敗也沒能讓日本對自己的「大東亞」理想進行道德批判。即便是沒怎麼受軍國主義毒害的日本戰俘也幾乎從不質問日本對亞洲大陸和西南太平洋的野心。

日本將會在很長一段時間裡保持某些與生俱來的態度，其中最重要的一個就是對等級制度的忠誠和信念。這對熱愛平等的美國人來說是不可思議的，但是我們有必要瞭解日本人指的等級制度是什麼，他們又把什麼優勢歸功於這種制度。

同理，日本把戰爭勝利的希望也放在一個和美國不同的基礎上。他們宣揚的日本必勝，是精神對物質的勝利。美國國土遼闊，軍事裝備先進，但是那算什麼？這些日本早有預見，不以為慮。日本人從他們著名的報紙《每日新聞》上讀道：「要是我們害怕數字，這場戰爭根本就不會開始。敵人的豐富資源又不是這次戰爭創造的。」

即便是在日本打了勝仗之後，日本的官員、總指揮和士兵都反覆強調這不是軍事裝備上的較量，而是他們用對精神的信念來對抗我們對物質的信念。當我們占上風時他們反覆宣揚在這場較量中物質力量終將失敗。在塞班島和中途島戰役潰敗時，這個教條便很自然地成為了托詞，但它並不是專門用來給失敗作藉口的。在日本節節勝利的數月中，這是他們的號角。遠在珍珠港事件之前，這個口號就已經深入人心了。在三〇年代，狂熱的軍國主義者和曾經的陸軍大臣荒木在《致全日本國民》的宣傳手冊裡寫道：

日本國的「真正使命」是「將帝國之道宣揚四海發揚光大。力之不逮不足為慮，區區物質何以為慮」。

事實上，哪個備戰的國家會不擔心？日本自然也不例外。整個三〇年代日本的國民總收入用於軍備的比例增加驚人。襲擊珍珠港時幾乎一半的國民收入是用在海陸軍上，政府用於民事管理的支出僅佔百分之十七。日本和西方國家的差別並不在於日本忽視軍備，而在於戰艦大炮對他們來說僅僅是永恆的「日本精神」的表面象徵，就像武士刀象徵的是他們的美德一樣。

如果說美國自始至終堅持什麼都要「越大越好」，那麼日本同樣對於非物質資源的鼓吹有所堅持。兩國同樣以傾國之力搞生產，但日本的動員工作是基於自己的國情的。他們宣傳精神就是一切，永恆不滅。物質雖然也必不可少，卻是次要和從屬的。「物質資源有其局限，」日本的廣播電台這樣嚷道，「它們無法持續千年不變。」這種對精神的依賴在戰爭中也可見一斑。日本的戰術問答手冊裡就有這麼一句口號：「以我們訓練的質量抵抗敵人的數量；以我們的血肉抵擋敵人的鋼刀」，這句口號由來已久，並不是為了這次戰爭而量身定製的。日本的戰爭手冊開頭就是這麼一行粗體字：「讀罷此書，無往不勝。」日本的敢死隊可以駕著小飛機自殺式撞擊美國戰艦，這些事跡更是沒完沒了地被當作精神戰勝物質的模範來宣傳。敢死隊以「神風」為名，就是因為十三世紀成吉思汗想要入侵日本時一陣「神風」吹得他的船隊七零八落，日本因而得免。

即便在民事環境中，日本當局也是切實地把精神戰勝物質當真理。例如，老百姓不是因為工廠裡十二小時制的工作和整夜的轟炸而疲倦嗎？「身體越沉重，鬥志更昂揚！」「訓練越勞累，結果越精彩！」冬天老百姓在防空洞裡不是挨了凍嗎？大日本體育協會在廣播裡教大家做禦寒體操，不但能夠代替取暖設備和被褥，甚至還能代替老百姓正常所需卻又供給不足的糧食。「肯定有人要說吃的都不夠了誰還有心思做體操？這話不對！越是沒吃的，越要通過其他方式提高體力。」這就是說，必須透過花費更多的力氣來提高體力。這種不遵循能量守恆的想法對美國人來說很不可思議；美國人總認為一個人有多少體力取決於前一晚是否睡夠，飯有沒有吃飽，或者是不是受寒了。而日本人覺得這種觀點太物質化，他們根本不相信能量貯存的計算法則。

二戰中，日本的廣播更極端。他們甚至宣傳戰鬥中人的精神可以克服肉體的死亡。曾有廣播這樣描述一名英雄飛行員和他征服死亡的奇蹟：

當空戰結束後，日本飛機以三架或四架一組的小隊型飛回了基地。最先回來的人中有一名大尉，從飛機裡下來後便站在地上透過望遠鏡盯著天空看，點數他的下屬歸來的飛機。他看上去十分蒼白，站得卻很穩。當最後一架飛機著陸後，他寫了一個報告就去總部匯報。當他向長官匯報完畢後卻突然倒在了地上。在場的軍官們急忙施救，他卻已經死了。檢查他的屍體才發現屍身早已冰冷，胸部中了致命的一彈。剛死的人不可能像這名大尉一樣渾身冰冷。他一定早已殞命，只是他的靈魂支撐著回來匯報。這樣的奇蹟一定來自於大尉深重的責任心。

美國人當然會覺得這個故事荒唐至極，但受過教育的日本人卻不覺得可笑。他們認為日本的聽眾也不會覺得這個故事是編造的。首先他們指出廣播真實地提到了這名大尉的事蹟是個「奇蹟」。再說為什麼不可能？靈魂是可以訓練的，很顯然這個大尉是個自我訓練的大師。如果全日本都知道一個淡定的靈魂可以千年不散，那麼一個責任至上的空軍大尉用靈魂去支撐肉體幾個小時又有什麼困難呢？日本人相信特定的訓練方式可以強化人的精神力量。這位大尉顯然深得其道，受益匪淺。

作為美國人，我們完全可以把日本人的這些荒謬理論斥為窮苦國家的藉口或鬼迷心竅。但是，如果我們真這麼想，就無法好好跟日本人打交道，無論是戰爭時期還是和平年代。這些日本人深鐫於心的信條源自某些禁忌和對某些事物的排斥，或某些特殊的訓練和紀律，他們絕對不是單獨的怪異現象。明白了這一點，美國人才能理解日本投降時承認「單靠精神是不夠的」和「『用竹槍』防守陣地是一種幻想」是什麼意思。更為重要的是，我們要能夠充分領會他們這番話的意義：日本人承認了「日本精神」並非萬能，無論是戰場還是工廠，美國人民的精神都足以和它匹敵。正如他們戰敗後承認的那樣：戰爭中他們「淫浸在主觀中」。

除了等級的必要性和精神至上說，日本在戰時的各種說法對一個研究比較文化的人來說都很有啟示。他們一直談論安全和士氣都只是相對預警而言；不管是平民被轟炸，塞班島失利，還是菲律賓失守，日本官方對民眾的說詞都是「這些早在預料之中，無需驚慌！」這樣的廣播宣傳不遺餘力，明顯指望以此安慰民眾，好讓他們相信一切仍盡在掌控之中。「雖然美軍攻占吉斯卡島使日本暴露在美軍轟炸圈內，但是我們對此早有估計，並做好充分準備。」「敵人毫無疑問會採取海陸空的聯合進攻，但是這些都在我們的預料之中。」連戰俘們都認為對日本的轟炸無法削弱他們在本土的作戰力，「因為他們早就有了準備」，甚至連那些認為勝利無望，希望日本早點戰敗的戰俘都這麼想。當美國人開始轟炸日本城市時，日本航空製造協會的副會長在廣播裡這樣說：「敵機終於來到了我們的頭頂。但是對我們這些飛機製造產業的人來說，這是早有預見和準備的，所以沒什麼可以慌亂的。」日本人只有假設自己預見了一切並作了充分的準備，才能自欺欺人地宣稱一切都是他們要求的，而不是別人強加給他們的。「我們不應該認為自己被動地受了攻擊，應該想這是我們主動地把敵人引向我們。」「敵人，想來就來吧！我們不會說『該來的終於要來了』。相反，我們會說：『我們等待已久的終於來臨了。我們很高興這一天的到來。』」海軍大臣在國會上這樣引用十九世紀七〇年代偉大的日本武士西鄉隆盛的一番話：「世上的機會有兩種，一種是碰巧湊上的，一種是我們創造的。面臨大難時，我們必須自己創造機會。」據廣播報道，當美軍進軍馬尼拉時，山下（奉文）將軍大笑著說：「現在敵人已入我們腹地……」，「繼敵人在仁牙因灣登陸後，馬尼拉迅速淪陷，這些都在山下將軍的神機妙算之中。將軍的部署正在取得不斷的進展。」換句話說，失敗才是勝利。

美國人則正好相反，是因為被迫應戰才全力投入。我們被攻擊了，所以得以牙還牙。就珍珠港和巴丹事件而言，發言人在安撫美國上下民眾時絕對不會說「這些都在我們的預料之中」。相反我們的官員說的是：「敵人這是自取滅亡，我們一定會給他們點顏色看看。」美國人一輩子都不斷在面對來自環境的挑戰，所以時刻準備著應戰。日本的生活方式講究事先計劃安排一切，並視未知為最大威脅，這樣他們才能放心。

日本戰時行為的另一鮮明特徵也很能反映日本人的生活。他們一直不斷地提到「全世界的眼睛是怎樣關注著他們」，因此他們必須全面表現出「日本精神」。美軍登陸瓜達爾卡納爾島時，日本士兵收到的命令卻是現在他們受到了世界的直接關注，必須表現出自身的素質。日本海軍受到警告說萬一遭魚雷擊中被迫棄船用救生艇求生時，必須舉止得體，否則「會被全世界取笑，美國人還會拍成電影在紐約上映」。他們非常看重自己展現給世界的一面，這種想法也深深植根於日本文化。

日本人的態度中最值得關注的是他們對於天皇的態度。天皇對臣民有什麼樣的威懾力？有些美國當權者指出日本七百年的封建歷史中天皇都只是一個影影綽綽的傀儡。每個日本人都首先要效忠於他的領主，即「大名」，還要效忠於大元帥，即「將軍」。是否忠於天皇從來都不是問題。天皇被安置在閉塞的皇宮裡，所有的儀式和活動都得遵從將軍的嚴格規定。即使是一個地位很高的封建諸侯想要拜見天皇都是叛國罪，所以對於廣大老百姓來說天皇更是遙不可及。這些美國學者堅持只有通過歷史才能瞭解日本。一個從人們黯淡的記憶中捧出來的天皇怎麼可能成為日本這樣一個保守國家的人心凝聚點呢？他們認為反覆強調天皇對民眾影響力的日本評論家們都言過其實，且這些人的堅持反倒證明了自身論據的脆弱。因此，沒有理由要求美國在執行戰時政策時特別小心謹慎地對待日本天皇。相反地，他們認為我們有一切理由全力攻擊這個日本新推出的邪惡元首。天皇正是日本現代具有民族主義色彩的神道教的中心，如果能夠削弱或挑戰天皇的神聖不可侵犯性，那整個敵國的結構都會崩塌。

許多瞭解日本，也看過前線及日本本國報告的有識之士則持相反意見。在日本生活過的人都知道，貶低或攻擊天皇的言辭最容易激起民憤並激發日本人的士氣。這些有識之士不相信日本人會把攻擊天皇視同於攻擊軍事主義。他們見證過第一次世界大戰結束之後的日本，民主標語當道，軍事主義完全失去民心，很多軍人不換下軍服改穿便裝就不敢在東京上街。但即便如此，百姓對天皇的尊敬也絲毫未減。這些在日本住過的美國人堅持不能把日本人對天皇的崇敬和德國人對希特勒的尊崇視為同物。後者只不過是衡量納粹黨派得勢程度的晴雨表，受制於法西斯政府的惡行。

日本戰俘的證詞也證明了這種觀點。他們與西方士兵不同，沒有受過指導，不知道被俘後什麼能說什麼不能說，對所有話題的答覆都是驚人地毫無章法。這種缺乏訓練的現象當然是因為日本的不投降政策，這一點直到戰爭的最後幾個月才有所改善，而且僅限於幾個部隊。這些戰俘的證詞在日本軍隊中具有廣泛的代表性，值得注意。因為他們之所以被俘絕大部分是因為受傷或昏迷無法抵抗，而不是因為士氣低落而投降。如果是後者，那他們的證詞也許就不具備典型性了。

日本戰俘中的頑固分子把自己的極端軍事主義歸咎於天皇，他們是在「執行天皇旨意」、「為天皇分憂」、「為天皇效死」。「天皇帶領大家開戰，服從是我的天職。」但是那些反對現階段的戰爭和未來侵略計劃的人同樣把和平的想法歸功於天皇，每個人對天皇都有自己的理解。厭倦了戰爭的人用「愛好和平的陛下」指代天皇；他們堅持天皇「一直是開明而反戰的」；「他受到東條英機的欺騙」；「滿洲事件證明了他是反對軍部的」；「開戰沒有得到天皇的許可。天皇不喜歡戰爭也不會允許自己的子民被捲入戰爭。他不知道自己的士兵有多受罪」。這些陳述和德國戰俘完全不同；不管德國人怎麼抱怨希特勒被自己的將軍和指揮們背叛，他們都把戰爭的起因和準備歸罪於希特勒的煽動。日本戰俘們則明確表現出他們對天皇一家的崇敬是可以與軍事主義和激進的戰爭策略有所區別的。

但是對他們而言，天皇和日本是一體的。「沒有天皇的日本就不是日本」、「無法想像沒有天皇的日本」；「日本天皇是日本人民的象徵，是宗教生活的核心。他是宗教聖物」。他也不應為日本戰敗承擔責任；「人民不認為天皇該為戰爭負責」。「萬一戰敗，該受責備的是內閣和軍隊領導，絕非天皇」；「就算日本這次戰爭失敗，老百姓仍百分之百地繼續崇敬天皇。」

美國人習慣了帶著懷疑的眼光評判所有人，可能會覺得這種天皇高高在上無可非議的統一意見有點虛假。然而這就是戰敗日本的心聲。審訊經驗最豐富的老手們作證，他們完全沒有必要在每張詢問單上記錄「拒絕發言反對天皇」——所有的人都拒絕了，包括那些和盟軍合作，對日軍進行廣播的人。所有收集起來的日軍戰俘審問記錄裡只有三份是輕微地反天皇的。只有一個人把話說到了「讓天皇繼續在位是個錯誤」的份上，另一個說「天皇是個軟弱的人，只是個傀儡罷了」。第三個則僅僅表示天皇有可能退位給皇太子，如果廢除君主制的話日本女性可以獲得自由，就像她們羨慕的美國女性一樣。

因此，日軍指揮官們便多處利用這種舉國對天皇的崇敬。他們分發給部隊「來自天皇」的香煙；天皇生日時領導軍隊面向東方三鞠躬，並高呼「萬歲」；「即使部隊日夜處於轟炸之下」，將領們早晚和部隊一起朗誦天皇透過《軍人敕諭》親自下達給軍隊的「聖旨」，「朗讀聲響徹叢林」。好戰分子也竭盡所能地利用向天皇盡忠的吸引力。他們號召部下「完成天皇陛下心願」、「為天皇陛下除憂」、「表現你對天皇陛下的尊敬」、「為天皇獻身」。但是這種對天皇意願的遵從也有兩面性。正如許多戰俘說的，「只要天皇令戰，日本人會毫無疑問地戰鬥到底，哪怕只有竹竿。同樣的只要天皇令和，他們可以立刻停止戰鬥」；「只要天皇有令，日本人明天就可以停戰」；「就算是滿洲的關東軍也會放下武器」，他們是最為好戰和信奉軍國主義的；「只有天皇的話能讓日本人民接受戰敗，心甘情願地開始重建。」

一方面日本人對天皇無條件地忠誠；另一方面他們又對其他任何人都有意見，兩者形成了鮮明的對比。無論是日本的報紙雜誌，還是戰俘的供詞，都不乏對政府和軍隊領導的批評。戰俘紛紛批判自己當地的長官，特別是那些沒有和士兵同甘共苦的。他們對那些自己坐著飛機撤退而不顧部隊死活的長官最有意見。通常他們會表揚幾個軍官，又批評另外幾個。事實表明他們完全能夠區分事物的好壞。即使是日本本土的新聞報紙和雜誌也批評「當今政府」，號召更強的領導力，更好的協調工作，甚至撻伐對言論自由的限制。一九四四年七月東京一家報紙報導的一個討論會就是很好的例子。會上雲集了報刊編輯、前國會議員及日本極權主義黨派大政翼贊會的領導人。其中有人發言：「動員日本人民的方法有很多種，我認為最重要的是言論自由。最近幾年，人們無法把真實想法宣之於口。他們怕說了之後被譴責。人們猶豫不決，只敢對表面問題進行修補，結果造成公共意志的薄弱。這樣根本無法發展人民的力量。」另一個發言者在此基礎上更進了一步：「我幾乎每晚都和選區的人們會談，問他們對很多事物的看法，但是他們都害怕發言。禁止了言論自由，這樣絕對無法激勵他們的鬥志。所謂的戰時特別刑法和治安維持法把人都變得像封建時期那樣膽小了。本來可以發揮的戰鬥力現在也沒有發揮出來。」

所以即便是在戰爭中，日本人還是在批評政府、最高指揮官和他們的頂頭上司。他們並沒有毫不置疑地贊同整個等級系統的優點。但天皇是個例外，即使他的首要地位最近才得到確認。為什麼會這樣呢？日本民族性中有什麼特異之處使得天皇處於如此神聖不可侵犯的地位？日本戰俘說的是真的嗎？天皇的一個命令可以決定他們是拿著竹竿戰鬥到死還是平和地接受戰敗和占領？這是迷惑我們的煙幕彈還是事實？

從反物質的基本觀點到對天皇的態度，所有這些有關日本人戰時行為的關鍵問題在日本本土和戰鬥前線都有體現。另有一些態度則屬日本軍隊特有，其中一種就是戰鬥力的可消耗性。這一觀點和美國人形成了鮮明對比，以下就是個很好的例子。當美國海軍為台灣海峽特遣部隊的指揮官上將喬治．麥肯（George S. McCain）授勳時，日本廣播滿懷詫異地作了以下報導：

授勳的官方理由竟然不是因為指揮官喬治．麥肯驅逐了日本軍隊。在我們看來這才是個授勳的理由，尼米茲公報也把這一戰績歸功給他。……沒想到，他們授勳的理由竟然是因為他成功地解救了兩艘受損的美國戰艦並把它們安全帶回了基地。這個消息之所以重要是因為它是真人真事，而不是編造的故事……所以我們並不懷疑上將麥肯真的救了兩艘戰艦，我們想要指出的是一個奇怪現象：顯然在美國挽救破船是值得授動表揚的。

美國人為任何救援行動歡欣鼓舞。我們覺得救助已經受傷或殘缺的對象反而更顯英雄氣概。但在日本人的概念中，類似的拯救活動根本算不上英勇。就連我們 B-29 轟炸機和戰鬥機上裝的安全裝置都被日本人嗤之為「懦夫之舉」。報章和廣播反覆宣揚這一主題——只有接受生死考驗才是光榮的，採取預防措施是可恥的。這種態度也體現在日本人對受傷和患瘧疾的士兵的處理方法上。這些士兵已經是殘缺品，在醫療用品嚴重不足的情況下，要保障軍隊基本戰鬥力都是個問題，讓傷員消耗藥品更是浪費。隨著時間的推移，運輸困難加快了醫療條件的惡化，但還有更多別的原因，比如日本人對物質條件的不屑。日本士兵受到的教育是死亡本身就是精神的勝利，照顧病弱阻礙了他人的英雄行為，這就好比在轟炸機上裝安全設備一樣。日本人也不像美國人那樣在日常生活中依賴內外科醫生。美國人對於殘缺事物所抱的悲天憫人情懷遠遠高於對其他福利措施的關注，這一點，連和平時期的歐洲來訪人員都常常感歎，對日本人來說當然就更陌生了。整個戰爭期間，日本軍隊從來沒有受過專業訓練的救援隊上戰場把傷員轉移下火線並處理傷口；也沒有前線救護站、後方野戰醫院和更遠離火線的康復醫院一類的醫療系統。醫療供給的忽略程度更是令人生歎，有些緊急情況下住院的傷兵乾脆被殺了事。特別是在新幾內亞和菲律賓，日軍經常不得不從一個有醫院的陣地撤離。時間還充裕的時候，他們沒有例行程序撤離傷員病號，只有在整個營隊已經開始「按計劃撤退」，或者敵人已經開始占領陣地時，才對傷病士兵有所安排——不是負責的醫療官在離開前射殺醫院的病人，就是病人自己用手榴彈自殺。

如果說日本人對待「殘缺」的態度決定了他們對待自己同胞的方式，那麼他們對待美國戰俘的方式也受到同樣的影響。根據我們的標準，日本人對自己人的暴行和對戰俘的暴行都同樣有罪。前菲律賓群島首席醫療官哈羅德·格拉特里（Harold Glattly）上校在台灣當了三年戰俘後說：「美國戰俘受到的醫療待遇比日本士兵還好些。戰俘營裡的盟軍醫療官們能夠照顧自己人，而日本士兵連個醫生都沒有。很長一段時間裡他們僅有的醫療人員是一名下士，後來換成了一名中士。」一年之中他只看到過日本醫官一兩次。1

日本人這種不計損耗的思想最極端化的表現就是他們的不投降政策。任何西方軍隊若是在竭盡全力後仍然發現沒有任何勝算的情況下都會選擇投降，而且他們仍然會覺得自己是光榮的軍人。根據國際公約，他們的名字會被傳回自己的國家，好讓家裡人知道他們還活著。無論是作為士兵、平民還是自己家族的一員，他們都不會因為被迫投降而名譽掃地。但日本人卻不這麼看。榮譽意味著鬥爭到死亡的那一刻。假如身處絕境，日本兵應該做的是用最後一顆手榴彈結束自己的生命，或者赤手空拳衝向敵人，集體進行自殺性的攻擊，但是無論如何他不可以投降。即便是因為負傷或昏迷而被俘虜，他也「不能再於日本抬起頭來」。他已經名譽掃地，相對於以前的生命而言，他已經「死了」。

當然，日本軍規中有這樣的規定，但是前線顯然沒有必要再特別對此進行正式教導。日軍忠實地貫徹了這一紀律，以致在北緬甸戰役中，被俘和陣亡者的比例是一四二比一七一六六，也就是一比一二〇。而且戰俘營中的一四二人裡面，絕大部分被俘時就已受傷或昏迷，只有極少數是落了單，或三三兩兩地投降的。西方國家的軍隊公認如果部隊的陣亡人數達到兵力的四分之一或三分之一時就應該放棄戰鬥。投降者的比例則大約是四比一。霍蘭迪亞戰役中，日軍第一次大規模地投降，投降和陣亡人數的比例是一比五，這和北緬甸的一比一二〇相比已經是一大飛躍。

所以對日本人來說，美國戰俘的投降行為就是在使他們自己蒙羞受辱。就算沒有受傷、瘧疾和赤痢等病痛，他們也都早就被看作是「廢人」了，沒有資格被視為「完整的人」。很多美國人描述過在戰俘營裡他們的笑聲是多麼容易激怒看守人並招來危險。在日本人眼裡這些美國人遭受了恥辱，偏偏他們自己不覺得，這使得日本人無比惱火。許多美國戰俘必須服從的命令也是這些日本看守的上級長官要求他們的，強迫行軍或擁擠不堪的轉移對這些看守來說是家常便飯。根據美國戰俘的回憶，我們得知日本哨兵經常嚴厲教育他們要學會如何掩飾戰俘破壞規章制度的行為，而不要公然地違反規定。公開違規可是滔天大罪。在某些戰俘營，戰俘們白天需要到營外修路或者安裝東西。日方規定他們不許從鄉間帶回任何食物。但是這一規定形同虛設，只要戰俘把那些蔬菜和水果藏起來不被發現就行。如果被查到了，那就是公然違法，嚴重挑釁哨兵的權威。公開挑釁權威會受到嚴厲懲罰，哪怕只是「頂頂嘴」而已。就算是日本民間也有嚴格的規定不許人「頂嘴」，軍隊裡的懲罰則更是嚴厲。我們在這裡區分哪些行為是長期文化影響的結果，並不是為那些戰俘營裡發生的暴行開脫。

特別是在戰爭早期，日本人堅信敵人會嚴刑拷打並殺害所有俘虜，這就更加強了被俘的羞恥感。有一個謠言在日軍中廣為流傳，說瓜達爾卡納爾島上的戰俘大都被坦克碾斃。也有一些日本人試圖主動投降，但是因為受到美軍懷疑而被殺害，這種懷疑經常是不無道理的；因為一個一無所有、只欠一死的日本兵經常以與敵人同歸於盡為榮，甚至被俘後都有可能這麼做。就如一個士兵所說的，既然早就下定決心「把自己獻給勝利的祭壇，那麼臨死前不英勇就義才是最可恥的」。這種可能性讓美軍提高了警戒，也減少了日軍投降的人數。

「投降可恥」這一觀念深深地印刻在日本人心裡。西方的戰爭公約裡前所未聞的行為對他們來說卻是司空見慣，同理他們也覺得我們的行為非常古怪。美國戰俘要求把自己的名字通報給政府以便家人知道自己還活著，日本人對這種要求既蔑視又覺得不可思議。巴丹半島戰役中，至少普通日本士兵根本沒想到美國軍隊會投降，因為他們理所當然地認為美國人會像日本人那樣血戰到底；他們也同樣無法理解為什麼美國人絲毫不以被俘為恥。

西方士兵和日本士兵之間最為戲劇化的差別，當屬日本戰俘對盟軍的高度配合。他們沒有任何適用於這種新情況的規矩——他們已經名譽掃地，作為日本人的生命已然結束。只有到了戰爭的最後一個月才有少數人敢奢望重歸故國，不管日本是勝是敗。有些人要求受死，「不過如果你們的習俗不允許這樣做，那麼我會做個模範戰俘」。他們實際上比模範更模範；一些老兵和長期的極端民族主義者們幫著定位軍火庫，仔細解釋日軍的兵力部署，書寫宣傳資料，還隨同轟炸機出航，為美軍做嚮導去攻打軍事目標。他們好像突然之間過上了全新的生活，新的一切都和舊生活相反，但他們過得同樣起勁。

當然這種描述並不適用於所有的戰俘。有少數是頑固不化的，而且無論他們最後選擇合作與否，美軍必須先給他們一些甜頭作為誘導。美軍的指揮官們對日本人的幫助非常警惕，這並不難理解。有些戰俘營根本不想嘗試利用敵犯提供的情報。但是在利用了戰俘的那些營地裡，最初的疑慮被漸漸打消，日本戰俘的忠誠度得到越來越多的信任。

美國根本沒料到日本戰俘會有這種徹底的轉變，這不符合我們的信條。但日本人一旦全力以赴地執行了一條行為路線，失敗後就自然而然地走上了另一條不同的路。這種行為模式在戰後的日本仍然有效嗎？還是說只適用於單獨被俘的士兵？戰爭中我們還意外地發現了日本人許多其他獨特的行為，這些現象點出了一系列問題：日本人習慣的是怎樣的一種生活？他們的機構怎樣運作？他們的思維和行為習慣是怎樣積累形成的？

---

1 《華盛頓郵報》，一九四五年十月十五日報導。

第三章　各得其所

想要理解日本人，必須從理解「各得其所」對他們來說意味著什麼開始。日本人依賴秩序和等級，而我們信仰自由和平等，兩者的巨大差異使我們很難把等級制度當作一個合理的社會機制來看待。日本人對於人與人、人與國家的關係的看法都是建立在他們對等級制度的信賴基礎上。所以要理解他們的人生觀就要從描述家庭、國家、宗教生活和經濟生活等制度入門。

日本人看待整個國際關係問題和他們看待自己國內問題一樣，都是從自身對等級制度的理解出發。在過去的十幾年，他們自認為正在接近國際勢力金字塔的頂端，而現在西方國家卻取代了他們理想中的位置。正是因為他們對等級制度的認同使日本人甘心接受這一現狀。他們的國際文件無數次證明了對等級制度的看重程度。一九四〇年日本與德、義締結為「三國同盟」。同盟條約的序言寫道：「大日本帝國政府，德意志政府和義大利政府認為萬邦各得其所是持久和平的先決條件……」在該條約簽訂時頒布的天皇詔書也重申了這一點：

宣揚大義於八方，統一乾坤為一宇，實乃皇祖皇宗之大訓，亦朕夙夜之所念。而今世局動亂不知何止，人類蒙禍不知何極。朕惟願早日勘定禍亂，光復和平，軫念極切……茲三國間盟約既成，朕心甚悅。

惟萬邦各得其所，兆民悉安其業，此曠古大業，前途尚遠。

就在襲擊珍珠港的當天，日本使節還向美國國務卿科德爾·赫爾（Cordell Hull）遞交了一份聲明，非常明確地陳述了這一點：

萬邦各得其所乃日本帝國不可改動之國策。……維持現狀同萬邦各得其所之帝國根本國策完全背道而馳，帝國政府斷然不能容忍。

這份日本備忘錄是對國務卿赫爾幾天前的備忘錄的應答。赫爾在他的備忘錄裡引用了對美國人而言同樣基本的四條原則：主權不可侵犯和領土完整；不干涉他國內政；依賴國際合作與和解；平等的原則。這些都是美國人對平等和不可侵犯的權利這一信念中的要點，不但是國際關係也是日常生活的基石。美國人嚮往一個更美好的世界，而平等就為這一嚮往奠定了最崇高、最高尚的基礎。對我們來說它意味著擺脫暴政、干涉和苛捐雜稅，也意味著在法律面前的平等和改善自己生活條件的權利。這是天賦人權的基礎，即使我們在行動上有違平等的原則，我們依然維護它在道德上的權威，也因此滿懷義憤與等級制度鬥爭。

美國人自從建國以來就一直如此看待平等的問題。傑佛遜把它寫進了《獨立宣言》，憲法附加的《權利法案》也源於此。一個全新國家能夠在自己的公共文件中寫下這樣正式的措辭是非常重要的，因為它們反映了這片大陸上的男男女女在日常生活中正慢慢形成一種新的生活方式，一種歐洲人完全陌生的生活方式。十九世紀三〇年代早期，一個年輕的法國人，亞歷西斯．德．托克維爾（Alexide Tocqueville），在訪問美國之後針對

「平等」寫了一本書，成為了國際新聞報導中的一份重要文獻。他是個聰明又富有同情心的觀察者，能夠看出這個陌生世界的許多優點。對他來說這個世界的確陌生；年輕的德．托克維爾生長在法國的貴族社會，一些當時還很活躍並有影響力的人依然記得法國大革命和隨後拿破崙的嚴苛新法政對貴族社會帶來的衝擊和震撼。托克維爾對美國生活新秩序的欣賞體現了他的大方，但他依然是戴著法國貴族的有色眼鏡在看世界。他的書是在對舊世界報告未來的新事物。他相信美國僅僅是一系列發展的先驅，同樣的變化在歐洲也會發生，儘管會小有不同。

因此他不惜篇幅地報導這個新世界。這裡人們真的認為彼此平等。他們的社交秩序建立在全新而又簡單的基礎上，以平等之人的方式交談。美國人不在意等級制度禮儀的細枝末節；他們既不這樣要求別人也不這樣要求自己。他們喜歡說自己不虧欠任何人。這裡沒有古老的貴族式或羅馬式的家族，控制舊世界的社會等級在這裡消失了。這些美國人相信平等勝過一切；即便是自由這一原則在他們的生活中都經常被拋到腦後，但是他們卻平等地生活著。

對於美國人來說，透過這個陌生人的眼睛看到他筆下一百多年前那些先人的生活方式無疑讓人振奮。自那以後我們的國家發生了許多變化，但是社會的基本綱領並沒有變化。在閱讀此書的過程中，我們意識到一八三〇年的美國就已經是我們所知的美國。這個國家曾經有、現在也還有那麼一些人，像傑佛遜時代的亞歷山大．漢密爾頓那樣，傾向於一個更貴族化的社會秩序。但是即便是漢密爾頓之流也不得不承認我們這個國家的生活方式並不是貴族式的。

因此，在珍珠港事件前夕，當我們向日本陳述美國對太平洋地區政策所依據的高尚道德基礎時，其實是在說明自己最信賴的原則。我們相信朝我們指出的方向前進的每一步都能改善這個不完美的世界。同理，日本人完全信奉「恰當地位」，是因為他們的社會經歷在他們心中深植了這樣的生活規則。幾個世紀以來，「不平等」一直是他們有序生活的準則，而這一準則也最容易被預見或接受。承認等級制度的存在對他們來說就如同呼吸那樣自然。但是這並不是西方人所認為的簡單的西方式極權主義。無論是治人者還是治於人者都在遵循一種和我們完全不同的傳統。現在日本既然已經接受了美國在日本國內等級制的最高權威地位，我們就更有必要把他們的習慣瞭解得一清二楚。只有這樣我們才能看清在目前的處境中他們可能採取的行動。

儘管日本在近代進行了西方化改革，它仍然是一個貴族制的社會。日本人的每一聲問候，每一次接觸都必須表明他們之間社會地位差異的種類和程度。當一個人對另一個人說「吃」或者「坐」時，面對熟人或對上下級的用詞都不一樣。每一種語境都要用不同的「你」，動詞也有不同的詞根變化。換句話說，日本人和許多太平洋地區的其他民族一樣，有「敬語」，使用時伴有恰當的鞠躬和下跪。所有這樣的行為都由細緻的規則和傳統決定。一個人光知道對什麼人需要鞠躬還不夠，鞠躬的程度也大有講究。對某個主人來說恰如其分的鞠躬，可能對另一個與致敬者關係稍有不同的人來說就是侮辱了。根據程度不同，鞠躬可以分為很多種，比如全身伏地、用前額叩首的大禮，或者輕輕點頭或聳肩致意的簡單行禮。每個人都必須盡早學習如何在各種場合使用合適的敬禮。

人們在交往時，不僅僅要考慮到階級之間的差異，就連性別、年齡、家族之間的關係以及過去的交情都屬於必須列入考慮的範疇。即使是同樣的兩個人，不同的場合也會要求不同程度的禮儀：兩個相熟的平民，平時根本不用鞠躬；但是當其中的一個穿著軍服時，另一個穿著平民衣服的朋友就得向他鞠躬。對等級制度的遵循是一種藝術，需要平衡多不勝數的因素，某些因素在特定場合會相互抵消，某些卻具有疊加作用。

當然有些人之間不必那麼循禮。在美國，我們對自己家裡人可以非常隨便。人們一回到家就把哪怕是最輕微的正式禮儀都拋諸腦後。在日本，家庭則正是用來學習敬禮並無微不至地遵循禮節的地方。當母親還把嬰兒綁在自己背上時就會用手按低孩子的頭；剛剛學步的幼兒學到的第一堂課就是如何向父兄致禮。妻子向丈夫鞠躬，孩子向父親鞠躬，弟弟向兄長鞠躬，姐妹則不分長幼向所有的兄弟鞠躬。這並不是沒有意義的姿態，它意味著鞠躬者承認對方有權決定他的事務，哪怕他本人更傾向於自己做主。那些受禮者也同樣承認隨著自己的地位相應而來的某些責任。以性別、輩分及長子繼承權為基礎的等級制度是家庭生活的重要組成。

子女對父母的孝順當然是日本和中國共有的一種美德，早在公元六至七世紀，日本就接受了中國關於孝道的系統理論，連同中國的佛教、儒家道義和世俗文化也一起採納了。但是，孝順的表現方式則不可避免地「入鄉隨俗」，以適應日本的家族結構。中國人至今仍被要求忠於自己的龐大宗族。宗族人口可以數以萬計，有權管轄所有族人，並得到族人的支持。中國幅員遼闊，各地情況可能各有不同，但是在很多地區所有村落裡的人都屬於同一宗族。中國有四億五千萬人口，卻只有四百七十個姓。所有同姓的人都認為自己在某種程度上是同宗兄弟。一整個地區的人都有可能屬於一個宗族，遠居外地的家庭也可能是同宗同胞。比如像廣東這樣人口眾多的地區，宗族成員們經常聯合起來維護宏偉的宗族祠堂，在規定的日子裡大家一起供奉多至上千的已故宗族成員牌位，因為他們都源自同一個祖先。每個宗族都擁有自己的土地、房產和廟宇，還有宗族資金，用於有前途的宗族子弟的教育。宗族記錄自己分散的成員，並刊印精緻的族譜，每隔十幾年就更新一次，公佈所有有權享受本宗特權的名字。一個宗族甚至有自己祖傳的家法，如果宗族不同意當權者的意見，可以依此拒絕把宗族犯人交給國家。在帝制時代，官府以國家名義漫不經心地治理這些半自主的龐大宗族，朝廷一般委任外鄉人作為統領官員並定期調任。

日本則大為不同。一直到十九世紀中期，只有貴族家庭和武士家庭能夠使用姓氏。姓氏是中國宗族系統的根本，沒有姓氏或類似的東西就沒辦法發展宗族組織。一些部落裡的族譜就起到了類似姓氏的作用。但是在日本只有上層階級有家譜，即便如此，他們記錄的方式也是像美國的「美國革命婦女會」（Daughters of American Revolution）那樣，從在世的人追溯其先輩，而不是從古至今包括所有出自同一祖先的人。這兩者區別很大。除此之外，日本還是一個封建國家，個人的效忠對象不是龐大的親屬集團，而是封建領主。領主是長居本地的最高領袖，和中國短期任命的外地官員完全不同。在日本，人們看重的是一個人屬於薩摩藩或者肥前藩；個人的依靠在於他所屬的藩。

另一個把宗族制度化的方法，是在神社或聖地祭拜遠祖或宗族神靈。這對日本沒有姓氏或家系的庶民來說是可行的，但是日本沒有崇拜遠祖的流習。庶民們祭拜神社是由所有村民聚集在一起參加的活動，而不必證明是否有共同的祖先。他們被視為氏神的孩子，因為他們都生活在社神的領地內。世界上任何一個地方，定居幾代以後的村民之間往往都會有親戚關係，日本的村民當然也不會例外。但是他們並非由一個共同祖先繁衍下來的緊密的宗族組織。

對祖先的祭拜則另有所在，家裡起居室的佛龕通常供奉著六、七位近來的逝者。日本所有的人，不論階層，都每天在這個佛龕前行禮，擺設食物供奉已故的父母、祖父母及近親，以示對他們的紀念，佛龕裡供放著類似微型墓碑的牌位代表逝去的親人。墓地裡，曾祖輩的碑文即便已無法辨識也不會被重新刻寫，三代以上的祖先很快就被遺忘。日本人的家族關係非常疏離，從這點看，他們可能和西方社會，尤其是法國人的家族關係最為類似。

因此，「孝道」在日本僅僅局限於面對面的家庭成員之間。這意味著每個人根據輩分、性別和年齡在一個小團體裡確立各自的恰當地位，這個團體往往只包括自己的父親、祖父、他們的兄弟及後代。即便重要的家族裡可能存在比較龐大的親族團體，大家族也往往分為幾支，次子及以下都自立門戶。在這個狹小的面對面接觸的團體裡，對於本分的規定詳盡而細微。長者在正式引退前必須得到絕對的服從。即使在現在，如果一個男子，其父沒有引退，哪怕他已有成年子女，也要事事請示自己父親的同意。父母可以安排或者解除子女的婚姻，哪怕子女已經三、四十歲。父親作為一家之主，吃飯時要把食物先端給他，洗澡時第一個享用家庭浴池，對家庭成員的深鞠躬只需要點頭致意。日本有一個流行的謎語可以這樣翻譯成我們的雙關語謎：為什麼想要向父母提意見的兒子就好比是想要長頭髮的和尚？（佛教僧侶都是剃光頭的）。謎底是：根本無髮／法。

「恰當地位」不僅意味著輩分的差別，也包括年齡的差別。當日本人想要表達「徹底混亂」這個意思時會說「非兄非弟」，就像我們說非魚也非鳥，因為對日本人來說必須嚴守自己長子的角色，就如同魚必須待在水裡，而長子是繼承人。到過日本的人提到「在日本，長子從小就表現出一種責任感」。長子很大程度上享有父親的特權——在過去，他的弟弟們早晚不可避免地要依賴他；現在，特別是在鄉鎮和村落裡，長子往往留守在老家，而他的弟弟們可以外出闖盪接受更高的教育，得到更好的收入。但是舊的等級制度依然強大。

即便是在今天的政治評論中，有關「大東亞政策」的討論依然生動地體現出長子的特權。一九四二年春天，一名中佐在代表陸軍省發言時，針對大東亞共榮圈這個話題如此表示：「日本是他們的長兄，他們是日本的弟弟。這個事實一定要讓占領區的居民徹底明白。要是太過體貼，他們就可能產生利用日本仁慈的傾向，進而危害到日本的統治。」換句話說，長兄會替弟弟們決定什麼對他們好，而且在執行過程中不應該表現出過多的體貼。

等級社會中一個人的位置，不論年齡大小，都取決於其性別。日本女性跟在丈夫身後行走，地位也低一等。有些女人即便在身穿西式服裝時會和丈夫並行並且率先出門，但一旦穿上和服，她們仍然會退到丈夫身後。日本家庭中的女兒只有自力更生，所有的禮物、關心和教育基金都給了她的兄弟們。甚至在專為年輕女性而建的高等學府裡，指定的課程仍主要集中在教導禮儀和舉止。她們所受的系統化的智力培訓完全不能和男孩們相比。有一位女校的校長主張中上階層出身的學生學習一點歐洲語言，認為這樣做的好處是女學生們就可以在為丈夫的書籍拂拭灰塵之後，正確地將其歸位書架而不會誤把書顛倒地擺放。

儘管如此，和大多數亞洲國家相比，日本婦女已經享有很大的自由了，而且這也不僅僅是西方化的一個階段性現象。日本婦女從來沒有像中國上層婦女那樣需要裹小腳；現在的印度婦女更感歎日本婦女可以出入店舖，上下街頭，從來不需要遮遮掩掩。日本婦女置辦家庭用品，並掌管家庭財務；如有經濟困難，她們可以從家裡選擇東西拿去典當，也能指揮家裡的僕傭，對子女的婚姻有很大的發言權。當她成為婆婆時，更經常以嚴厲的手段掌管家庭，與唯唯諾諾的前半生判若兩人。

在日本，輩分、性別和年齡的特權是很大的。但是行使這些特權的人並不像獨裁者那樣獨斷專行，反而更像受託人。父親或長兄要對整個家庭負責，包括活著的、去世的和將要出生的。他必須做出有份量的決定並監督其執行。但是他的權威不是無條件的。他的行為必須符合家族榮譽。他得提醒兒子和弟弟家族的傳統，包括物質和精神兩方面，並激勵他們不辜負這樣的傳統。即使他只是一個農民，也會提出「位越高」則對家族祖先的「任更重」。如果他屬於地位更高的階級，家族責任感的份量就更重了；家庭的需求一定是優先於個人的需求。

在處理任何重要事務時，不論什麼階層，一家之長都會召開家族會議討論。比方說有關訂婚的會議，家族成員可能會從遙遠的全國各地趕來。在做出決定的過程中，個人的性格也許能起到無法估量的作用。一個弟弟或者妻子都有可能影響最終的決定。一家之主如果不聽取家族意見擅自行動，就會給自己帶來諸多麻煩。對那些命運被左右的個人來說，這些決定可能非常難以接受。他的長輩們卻絲毫不會動搖，畢竟他們自己一輩子都服從家族會議的決定，當然會同樣要求自己的晚輩服從決定。這種決定權的來源和普魯士的情況大為不同——在普魯士，父親在法律和習俗上都擁有對妻子兒女的絕對決定權。這並不是說在日本要求就沒那麼嚴格，只是造成的影響有所不同。日本人並沒從家庭生活中學會重視專制權力，也沒有養成輕易服從專制的習慣。服從家族意志的需要來自於另一個崇高的價值觀，儘管要求繁複，這個崇高的價值觀和每個人都休戚相關，那就是共同的忠誠。

每一個日本人首先在家庭的懷抱裡學會等級制度的習慣，並把所學應用到更寬廣的經濟生活和政治領域中。他知道要對「適當位置」裡地位比自己高的人畢恭畢敬，無論他們是不是真的掌權者。即便是一個被妻子支配的丈夫，或者被弟弟支配的兄長，在表面禮儀上仍然得到尊敬。特權階級之間的正式界限並不會因為某些個人在幕後運作而被打破。這個表面是不會為適應支配關係的實質而改變，它永遠牢不可破。某種程度上來說那些享受實權而不擔正式名分的人還有策略上的好處，因為他們更不容易受到攻擊。日本人也從家庭生活中瞭解到，一個決定之所以能夠有極大的影響力，是因為家族成員堅信它能夠維護家族榮譽。這個決定不是專制的家長一時興起而強加的命令。一家之長更像是一個家族共同遺產的受託人，這個遺產包括精神和物質的層面，對家族的每個人都有重要意義，也同樣要求個人意志的服從，每個人都不例外。日本人反對使用武力，但他們對家族要求的服從並不因此而減弱，對那些有身份的人的敬意也不會因此減少。即使家裡的長輩們很少成為強硬的獨裁者，家族裡的等級制度依然能得到有序維持。

美國人對人際行為顯然有著很不同的標準，他們讀到這些對日本家庭內部等級制度的簡單描述時，並不能理解日本家庭裡那種公認的強而有力的感情紐帶。每個家庭都非常團結，他們怎樣達到這種團結就是本書的主題之一。同時，我們也要瞭解為什麼他們在更為寬廣的政治和經濟領域同樣要求實行等級制度，從而才能明白他們在家庭內部養成的習慣是多麼徹底和根深蒂固，理解這一點非常重要。

日本的等級體制不只體現在家庭關係裡，也同樣嚴格地體現在階級關係中。日本歷史上一直都是一個等級森嚴的社會，而有著上百年等級制習慣的國家都有某些特定的優點和弱點，這些優弱點都極其重要。在日本，等級制是貫穿歷史記錄的生活準則，甚至早在公元七世紀，日本就已經開始向無等級制的中國借鑒生活方式，以適應自己等級制的文化。在公元七至八世紀的時候，大中華帝國的高度文明讓日本使節驚為天人，於是日本天皇和他的朝臣們給自己定了一個任務，要用這些高度文明的習俗來豐富日本。為此他們不遺餘力——在此之前日本甚至沒有書面語言。公元七世紀時，他們才採用了表意漢字，並用來書寫與自己完全不同的語言。在此之前日本有一種自己的宗教，命名了四萬個掌管山頭村落的神賜福於人，這種民間宗教幾經變化延續到今天，也就是現代的神道。同時，日本從中國全盤引入了佛教，因為它是一種「護國至善」的宗教[1]。在此之前無論官方還是私人，日本都沒有宏偉的永久性建築，天皇以中國都城為模範新建了一座都城奈良，還參照中國模式建了多所宏偉奢華的佛寺和僧院，甚至根據使臣來自中國的匯報引進了頭銜、官階和律法。一個主權國如此成功有計劃地引進他國文明，在世界各國的歷史上都可謂前無古人，後無來者。

但是從一開始日本就沒能複製中國那種無等級的社會組成。日本沿用的官銜在中國是授予科舉及第的行政官員的，在日本則給了世襲的貴族和封建領主。這些人成了日本等級體制的一部分。日本被分割成很多個半自主的藩地，各地的藩主都互相嫉妒、眼紅彼此的勢力，因此和領主及其家臣、侍從的特權相關的社會制度才有實際意義。不管日本怎樣努力地輸入中國文明，都無法完全照搬中國的生活方式，比如中國的行政官僚系統，或不分階級把所有人團結在一個大宗族周圍的宗族系統，都沒能取代日本自己的等級制度。日本也沒有沿用中式的世俗「皇帝」概念。日語對天皇家庭的稱呼是「居於雲上者」，只有這個家族的人才能成為天皇。改朝換代在中國是常有的事，在日本則從來沒有發生過。天皇是神聖不可侵犯的。那些把中國文化引進日本的天皇們和朝臣們無疑根本無法想像中國在這些方面做了哪些安排，也沒法推測自己進行了怎樣的變更。

正因如此，儘管日本從中國引進了各種文化，這個新文明僅僅是為延續數世紀的爭端鋪了路，爭端的中心就是哪一個世襲的領主和家臣控制著這個國家。公元八世紀末，貴族藤原氏掌握了統治權，把天皇推到了幕後。隨著時間的推移，藤原氏的統治遭到封建領主們的抗議，整個國家陷入內戰，這時其中一位著名的領主源賴朝打敗了所有對手，以「將軍」這一古老的軍事頭銜成為國家的實際統治者。將軍的全稱實際上就是「平定夷人的大將」；遵循日本慣例，源賴朝把這個頭銜定為源氏家族世襲，直到後代無法壓制其他封建領主們為止。天皇成了傀儡，最主要的任務就是主持將軍的授予儀式。他沒有民事權力，實際權力掌握在所謂的幕府手中，幕府則試圖靠武力統治不聽話的藩主。每個封建領主，即大名，都有自己的武裝侍從，即武士。武士們聽命於大名，在動盪年代隨時準備就敵對藩主或在位將軍的「恰當地位」提出異議。

十六世紀時內亂已經遍佈全國。經過幾十年的戰亂，偉大的德川家康戰勝了所有對手，於一六〇三年成為德川家的第一位將軍。將軍的稱號在德川家傳承了兩個半世紀。一八六八年，將軍和天皇的「雙重統治」被廢除，德川時代宣告結束，日本進入了近代時期。從很多方面來看這個漫長的德川時代都是歷史上最引人注目的時期之一；它在日本維持了武裝和平，直到最後一代，並施行了中央集權系統，很好地為德川氏帶來利益。

德川家康曾面臨一個很棘手的問題，也選擇了一個有難度的解決方案。內亂中有些實力最強的藩地領主與他為敵，只有在最終潰敗之後才向他低頭。這些就是所謂的旁系「外樣」大名。家康依然讓他們統領自己的藩地和武士，事實上日本所有的封建領主在自己的領地上都繼續享有最大限度的獨立。但是他把這些人排除在自己的家臣之外，也不讓他們擔任重要職務。這些重要位置都留給嫡系的「譜代」大名，即內戰中家康的支持者們。為了維持這種困難的管理體制，德川氏的策略是防止封建領主積蓄力量，阻止其中可能威脅將軍統治的大名聯合起來。為了在日本維持和平與德川家的統治地位，德川氏不僅沒有廢止封建體制，反而試圖進一步強化它，使其更為嚴密。

日本封建社會的階層化非常複雜，每個人的地位都是世襲的。德川氏鞏固了這一系統，並規定了每一階層的日常行為細節。每戶的家主必須在自家門口貼上告示說明他的階層地位，和有關世襲身份的必要事實。他能夠穿什麼樣的衣服、買什麼樣的食物、可以在什麼樣的房子裡合法居住，都根據世襲的地位決定。皇族和宮廷貴族以下，日本共有四個階層，按等級次序由高到低排列如下：武士、農民、工匠和商人。地位最低的則是賤民，其中為數最多而又最出名的就是「穢多」，即那些從事低等不潔職業的人。他們有撿垃圾的、埋葬死刑犯的、也有剝動物皮和製革的。他們是日本不可接觸的一群人，或者更確切地說，無法計數的一群人，因為連經過他們村落的路段都不計入里程數，彷彿這片土地和其上的居民根本不存在一樣。他們極度窮困，雖然職業有保障，卻存在於正式的社會架構之外。

商人僅排名在賤民之上。無論這對美國人來說有多奇怪，在封建社會卻是非常真實的。一個商人階層的存在總會擾亂封建制度。隨著商人日益發達並受到尊敬，封建制度就漸漸敗落。當德川氏在十七世紀下令斷絕日本對外交流時，他頒布的是有史以來所有國家中最為嚴厲的鎖國法令，以此削弱了商人的立足之地。當時日本在整個中國和朝鮮沿海都有貿易，本不可避免地推動了整個商人階層的發展。德川氏終結了這一切，因為製造或營運大於特定尺寸的船隻都可能被處以極刑，得到許可的小船既不能航行到大陸，也無法運載商品。各藩的邊境之間設立了關卡，嚴格管理貨物的進出，國內貿易也因此受到了很大的限制。其他法律則側重於強調商人低下的社會地位。奢侈取締令明文規定了他們可以穿的衣服，可以拿的傘，和婚喪的開支額度。他們不能住在武士區。面對武士刀和擁有特權的武士，他們沒有任何法律保護。試圖把商人壓制在較低地位的德川政策當然不適用於貨幣經濟，儘管日本當時就是以貨幣經濟為基礎運行，所以它的失敗是必然的。不論如何，德川氏還是嘗試了。

對於一個穩定的封建制度而言，武士和農民是其依賴的兩大階級，因此德川政權對這兩個階級做出了嚴格的規定。在家康最終平定內亂之前，大軍閥豐臣秀吉已經用其有名的「刀狩令」完成了對武士和農民兩大階級的分離。他剝奪了農民的武器，給了武士佩刀的特權。武士不再能夠兼職農民、工匠或商人，即便是最低下的武士也不能合法地成為一名生產者。他成為寄生階級的一員，靠從農民身上抽稅獲得每年的俸祿。大名控制著這種米租，按份額分配給每個隨從武士。武士從哪裡謀求生計毋庸置疑——他完全依賴於領主。在日本歷史的早期，封建領主和手下武士之間的牢固羈絆是在不間斷的藩地戰爭中結成的；在和平的德川時代，這種連結則變成經濟性質的了。因為日本的武士和歐洲中世紀的騎士不同，既不是擁有領土及農奴的小領主，也不是歷險求財的士兵。他依靠的是一份固定但數目不大的俸祿，其俸額早在德川初年時就已確定。日本學者估計過所有武士的平均俸祿大概與當時農民所掙的錢差不多，僅夠勉強餬口。[2]對這樣的家庭來說最大的缺點就是要在繼承人間平分這份俸祿，因此武士家庭都限制自己的家庭人口。他們最討厭的就是靠財富和炫耀贏得的聲望，所以在武士準則中非常強調把節儉當作最高美德。

一道鴻溝隔開了武士和其他三個階層：農民、工匠和商人。後三種是「庶民」，武士不是。武士們憑著特權佩刀，刀代表著他們的階層，而不僅僅是裝飾。他們有權對平民用刀。德川時代之前的武士們就習慣這麼做。德川家康無非是用法令把舊習合法化——「對武士行為無禮或對上司不敬的平民可就地斬首。」德川家康完全不曾計劃在庶民和武士這兩個階層間建立起互相依靠的關係。他的政策以嚴格的等級制度為基礎，兩個階級都由大名統領，各自直接隸屬大名，就彷彿位在不同的梯階上。每層梯階都有自己的法律、規定、管理和義務，兩個梯階上的人之間則只有距離。情勢所迫時這兩者之間的分隔曾數次被打破，但那並非體制的構成部分。

在德川時代，武士已經不僅僅是舞刀弄劍的武夫，他們漸漸地成為各自領主產業的管家，有些則成為精通能劇和茶道之類風雅藝術的專家。掌管各種禮儀也成為了他們的責任，大名的種種密謀也都由他們巧妙地執行。兩百年的和平是很長的一段時間，個人武力的行使是十分有限的。就像商人們在等級規定的限制下，依然發展出一種追求舒適高雅的城市生活方式；武士們儘管隨時可以拔刀相向，也發展出了風雅的技藝。

儘管農民們在法律上無法反抗武士，又身負沉重的糧稅，並受到其他種種限制，但他們還是受到某種程度的保護。他們對田地的所有權得到保障，而在日本，地產賦予了一個人聲望。在德川氏的統治下，土地不得永久讓渡是對耕種者而言，與歐洲的封建社會不同，這條法律保護了耕種者的利益，而不是封建領主的利益。農民對自己最為重視的東西擁有永久的耕作權，他也同樣勤勤懇懇、不辭勞苦地耕作，直到今天他的子孫們依然以同樣的態度耕種稻田。儘管如此，農民就像是傳說中撐起地球的大力士阿特拉斯，他們支撐起整個上層約有兩百萬人的寄生階級，其中包括了將軍的幕府，大名的各種府邸機構，以及武士。農民們被課以實物稅，也就是說，他把自己收成的一定比例上交給大名。相比另一個水稻國家暹羅，它傳統的賦稅是百分之十，而在德川氏的日本則是百分之四十，實際上甚至更高。有些領地的稅高達百分之八十，農民還經常被徵用或服徭役，極大地消耗了他們的時間和精力。就像武士們一樣，農民們也限制自己的家庭規模，整個日本的人口在德川氏執政的幾百年裡幾乎保持不變。對一個處在長期和平的亞洲國家而言，這些不變的人口數字很能說明統治政權的問題。它對領俸祿的侍從階層和生產階層的限制如斯巴達式般苛刻，但是每個依賴者和上級之間的關係相對而言卻比較可靠。每個人都知道自己的義務、權利和地位，如果這些權利、地位受到了侵犯，最窮困的人也會抗議。

農民們即便再窮困潦倒，也會抵制封建領主，有時甚至還會反抗幕府的執政者。在德川執政的兩個半世紀裡，至少有一千起這樣的抗議；其緣由不是「四成歸王公，六成屬耕者」的傳統重稅，而全都是反對額外的附加稅。一旦忍無可忍，農民們就發起集體遊行反對領主，但是請願和審判的步驟還是有秩序的。農民們起草正式、要求公正的請願書，上交給大名的內臣。如果請願書被中途攔截或者大名置之不理，他們就派代表上京向將軍府遞交狀紙。在一些著名的案件中，農民們為了保證成功遞交訴狀，甚至趁江戶（東京）城內的有些高官坐轎過街時把狀紙塞到轎子裡。不管農民們為了遞交訴狀冒了多大的風險，幕府的官員收到狀紙後會進行調查，大概有一半的判決有利於農民。[3]

然而幕府對農民們申訴的判決並不意味著日本的法律和秩序允許他們這樣做。農民們的抱怨也許事出有因，政府滿足他們的要求也許是可取的，但是農民領袖們依然違反了嚴格的等級有別的法律。不管判決是否對他們有利，他們都違反了對主人忠誠這一核心規則，這一點不能被忽視。他們因此將被判處死刑，其行為動機的正確性與此毫無關係。即使是那些受罰的農民也接受這種必然的結果；被判刑的人是他們的英雄，人們大舉湧至刑場，領頭人物在這裡或被滾油燙死、或被砍頭、釘上木架，但現場的群眾不會暴動——這就是法律和秩序。他們也許會在事後為死者修建祠堂，把他們當作烈士供奉，但是農民們接受死刑，因為這是他們賴以生活的等級制度的重要組成部分。

簡而言之，德川的將軍們試圖鞏固每個藩地裡的等級結構，讓每一個階級都依賴於封建領主。大名處在每個藩地等級結構的最高點，他可以對所有依賴他的人行使特權。將軍的最大行政難題就是怎樣控制大名們。他極盡可能地阻止各大名之間進行聯合或實行侵略計劃。各藩地的邊境設有官員檢查通行證並徵收關稅，對「出境的女子和入境的槍炮」嚴格把關，以免任何大名把自己的姬妾送走，並走私武器入境。任何大名想要聯姻都必須得到將軍的許可，以免聯姻導致危險的政治合作。藩地之間的貿易重重受阻，以至於到了「有橋不能過人」的地步。將軍密佈眼線，對大名們的開銷相當瞭解。一旦哪個大名庫存富裕起來，將軍就要求他承擔開銷不菲的公共工程，使其不得逾矩。所有規矩中最有名的就是每個大名必須每年在江戶居住半年，即使回到自己領地上的住所之後，依然必須把妻子留在江戶作為將軍的人質。通過上述種種手段，當政者確保了自己的優勢，確立自己在等級制度中的統治地位。

當然，將軍並不是這個拱門式結構中最關鍵的拱頂石，因為他是以天皇授命的方式來執政的。天皇及其世襲的宮廷貴族們（公卿）被孤立在京都內與世隔絕，並沒有實權。天皇的財力還不如一些無足輕重的大名，宮廷禮儀也得嚴格遵守將軍的規定。然而即便是最強大的德川將軍也沒有任何要取消這種天皇和攝政者雙重統治的意思。這在日本有舊例可循。自從十二世紀以來，將軍就以天皇名義統治國家，而天皇則沒有實權。曾有幾個世紀，這種雙重統治的職能演變到一個極端的地步——一個有名無實的天皇把政權委託給一個世襲的世俗首領，而真正的執行者則是那個首領的世襲顧問。這種層層委託的現象非常普遍。即使是在德川統治接近崩潰的時期，美國海軍指揮官培里（Perry）也沒想過要徵詢天皇的意見。他們早已忽略了將軍背後還有天皇的存在。我們的首任駐日公使湯森．哈里斯（Townsend Harris）在一八五八年和日本首次談判通商條約時，才慢慢在過程中領悟到，實權者的背後還有一個天皇。

事實是，日本對天皇的定義在太平洋地區的島群中頻頻可見。他是神聖的首領，卻不一定參與日常管理。有些太平洋島群的首領直接參政，另有一些島群的首領則授權給別人，但其中一致不變的就是首領本人是神聖的。新幾內亞的部落中，神聖的頭領是絕對不可冒犯的，他非但不能自己進食，連別人餵他時所用的調羹也不能碰到他神聖的牙齒。他出國時必須時刻有人抬著，因為一旦他的聖足踏在哪塊土地上，那裡就自動成為聖地，必須轉為該頭領所有；他的頭部特別不容侵犯，沒有人能夠碰觸；他的話語則能直達部落神靈。某些太平洋島群上，例如薩摩亞島和湯加島，神聖頭領並不紆尊降貴參與世俗生活。所有的政務由一個世俗的頭領打理。詹姆士・威爾遜（James Wilson）曾在十八世紀末到過位於東太平洋的湯加島，他記錄「那裡的政府和日本的政府最為相像，神聖的皇帝都成了某種程度上軍事首領的政治犯」。[4]湯加島的神聖頭領被隔絕在公共事務以外，但是他們身負執行宗教儀式的任務。花園收穫的第一批果實必須供奉給他們，由他們執行一個儀式之後人們才能食用。一旦神聖頭領去世，訃告中要稱其「上天空了」。他會被隆重地葬在皇室墓地，但他從未參與政府管理。

儘管天皇毫無政治權力，好比「某種程度上軍事首領的政治犯」，但根據日本人的定義，他在等級制度中占取了一個「恰當地位」。對日本人來說，天皇是否積極參與日常事務並不是用來衡量其地位的標準。天皇在京都的宮廷對他們來說也很重要，因此才能歷經數世紀征夷大將軍的漫長統治仍得到保存。只有在西方人的眼裡，天皇的角色才顯得多餘。日本人對這個問題的看法就很不同，因為他們在各個方面都習慣了等級制度中對每個角色的嚴格定義。

從賤民到天皇，日本封建時期對等級制度的明確規定對近代日本產生了巨大的影響。畢竟，封建統治在七十五年前才合法結束，深入人心的國民習性則很難在有生之年消失。下一章就會講到，儘管國家的目標急劇變更，近代日本的政治家們依然處心積慮地保存大部分的現有制度。相比其他任何主權國家，日本人都更加習慣生活在一個細枝末節都有章可循，個人地位被明確規定的世界裡。兩個世紀以來，這個世界的法律和秩序都是靠鐵腕和強權來維持的，因而日本人漸漸把這個細細劃分的等級系統視同於安全和保障。只要他們不出格，安分地履行自己的義務，這個世界就是可靠的。盜賊得到了控制，大名間的內亂得以防止。如果臣民能夠證明他人有逾矩行為，就能夠像農民受剝削時那樣上訴。這對個人而言雖有風險，但是被允許的。德川政權中曾有一位傑出的將軍甚至設立了意見箱，供市民投遞抗議書，只有將軍本人才有鑰匙開箱。這些都是真實的舉措，保證日本國內有違規的行為會及時得到矯正。每個人只要信賴並遵循這個制度就能獲得安全。勇氣和正義體現在對制度的遵守上，而不是對它的修改或反對；在標明的範圍內，這個世界制度明確，因此在日本人眼裡也就是可靠的。它的規定不是戒律那樣抽象的道德標準，而是仔細地說明在什麼樣的場合該怎麼做，面對武士該如何，面對庶民又該如何，面對長兄該如何，面對幼弟又該如何。

有些國家在強大的等級制統治下變得懦弱可欺，日本卻沒有。我們要認識到日本的各個階級都得到了特定的保障，這一點非常重要。即使是賤民也有壟斷各自行業的保障，他們的自治團體也得到政府認可。每個階級都受到諸多限制，但是都有序而安全。

日本的等級限制也有一定程度的靈活性，在這方面可說與印度不同。日本的習俗提供了好幾種明確的辦法，可以操縱現有制度而不粗暴違背慣例。一個人可以用各種方法來改變自己的等級地位。在日本的貨幣經濟下，放貸人和商人自然而然地富裕起來，有錢人就利用各種傳統手段來滲入上層階級。他們通過抵押和出租來成為「地主」；農民和土地雖然受法律保障不可分割，但是日本農地的佃租非常高，因此對地主而言，讓農民留在土地上是有利可圖的。放貸人就定居在一處收取佃租，這樣的土地「所有」權在日本讓人名利雙收。這些人的子女通過和武士通婚，就成了士紳。

另一個利用等級體制漏洞的方法是收養。這就提供了花錢購買武士地位的途徑。儘管德川政府有著諸多限制，隨著商人們逐漸富有，他們就想把兒子過繼給武士家庭當養子。日本人很少收養子，通常都是為女兒招收上門女婿，是為「贅婿」。他會成為岳父的繼承人，但是付出的代價也不小，因為他將被自己家的戶籍除名，而加入妻子家的戶籍。從此他會改姓妻子的姓，並跟岳父母一起生活。代價雖高，好處也是巨大的。富商子弟成為了武士，而貧困的武士家庭則有了富裕的姻親。等級制度沒有受到衝擊，依然一成不變，但是通過對它的巧妙操縱給有錢人提供了上層階級的身份。

所以日本不要求各等級只在內部通婚，通過一些被認可的安排就可以實現等級之間通婚。結果造成了富足的商人滲入下級武士階層，這一現象很大程度上拉開了日本和西歐的差異。歐洲封建制度的崩潰是因為受到日益強大的中產階級的壓力，這一階級掌控了近代的工業時代。而在日本就沒有誕生這樣強大的中產階級，商人和放貸人都通過合法手段「買」到上層地位，商人和下級武士形成了聯盟。不得不令人驚奇並指出的是，當歐日的封建制度同時面臨滅絕的威脅時，比起歐洲大陸來說，日本在更大程度上允許了等級之間的流動——日本社會沒有任何跡象表明貴族和中產階級之間發生過階級鬥爭就是最好的證明。

這兩個階級達成的共同目標對雙方都互惠互利，指出這一點並不難。這種雙贏的情況在法國也出現過，在西歐也有案例能夠證明。但是歐洲的等級制異常死板，階級間的摩擦導致了法國對貴族財產的沒收。而在日本，階級間的距離縮小了，最終推翻衰落幕府的聯盟就是商人、金融家和武士之間的聯盟。近代日本依然保留了貴族體制，但是如果沒有特定手段來允許階級流動的話，這種貴族體制幾乎是不可能存活的。

日本人熱愛並信賴其細微而又明確的行為體系是有一定原因的。只要服從規定，個人的安全就有保證。這個系統也允許對非法的侵犯提出抗議，只要手段得當還能利用它為自己謀利。它要求互相履行義務。當德川政權在十九世紀上半葉崩潰時，日本沒有一個團體贊成破壞這種系統。在這裡沒有發生「法國大革命」，或是類似於一八四八年「二月革命」的事件。然而那是一個令人絕望的時代；從平民到將軍，每個階層都欠了債主和商人的債。僅僅要維持龐大的非生產階級的生計問題和日常政府開支就已經相當困難了。逐漸為貧困所擾的大名們開始無力支付隨從武士的俸祿，整個封建關係網成了笑柄。大名們試圖通過增加農民們已經很沉重的租稅來免於破產。他們提前徵收幾年的稅，使農民們陷入了極度的貧困；幕府也已破產，無力維持現狀。一八五三年當海軍司令培里和他的士兵們來到日本時，整個國家基本上已瀕臨絕境。在他強行入侵之下，日本因無力抗拒，於一八五八年和美國簽訂了通商條約。

當時日本舉國上下的呼聲卻是「一新」，即追溯過往，恢復舊觀。這和革命正相反，甚至根本不是進步。和「復皇」口號相呼應的是同樣得人心的「攘夷」口號。全國都支持的政綱旨在回到鎖國閉關的黃金時代，只有極少數的先驅者看出此路不通，還為此遭到暗殺。日本這個不具革命性的國家會改變道路來迎合西方模式似乎毫無可能；更無法想像的是，不用五十年日本會以自己的立場和西方國家競爭。但是這一切就是發生了——日本運用自己完全不同於西方的力量達到了一個目標，一個位高權重的集團和公眾意見都沒有要求過的目標。十九世紀六〇年代的西方人即使通過水晶球看到了未來也不會相信。天際連巴掌大小的雲都沒有，根本無從預示此後數十年將要席捲日本的暴風雨。儘管如此，不可能發生的事發生了。日本落後而又被等級制所累的民眾突然走上了新道路，並且堅持了下去。

1 引自 Sir George Sansom, Japan: A Short Cultural History，第一三一頁，奈良時代的編年史。

2 引自諾曼（Herbert Norman），《日本維新史》（Japan's Emergenceasa Modern State），第十七頁，註釋十二。

3 博頓（Borton）．休（Hugh），《日本德川時代的農民起義》（Peasant Uprisings in Japan of the Tokugawa Period），日本亞洲學會叢刊（Transactions of the Asiatic Society of Japan），第二輯，十六（一九三八）。

4 Wilson, James, A missionary voyage to the Southern Pacific Ocean performed in the years 1796, 1797 and 1798 in the ship Duff，倫敦，一七九九年，第三八四頁。轉引自 Edward Winslow Gifford, Tongan Society. Bernice P. Bishop Museum, Bulletin 61，夏威夷，一九二九年。

第四章　明治維新

把日本帶入近代的戰鬥口號是「尊皇攘夷」，即「還政天皇，驅除蠻夷」。這句口號試圖杜絕外部世界對日本的影響，使日本回到十世紀那種還沒有天皇和將軍雙重統治的黃金時代。天皇在京都的宮廷是極端保守的。對「保皇派」來說，他們的勝利就意味著羞辱和驅逐外國人出境，恢復日本傳統的生活方式，也意味著「改革派」將在國政上再無置喙的餘地。威名赫赫的外樣大名們（也就是日本最強大的那些藩地的領主們）帶頭推翻了幕府，他們以為通過「復辟」就可以取代將軍來統治日本，其實他們只不過是想要換一個班底。農民們想要多保留一點自己種的糧食，但是又痛恨「改革」；武士們想要保留自己的俸祿，並有權使用自己的刀劍建立更大的功名；從經濟上支持了復辟勢力的商人們想要推廣重商主義，卻從來不曾責難過封建制度。

一八六八年倒幕運動結束了雙重統治，也代表了反德川勢力的勝利。以西方人的眼光來看，當時的勝利者們致力於一個極端保守的孤立政策。然而從他們當權的第一天起，明治政府走的就是一條相反的道路。新政府起步還不到一年就廢除了大名在所有藩地的收稅權。所有的土地登記冊要求上繳，農民們本該交給大名的四成稅賦也直接收歸國有。作為補償，政府分給每個大名相當於他正常收入一半的補貼。與此同時政府也不再需要大名養活武士侍從或承擔公共工程費用。武士們同大名們一樣，從政府領取俸祿。其後的五年裡，所有法律上曾明文規定的階級特權被迅速廢除，明治政府還取消了家族徽章和不同階級的著裝規定，甚至連髮髻也得剪掉。賤民們得到了解放，禁止土地讓渡的法律被撤銷；藩與藩之間的屏障被拆除；佛教的國教地位也被取消。到了一八七六年，大名和武士的俸祿按照五到十五年的總數一次性發放。數目大小取決於他們各自在德川時代的固定收入。這筆錢使他們有資本在新的非封建社會創業。「早在德川時代，商人、金融巨頭與封建貴族和土地貴族的結盟就已經十分明顯。這些措施對他們的聯盟勢力只不過起到了最後鞏固的作用。」

稚嫩的明治政府做出的這些不同凡響的改革並不得人心。從一八七一年到一八七三年，老百姓對侵略朝鮮的熱情可能遠遠高於任何一項改革舉措。明治政府不但堅持了激進的改革道路，還扼殺了侵朝的計劃。那些當初為建立新政府而赴湯蹈火的人們如今大部分都激烈地反對新的施政方針，以至於到了一八七七年，這些人的最高領袖西鄉隆盛組織了一場大規模的反政府叛亂。他的軍隊代表保皇派支持封建制度的所有期望，「復辟」的第一年，新成立的明治政府就背叛了他們。政府招集了由非武士組成的志願軍，打敗了西鄉隆盛的武士們；但是這場叛亂顯示出國內民眾對明治政府是何等的不滿。

農民對新政府的不滿也同樣明顯。明治政府的頭十年，即一八六八年到一八七八年之間，至少爆發了一百九十次農民起義。直至一八七七年，新政府才首次減輕農民的重稅，也難怪他們認為新政權辜負了他們的期望。除此之外，農民們還對許多新政策表示不滿，其中包括建立學校、徵兵、土地測量、剪髮、賤民平等制度、嚴格限制官辦的佛教寺廟、曆法改革以及其他許多改變他們日常習慣的措施。

那麼，到底是誰組成了這個政府，進行了那麼多激進又不受歡迎的改革呢？其實新政府的「激進派」是由日本下級武士和商人階級組成的「特別聯盟」。即使是在封建時期，特有的日本體制已經助長了這種聯盟的形成。這些侍從武士曾經給大名們當管家，學會了政治手腕，也曾經管理封建壟斷的礦業、紡織業、紙板業及類似產業。這些商人買到了武士身份，並在階級內傳播生產技術的知識。這個武士和商人的聯盟迅速地把一些能幹和自信的行政官員推到前台，起草並執行明治時期的新政策。然而真正的問題不是這些人出身於哪個階級，而是他們到底為什麼能夠如此精明、幹練和務實？十九世紀後半期日本剛剛脫離中世紀，國力就像現在的暹羅那樣薄弱。而就在這樣的情況下，它孕育出的領導人卻能夠計劃並完成各國歷史上最具政治家風範、最為成功的改革大業，實屬不易。這些領導人的長處和短處都源於傳統的日本國民性格，本書的主要目的就是要討論這種性格在過去和現在如何顯現出不同的特點。這裡，我們先看一看明治時期的政治家們是如何完成他們的改革大業的。

他們完全不覺得自己的任務是一場意識形態上的革命，而只把它當作一份工作，所設想的目標就是把日本變成一個不容輕視的國家。他們並不想徹底地反傳統，也並沒有辱罵批判封建階層或沒收其財產。相反地，他們用足夠多的俸祿誘惑封建階層，使他們最終成為自己的擁護者。同時，他們終究改善了農民的處境；雖然減稅政策被耽誤了十年，但這似乎有很大部份是因為明治政府早期的國庫虧空所致，而不是出於階級矛盾。

然而，明治政府中那些精明能幹、掌握實權的政客們卻極力反對任何取締日本等級制度的想法。通過「復辟」，新政府簡化了等級秩序，把天皇放在金字塔頂端，取消了將軍。他們通過廢藩，消除了忠於藩主和忠於國家之間的矛盾。這些變化並沒有從根本上革除等級制的習慣，只不過賦予了這些等級相對應的新位置。「閣下們」，即一群日本的新領導人，甚至強化了中央集權的統治，以便更好地施政於民。恩威並施是他們的生存之道。但是他們從未想過要迎合公眾言論，不管這些輿論是反對改革曆法、反對建立學校、還是反對歧視賤民。

說到自上而下的恩惠，我們不得不提到天皇於一八八九年賜予臣民的日本國憲法。憲法賦予了人民參政的權利，並建立了國會。這部憲法是「閣下們」通過批判研究西方各國不同憲法而精心起草的，然而起草者卻「盡一切可能防止公眾輿論對政府工作的干擾和影響」。[1]起草這一憲法的則是宮內省的一個部門，因此是神聖不可侵犯的。

明治政府的政治家們相當清楚自己的目標。十九世紀八〇年代，憲法框架的制定者伊藤博文公爵派遣木戶侯爵去英國會晤赫伯特·斯賓塞（Herbert Spencer），咨詢有關日本面臨的問題。長時間的交談過後，斯賓塞把自己的意見以書面形式交給伊藤。在等級問題上，他表示日本的傳統結構中擁有對於國家健全有利的堅實基礎，值得保護和發揚。他認為，國民對「上級」的尊重，特別是對天皇的絕對忠誠，為日本的復興提供了契機。日本可以在「上級」的領導下穩定地前進，並可以由此避免那些崇尚個人主義的國家所要面臨的問題。對於斯賓塞的意見，明治政治家的巨頭們非常滿意，因為這也驗證了他們的想法，那就是：要在現代社會中保留「各得其所」的好處。他們並不想要削弱對等級制度的依賴。

不論是在政治、宗教，還是經濟領域，明治政府都對國家和個人之「恰當位置」的義務有明確規定。他們的整個體系對於英美國家來說是如此陌生，以至於我們通常無法辨認該系統的基本構造。比如說，日本是從上而下的強制統治，不必聽從公眾意見。政府由權勢階層掌管，普選出來的向來不受重用。民眾完全沒有發言權來影響這一層次的決策。一九四〇年，政府最高層的組成大致如下：那些能夠謁見天皇的人、天皇的顧問以及有天皇御璽蓋章任命的高官。其中，天皇任命的高官包括內閣大臣、府縣知事、法官、各局局長及其他類似級別的官員。沒有一個選舉出來的官員能在此等級制度中獲得這樣的地位。比方說，在選擇或通過內閣大臣、財務部或交通部的部長人選時，一個國會議員完全無權置喙。選舉組成的國會下院是國民的喉舌，擁有相當可觀的質詢和批評高級官員的特權，但是下院無權左右任命、決定或者審定預算，也無法提議立法。上院的組成一半是貴族，四分之一是天皇任命的。由非選舉組成的上院對下院甚至有審核權。因為上院擁有和下院同樣的批准法律的權力，因而審核權其實顯示了兩院間的等級差別。

通過這種方式，日本保證了政府中那些「閣下們」的高官地位，但這並不代表日本社會的「恰當位置」上就沒有自治的現象。在所有的亞洲國家中，不管採用什麼樣的政權，統治權威往往自上而下。他們的政權總是在中間地帶遭遇自下而上的地方自主勢力抗衡。各國的差別在於民主化的程度，政府承擔責任的範圍，當地領導的責任對象是全體選民，還是以犧牲一定的公眾利益為代價來保證地方上少數權勢階層的利益。同中國一樣，德川時代的日本以五到十個家庭為一個小單位，也就是我們現在稱的「鄰組」（neighboring families），是整個人口中最小的行政單位。每個「鄰組」的組長負責自己組內的事務，他得保證組員行為規範，報告任何可疑行為，並取締逃犯交給政府。明治政府最初廢除了這些制度，但是後來又恢復了它們並稱之為「鄰組」。城鎮的政府有時也積極扶持「鄰組」，但現在的農村裡「鄰組」已經幾乎沒有發揮作用。「村（日語稱「部落」）」成為更重要的社會單位。「村」雖然沒有被廢除，但也沒有被政府當作正規的社會單位；它們是國家管不到的灰色地帶。這些由十五戶左右家庭組成的村落直到今天，依然通過每年輪換村長的方式有組織地經營著。村長「管理村莊財產，監督村莊發放給家庭的喪款或災款，決定農耕、蓋屋和修路等集體合作的日程安排，節慶假日用特定方式敲鐘擊鼓，以示通告」。[2]與有些亞洲國家不同，日本的村長不用負擔徵稅的責任。他們的地位相當明確：他們的職責主要體現為地方的民主化。

近代日本的地方行政機構主要劃分為市、町和村。由當地推選產生的「德高望重的長者」任命一位地方代表，專門和代表國家的府縣官員及中央政府打交道。在農村，這位代表通常是一個老住戶，同時還需要擁有自己的土地。雖然擔任這一職務有經濟上的損失，但是也有相當的威望。他和長者們一起負責村裡的財政、公共衛生和學校的維護，還要特別負責財產登記和個人檔案。村公所是個忙碌的地方，這裡負責分配國家給全村兒童的小學教育撥款。一個地區所要承擔的學校開支很大，通常高於國家的撥款，因此村公所還要負責籌募和管理其他教育經費，甚至是管理出租集體財產、土壤改良、植樹造林和財產交易記錄。任何財產買賣只有在村公所登記過後才算合法。只要村民在當地有正式戶籍，村公所就得不斷更新有關他的記錄，包括居住狀況、婚姻狀態、子女出生、領養過繼、違法行為以及其他各種資料。此外村公所還記錄有關家庭的類似數據；個人資訊可以從日本任何地方遷入他的戶籍所在處，並登記在案。無論在什麼情況下，如求職、受審或其他需要身份證明的場合，個人都可以致函或親自到自己的戶籍所在處，要求本人資料的副本，以便提交相關單位。因而人們對檔案都非常重視，不會輕易讓自己和家庭的檔案添上不良記錄。

也因此市、町、村都承擔著相當大的責任，這是一種公眾責任。即便是在二十世紀二〇年代，日本已經有了全國性的政治黨派，這對任何國家而言都意味著執政黨和在野黨的交替執政，但是日本的地方行政機構大體上還是沒有受到黨派影響，依然是長者們代表整個團體執政。儘管如此，地方行政機構在下述三方面並不自治：所有的法官都是國家指派的，所有的警察和老師都是國家的僱員。因為日本大部分的民事官司仍然通過仲裁或者中間人解決，所以法庭對地方執政的影響微乎其微。相比之下，警察的職能則重要得多。公眾集會時必須有警察在場，但是這些任務只是間歇性的，警察們的大部分時間都用在了登記個人和財產資料上。國家可以頻繁地將警察從一個地方調到另一處以避免他們和當地人勾結。學校的老師也經常調動，國家規劃了所有學校事物的細枝末節。和法國一樣，日本所有的學校在同一天的教案都是一樣的；每個學校都在早上同一個時間聽同樣的廣播做早操。地方沒有對學校、警察或者法庭的自治權。

因此日本政府和美國政府在各個方面都有很大的不同。在美國，選舉產生的人員擔負最高行政和立法責任，通過指揮地方警察和刑事法庭實現對地方的管理。但是與荷蘭或比利時等西歐國家相比，日本的政府設置也並沒有什麼差別。比方說，荷蘭和日本一樣，女王的內閣起草所有法律，國會實際上並不立法。不過，荷蘭女王可以合法任命所有城鎮的市長，儘管這些任命大多由地方舉薦，女王通常只需批准而已，但形式上她的權力可以延伸到地方事務，而日本在一九四〇年以前還做不到這一點。另外，日本警察和法院直接對君主負責也是沿襲荷蘭的制度。但是在荷蘭，任何教派集團都可以隨意建立學校，日本的學校系統則是仿傚法國。在荷蘭，開鑿運河、圍海造地以及本地發展等任務也是由全體當地民眾共同承擔的，而不屬於政治選舉產生的市長和官員的職責。

真正把日本式的政府和西歐式的政府區別開來的不是形式，而是職能。日本人過去的經歷使他們養成了順從的習慣，這一習慣又在他們的道德體系和禮儀中得到了鞏固。政府可以很放心地確定，只要「閣下們」在其位謀其政，他們的特權就會得到尊重。這不是因為他們的政策得到了認可，僅僅是因為在日本，特權的界限不可逾越。日本的最高決策層中，「公眾意見」是沒有位置的。政府只要求「公眾支持」。當政府在地方事務上劃出官方管轄領域時，地方民眾也會順從地接受。大部分美國人把政府當作邪惡但又不可或缺的權力實體。但日本人則不然，他們認為政府更像是至高無上的神。

另外，日本政府還非常謹慎地為民眾的意願確立了「恰當位置」。在合理的管轄範圍內，即使政府提出對人民有好處的決議，也希望尋求人民的支持。在改良舊式農耕法時，日本負責國家農業發展的官員和美國愛達華州的同行們差不多，沒有使用行政權力強行推廣新政策。在鼓勵建立由國家擔保的農村信用社、農村供銷合作社時，政府官員必須要和地方名流進行多次深入的平等交談，然後接受他們的建議。地方性事務需要由地方處理。日本人的生活方式就是給適當的人分配適當的權威，並定義其適當的權限。與西方文化相比，日本人更加順從「上級」，因而他們的「上級」也擁有更多的行動自由。但是「上級」本身也必須安守本分。日本人的座右銘就是：「各就其位。」

同政治領域相比，明治時期的政治家們對宗教領域的改革更加古怪。其實他們不過是在遵循同樣的座右銘罷了。日本在其他各個方面都任由個人自由選擇信仰，只有一種特別的信仰被納為國家管轄領域，其崇拜對象被視為國家統一和民族優越性的標誌。這就是國家神道。如同美國人要向國旗致敬是因為國旗是國家的標誌，神道在日本也受到特殊的尊崇。日本人說「國家神道」其實「算不上是一種宗教」。因此就像美國要求公民向星條旗致敬一樣，日本可以要求所有公民都信奉「神道」，而這也並不違反西方人所謂的信仰自由。這兩者都不過是一種對國家忠誠的表現。既然它「算不上是一種宗教」，日本就可以在學校裡教授「國家神道」而不怕西方社會的質疑。學校裡學習「國家神道」就是學習日本從眾神時代開始的歷史以及對天皇這個「萬世一系之統治者」的崇敬。神道教育由國家統一支持和管理，而對其他任何宗教，日本都像美國那樣聽任個人意願，連神道的分支和世俗的異教神道也不例外，就更別提佛教和基督教了。這兩類不同地位的宗教在行政和經濟上也是完全分開的。國家神道在內務省有自己的單位，有關神職人員、祭祀儀式和神社的開支都由國家負責；異教神道、佛教和基督教則隸屬文教省的宗教局，相關開支來自於教徒或信眾的善款。

由於日本在這一話題上的官方立場，我不能稱國家神道為一個巨大的國教，但至少可以稱它為一個巨大的機構。日本共有大大小小超過十一萬座神社，規模宏偉的如祭祀天照大神的伊勢大神宮，規模小的如地方神社只有要舉行特殊儀式時才有人打掃。全國的神官體系和政治體系相似，從最低階的神官，經地區級、再到府縣級，直至被敬為「閣下」的最高層神官。與其說他們帶領民眾祭祀，不如說他們為民眾主持儀式，總之國家神道和我們熟悉的教會活動完全不同。因為它不是宗教，法律禁止神官們布道傳教，也不存在西方人概念裡的禮拜。取而代之的是，在頻繁的祭日裡，當地的官方代表會來到神社參拜。他們站在神官面前，讓神官揮舞著一根紮著麻繩和紙條的桿子為人們潔身驅邪。接著他會打開內殿的大門，放聲大喊，召喚諸神來享用貢品。神官一邊祈禱，每個參與者一邊根據身份地位高低依次恭敬地奉上在維新前後的日本都同樣神聖的物品：日本聖樹的枝條——上面掛有白色紙條。然後神官們再用一聲大喊恭送諸神歸去，隨即關上內殿大門。在國家神道的大祭日裡，天皇要代表人民舉行儀式，政府機關也都關門休息。與地方神社的祭祀或佛教節日不同，這些祭日並不是老百姓們的節日，而前者是完全在國家神道範圍之外的「自由」領域。

在這些「自由」領域中，日本人民沿襲了他們一貫重視的各種教派和祭日。佛教依然擁有廣大信徒，旗下眾多的教派各有各的教義和始祖。各教派都非常活躍，幾乎無處不在。即使是神道也擁有國家神道之外的眾多支派。有的純粹是民族主義的頑固堡壘，其歷史甚至可以追溯到二十世紀三〇年代之前，那時的政府還沒有採取任何民族主義傾向的政策；有的主張信仰治療，類似西方的基督科學教；有的信奉儒家教義；有的專攻神靈附體和朝拜聖山神社。廣受歡迎的祭日也大部分在國家神道的範疇之外。在這些日子裡，人們群集神社，每個人先通過漱口潔身，然後拉鈴或拍手召喚神靈降臨，恭敬地鞠躬之後再拉鈴或拍手送神歸去，接下來才開始這一天的正事：從攤販買些小玩意或嘗嘗小吃，觀看摔跤比賽、驅魔儀式或者「神樂舞」（一種在神社表演的傳統舞蹈，通常有表演者在炒熱氣氛，觀者雲集）。一個曾在日本居住過的英國人在回憶日本的祭日時，總是想起威廉・布萊克（William Blake）的詩句：

如果教堂裡能分酒喝，
再燒上暖火心裡歡暢，
唱歌祈禱終日不覺長，

再也無人願離開教堂。

除了那些立志苦行的人，日本的宗教並不清苦。日本人也著迷於宗教朝拜，通常的宗教祭日也是廣受百姓歡迎的節日。

就這樣，明治時期的政治家們仔細地規劃了政府的國家職能和宗教領域裡的國家神道。他們在其他領域賦予人們自由決定權，但是如果涉及那些和國家直接相關的事務，他們首先要保證自己作為新等級制中的最高統領所擁有的決定權。比如在建立軍隊方面，他們就面臨了類似的問題。同其他領域一樣，他們否決了舊的等級制度，但是比在民眾生活中廢除的等級制更加徹底。他們甚至廢除了日本的軍用敬語，即便事實上舊習可能仍然存在。軍官晉陞不再看家庭出身，而是以績效為重。這些政策施行的徹底程度在其他領域也是很難想像的。正因如此，軍隊在老百姓裡享有當之無愧的盛譽，這也的確是為新軍贏得民心的最好方法。排和連由同一地區的老鄉們組成，和平時期士兵都在自家附近服役。對軍隊而言，這不僅意味著和地方建立起某種關聯，還意味著經過兩年軍訓，每個人都習慣了軍官與士兵、老兵與新兵的關係。這些關係凌駕於日常生活中的武士和農民、富人和窮人的關係之上。軍隊在許多方面發揮民主的平衡者作用，且從各方面來說，他們也是真正意義上的人民軍隊。在大多數國家，軍隊都是用來維護現有秩序的強力工具，而在日本，軍隊則同情弱小農民，多次加入反對大金融家和工業家的抗爭之中。

也許日本的政治家們並未預見到建立一支人民軍隊會帶來這些後果，但是他們也並不認為有必要在地方的階級矛盾中樹立軍隊的絕對權威，為此，統治者在政府最高層制定了相應的措施。這些措施雖然沒有被寫入憲法，而是以慣例形式延續了軍事統領在政府中的獨立地位。陸海軍大臣不同於外務或內政大臣，可以直接覲見天皇，無須徵求內閣意見，並以天皇的名義強制通過法案。除此之外，軍隊還可以對內閣事務指手畫腳。對自己不信任的內閣，他們可以拒絕派陸海軍將領擔任內閣相應的職位，從而使內閣無法組成。如果沒有現役軍官來擔任海陸軍大臣，內閣就無法成立；文職人員和退役軍官都不能擔任這些職務。同樣地，如果軍部不滿現任內閣的任何舉措，都可以召回內閣代表，造成內閣倒台。在這個最高決策層內，軍事首腦們是絕不允許任何人干涉他們的決定的。更何況他們還有憲法的保障：「如果國會未能通過提出的預算，政府可沿用上一年的預算。」在沒有內閣支持的情況下，軍部首腦甚至可以在政府決定之前就採取行動。比如儘管外務省一再保證不會出動武力，關東軍依然強行侵占了滿洲。這只不過是例子之一，在內閣沒有一致政策的情況下，軍部趁勢支持地方司令官採取行動。軍隊同其他領域一樣——只要事關等級特權，日本人傾向於接受所有可能的後果，不是因為他們認同這項政策，而是因為他們不願對特權提出異議。

在工業發展上，日本採用了一條和西方國家完全不同的路線，但還是那些「閣下們」制定了遊戲規則。他們不僅僅制定了產業規劃，還用政府資金建立並資助他們認為需要的產業，由一個政府官僚機構統一組織經營。他們引進外國技師，並送日本人去海外學習。然後，若用他們的話來說，當這些產業已經「組織完善、生意興隆」時，政府把國企賣給了私有企業。它們甚至以「荒唐的低價」[3]逐步變賣給了政府精心挑選的金融集團，即以三井和三菱兩大家族為主的著名「財閥」。日本的政治家們認為工業對日本至關重要，不能任由供需關係和企業自主經營的法則支配。但是日本政府採用這一政策並不是受社會主義思想的影響，反而真正獲利的還是那些大財閥。而日本實現了以最少的犧牲和浪費來建立起一批它認為必須發展的產業。

通過這些手段，日本成功修改了「資本主義生產的出發點和正常的生產秩序」。[4]日本首先大力興辦關乎國計民生的重工業，而不是根據慣例從消費品和輕工業著手。兵工廠、造船廠、煉鐵廠、鐵路鋪建享有優先權，其技術實力迅速提升至很高的水平。國家並非把所有產業都下放給了私人，龐大的軍工產業依然把持在政府官僚機構手中，從政府的特別預算裡撥款。

國家給予特別扶持的產業中，並不包括民營小企業和非官辦機構。只有國企和有信譽、政治上受青睞的金融財閥才能享受政策優待。但是和日本生活中的其他自由領域一樣，在工業產業中也有一個自由領域。那就是所謂的「殘餘」產業，即那些投入少量、勞動密集型的產業。依靠廉價勞動力，這些輕工業可以不依賴現代科技。在美國，我們曾經稱類似的工坊為「家庭血汗工廠」。一個小生產商購買了原材料，分發給一個家庭工坊或只有四、五位工人的小工廠進行加工，將半成品再次分包給其他小廠加工。如此幾經反覆，最後把成品賣給商人或出口商。二十世紀三〇年代，日本產業界百分之五十三以上的工人是以這種方式在不到五個雇工的小工廠或家庭工坊裡工作[5]。其中的許多工人受到古老的「家長式」學徒制保護，還有一些是大城市裡的婦女，她們背著嬰兒，在自己家裡做代工。

如同日本政府和宗教領域的雙重性一樣，日本工業的這種雙重性在日本的生活方式中發揮著重要的作用。日本政治家們似乎認為他們需要在金融產業中營造出一個貴族文化，用來匹配他們在其他領域內建立的等級制度。於是他們為金融貴族們建立了戰略性的產業，選擇了政治上受到青睞的商人家族，並把他們放到「恰當位置」上和其他等級聯繫起來。他們並不打算讓政府同這些金融大家族斷絕關係。相反地，財閥將受惠於一種延續不斷的庇護政策，這種政策不僅為他們帶來利潤，而且賦予了他們極高的地位。從日本人歷來對利潤及金錢的態度而言，金融貴族制遭到人民抨擊是在所難免的，但是政府盡其所能根據公認的等級制觀念創造了這樣的貴族制度。這種努力沒有完全成功，因為財閥遭到軍隊中所謂少壯派軍官團體和農民的攻擊。然而，事實上日本公眾輿論攻擊的主要對象並不是財閥，而是「成金（Nari-kin）」。「成金」常常被譯成「暴發戶」（nouveau riche），但是這個詞並沒有正確反映日本人的情感。在美國，「暴發戶」一定是嚴格意義上的「新來者」，他們被人恥笑是因為他們拙於社交，還沒學會優雅的舉止。但是，他們從小木屋起家，從趕騾子發展到擁有價值數百萬美元的油田，這樣的動人故事抵消了上述缺點。然而，在日本「成金」兩字源於將棋術語，意指駒棋被提拔為「大將」。這是一個像「金將」一樣在棋盤上橫行的棋子，而它的地位本不允許它這樣做。日本人對「暴發戶」的敵視態度完全不同於美國人對「發跡的鄉巴佬」的態度，人們深信「成金」通過欺騙或剝削他人致富。日本在其等級制度中為巨富提供了一席之地，並且與巨富保持一種聯盟，但如果這種財富沒有在規定的領域裡獲得，日本的公眾輿論就會予以激烈的抨擊。

因此，日本人是不斷地藉由參照等級制度來組織他們的社會秩序的。在家庭和私人關係中，年齡、輩分、性別和階級決定人與人之間適當的行為。在政府、宗教、軍隊和工業中，各領域被周密地分成不同等級，無論是較高等級還是較低等級的人，一旦越權都將受罰。只要人人「各得其所」，日本人就毫無異議地繼續生活，就會感到安全。當然，如果以他們的個人幸福是否得到了最好的保護作為標準，那麼他們其實並不非常「安全」。他們所謂的「安全」是因為承認了等級制度的合法；這是日本人對等級的信仰，就像美國人對平等和企業自主經營的信仰一樣。

當日本試圖向外輸出自己的「安全」模式時，它就遭到了反噬。在日本國內，等級制度完全符合公眾的想像，因為正是它塑造了民眾的想像力。在那樣的世界裡，野心只能以該世界所允許的形式出現。但是把等級模式當作商品輸出就帶來了致命的後果。其他國家極為反感日本大言不慚的要求，認為日本狂妄自大，甚至比狂妄更加惡劣。儘管如此，每當日本占領一個新的國家，日本的軍官和士兵們還是會因為沒有受到居民們的熱烈歡迎而感到無比震驚。不管地位多低，日本不是在等級體系中給了他們一席之地嗎？即便地位再低，難道這些人不歡迎等級制度嗎？日本的戰爭服務處拍攝了一系列反映中國「熱愛」日本主題的戰爭影片，描寫的都是絕望失措的中國女性同日本士兵或日本工程師戀愛，從而找到了「幸福」。這與納粹式的征服很不一樣，但從長遠來看，他們的這種所謂「征服」同樣並不成功。日本人不能以要求自己的標準來強求其他民族，他們的錯誤就在於他們認為自己可以做到。日本人沒有認識到，把他們打造成「各得其所」的日本道德體系是其他地方所無法接受的。其他國家從來沒有過這種系統，這是真正的日本產物。日本作家們視這種道德體系為理所當然，對此也沒有過多的闡述。所以，我們必須首先理解這種道德體系，才得以瞭解日本人。

1　根據日本權威，語出起草者之一的金子堅太郎男爵。參閱諾曼，《日本維新史》，第八十八頁。

2　約翰·恩布里（Embree, John F.），《日本民族》（The Japanese Nation），第八十八頁。

3　諾曼，前引書，第一三一頁。這段討論基於諾曼發人深省的分析。

4　諾曼，前引書，第一二五頁。

5　上田教授估計，見載於 Miriam S. Farley, Pigmy Factories。Far Eastern Survey, VI（一九三七），第二頁

第五章 受恩於歷史與社會

英語裡有種說法叫「歷史的繼承人」，我們以前經常以此自稱。兩次世界大戰和一次巨大的經濟危機在一定程度上削弱了這個說法所隱含的自信，但是這種變化決不會讓我們增加對過去歷史的虧欠感。東方民族則和我們截然相反：他們是歷史的受恩者。他們那些西方人通常稱之為祖先崇拜的行為其實不是真正的崇拜，也不完全針對祖先：那是用儀式宣告過去所有的一切對時人都有著莫大的恩惠。更進一步說，每個人不僅背負了歷史的恩情，連每一次日常生活中的人際交往也增加了現在背負的恩情。因此這種恩情債左右了人的日常決定和行動，成為最基本的出發點。因為西方人極少注意到這個社會對自己的恩賜，比如自己享受的醫療、教育、福利，甚至包括自己能夠出生到這個世上這樣的簡單事實。日本人就認為我們的動力不足。品德高尚的人不會像美國人那樣說什麼自己「誰也不虧欠」，也不會忽略歷史。日本有著一張巨大的人情互惠網絡，覆蓋了祖先和同輩，一個人只有認清了自己在其中的位置，才算持身公正。

這種東西方的巨大差異說起來簡單，但要瞭解生活中體現出來的差別就很難。如果不理解日本的這一點，我們就無法理解戰時日本人那常見而極端的自我犧牲，也不能明白為什麼我們覺得沒什麼冒犯的時候卻會很快招來日本人的怨恨。一個欠人恩情的人可能很容易被觸怒，日本人就證明了這一點。受人恩情也讓一個人背上了巨大的責任。

日本和中國都有很多詞彙表達「obligations」（義務，責任）。這些詞不是同義詞，而是有其特別意義，因為西方沒有它們所表達的概念，所以英語無法貼切地翻譯這些詞。日語中與「obligations」相對應，表示一個人所虧欠的恩情，不管從大到小，都稱之為「恩」。在日本，「恩」的英文翻譯可以涵括一系列詞彙，包括「義務」、「忠誠」、「好心」、「愛」等，但是這些詞曲解了「恩」的意義。如果它真的意味著愛甚至義務，那日本人當然可以說對自己的孩子有恩，但是這個詞不能這樣用。它也不等於「忠誠」，日語裡另有詞彙表達這個意思，其含意和「恩」一點也不接近。「恩」在所有用法裡都意味著個人勉力承擔的一種重負、虧欠和累贅。一般人們受恩於上級或長輩，要是受恩於自己的下級或晚輩就會給人低人一等的感覺，讓人不舒服。當日本人說「他對我有恩」，他們的意思就是「我對他有很多義務」，這個施恩的人被稱為他們的「恩人」。

「知恩圖報」也許純粹是互相奉獻精神的一種流露。日本小學二年級的閱讀課本裡有一個題為「勿忘恩」的小故事，取的就是這個意思。這個故事是講給上德育課的小孩子們聽的。

小八[1]是一條可愛的小狗。它剛出生就被人抱走了，那人像愛自己的孩子那樣愛小八。因為這種愛，小八病弱的身體漸漸好起來。每天主人上班的時候它會送主人到車站，傍晚主人下班的時候又去車站迎接。

時光流逝，主人去世了。不管小八是否意識到了這一點，它依然每天都在尋找主人。公車一停靠站，它就會在下車的人群裡面尋找主人。

日子就這樣慢慢地過去，一年、兩年、三年，甚至十年過去了，年老的小八的身影依然每天出現在車站前，尋找它的主人。

這個小故事的寓意是忠誠，實際上也是愛的別稱。一個深愛母親的兒子會說自己不忘慈恩，也就是說他對母親懷著像小八對主人那樣一心一意的摯愛。但是這個「恩」不是特指自己對母親的愛，而是包括嬰兒時期母親為他所做的一切，孩童時代母親做出的犧牲，以及成人時母親為了他有出息所做的一切，總之，他所虧欠母親的一切都被包含在內。這個「恩」意味著對虧欠的對象要有所回報，所以也就意味著「愛」，但是其中的最主要含義還是「虧欠」。而我們總認為「愛」是自願給予，不求回報的。

當恩被用來指代最重要的也是最大的恩，即「皇恩」時，取的就是這個無限忠誠之意。這是天皇的恩典，每個人都必須懷著無限感激接受。日本人在為自己的國家、生活和大大小小的事情高興時，都應想到這些都是來自天皇的恩典。貫穿日本歷史始終，小民眼裡最大的恩人就是自己生活圈子裡的最高領袖。在不同的時期這個人可以是當地的地頭、封建領主或者將軍。如今這個人就是天皇。到底誰是這個最高首領並不那麼重要，關鍵是幾個世紀以來，「勿忘恩」都在日本人的習慣中占有最高地位。近代日本竭盡所能地把這種感情集中到天皇身上。每個人對自己生活方式的任何偏愛都增加了他對皇恩的感激；每一支以天皇名義分給前線士兵的香煙都強調了天皇對兵士的恩典；上陣前發放的小口清酒更加體現了皇恩浩蕩。根據日本人的說法，每一個神風敢死隊裡執行自殺式飛行任務的飛行員都是在回報皇恩；所有為了守衛某個太平洋島嶼而戰死的士兵也是在報答浩蕩無邊的皇恩。

施恩者也可以是天皇以下的人。父母之恩當然是其中之一，這也是東方著名的孝道的根本。孝道把父母放到一個對子女擁有絕對權威的地位，它被理解為子女對父母恩情的虧欠和力圖回報。因此子女必須盡可能順從父母，而不是像德國那樣，雖然父母同樣有權指揮子女，但是必須花工夫才能使子女服從自己。日本人在詮釋東方的孝道時十分現實，他們有一種說法，可以大致翻譯為「一個人只有自己做了父母才能理解父母恩情之深」。也就是說，父母之恩實際上是指父母日常照顧孩子的麻煩和付出。在日本，祖先供奉局限於最近有印象的幾代，就是那些讓人最先想到兒童時代有所依賴的先人。當然每個人都曾經是毫無防禦能力的嬰兒，沒有父母的照料就無法存活，直到成年以前都要靠他人提供住所、食物和衣服，這在任何文化裡都不言自明。日本人深覺美國人忽略了這一切，就像一個作家所說的，「在美國不忘親恩最多也就是對父母好一點」。當然沒有人是在對自己的孩子施恩，盡心照顧孩子只是回報自己幼時父母的照顧之恩。把自己的孩子同樣或者更好地養大，就是部分地回報了自己的父母之恩，對子女的義務就這樣只是從屬於父母之恩。

老師和師父對個人也有著特殊的恩。他們都在一個人的成長中起到了幫助作用，因此受恩的人將來可能要回應他們困境中的求助，或者在他們死後對他們的後輩加以提攜。每個人都要盡力回報恩情，它不會因時間推移而減輕，反而會因此加重，就好像是積累了一種利息。受人之恩是一件很嚴肅的事情。日本的俗語說得好，「難以報恩於萬一」，恩情是一副重擔，「恩的影響力」總是凌駕於個人好惡之上。

這種建立在恩情基礎上的道德體系要運作順利，必須取決於每個人是否把自己當作優良的債務人，在還債的同時不心懷怨恨。我們已經談到過日本的等級系統組織得如何完善，隨之產生的習慣也得到了日本人的忠實遵守。多虧了這些習慣，日本人對道德債務的履行程度之高是西方人所無法想像的。如果施恩的上級是出自好意，報恩自然就更加理所當然了。日語提供了有趣的證據，表明上級的確被描述成對屬下「關愛有加」。在日本「愛」的意思就是「love」。上個世紀的傳教士們覺得只有這個詞可以翻譯基督教義中的「love」。他們在翻譯《聖經》時用這個詞表達上帝對人類的愛和人類對上帝的愛。但是日文中的愛字特指上級對下屬的愛。西方人可能以為它意味著「Paternalism」（父愛），但是日本的用法要更廣泛一些，它含有關愛的意思。在當代日本，「愛」這個字依然可以用來特指這種在嚴格意義上自上對下的愛，但是現在也可以用來表達平等關係之間的愛了。這種結果也許有部分是因為受到基督教用法的影響，但更多的是官方努力打破社會等級差異的結果。

儘管文化上的種種緩和因素，在日本，能夠心平氣和地受恩總是極其幸運的。人們不喜歡隨意欠人恩情。有種常見的說法叫「使人蒙受恩情」，而最接近的翻譯就是「強迫別人」。雖然在美國「強迫」的意思是向人強要東西，在日本它卻是指給人東西或者幫忙。來自陌生人的隨機好處最惹人怨，因為比起在鄰里間以及舊式等級關係裡，每個人都知道並接受了「恩」隱含的債，但如果只是點頭之交，或者是地位相當，人們就容易起摩擦。他們寧願不要被捲入「恩」所帶來的複雜後果。在日本，街上發生交通意外時人群的無所作為不是因為缺乏主動，而是因為大家都知道任何非官方的干涉會讓人背負恩情。明治之前的一條著名法律就是：「如果發生爭吵和紛爭，旁人非不得已不可干涉」，要是有人在這種情況下未經授權而幫助了他人，大家會懷疑他是想從中非法牟利。受到幫助者將欠幫手一個大恩，這一事實非但沒有讓人急於從他人處獲利，反而讓人更吝於伸出援手。在非正式情況下，日本人極度小心地不把自己捲入「恩」的麻煩中。甚至接受陌生人的一支煙也會讓日本人不安，對此他表達謝意的說法是：「哦，真是太不好意思了（気の毒）。」一個日本人告訴我：「如果你立刻坦白自己感覺有多糟，反而會好受一些。你從來沒想過為他做點什麼，所以對接受他的恩惠感到羞恥。」「不好意思（気の毒）」因此有時被解讀成「謝謝」，比如謝謝你的煙；有時也被翻譯成「我很抱歉」，這是對欠人情而言；有時又翻譯成「深感慚愧」，意指對方的大方讓自己羞慚。「不好意思（気の毒）」可以作以上任何解釋，也可以表達完全不同的意思。

日本人表達「謝謝」有很多種說法，同樣都帶有因為受恩而感到不安的意思。最沒有歧義，也是通用於現代城市百貨商場的說法是「啊，難得之事（有り難う）」。日本人通常說這種「難事」是顧客通過購物而賜給商店的難得大恩。這是一句恭維，也適用於收到禮物和無數其他場合，而其他常見的致謝語比如「不好意思」指的是接受的難度。自己經營店鋪的店主經常說：「哦，這難以結束（すみません）」，也就是說，「我受了您的恩，在現代的經濟制度下我永遠也無法回報您；處在這樣的處境我很抱歉」。英語中把「這難以結束」翻譯成「謝謝」、「我很感激」，或者「抱歉」、「致歉」。舉個例子，如果你的帽子在街上被風吹走，有人幫你追回來，「這難以結束」就比其他的謝謝更適合。當人家把帽子還給你時，出於禮貌你應該表達接受時內心的不安。「我從沒見過他，而他給了我一個恩惠。我從來沒有機會先向他示恩。這讓我覺得內疚，但是道歉會讓我好受一些。『這難以結束』大概是日本最常見的致謝語。我在告訴他我意識到自己受到他的恩惠，拿回帽子也不代表著事情到此為止。但是我能怎麼辦呢？我們是陌生人。」

從日本人的角度看，這種有所虧欠的態度在另一種謝謝的說法裡表達得更為強烈

——「我感到羞愧（かたじけない）」，這個詞在書寫時漢字包括了侮辱的「辱」字或意味著丟臉的「忝」字，它同時表達了「我受到了侮辱」和「我很感激」的意思。日語大辭典解釋，使用這個詞意味著你在表達自己受到極大的恩惠而感到羞辱，因為你覺得自己不配這種恩惠。透過這句話明白地表示自己受恩時感到羞恥，而「恥」，就如我們將要講到的，在日本會讓人覺得非常痛苦。保守的店主依然經常用「我感到羞愧」來感謝顧客，顧客在結帳時也會這樣說。明治以前的小說裡這個詞處處可見。一個出身低賤的美麗女孩在宮廷做侍女，被領主選中做妾時會對他說「我感到羞愧」，也就是說「我不配接受這種恩賜，為此感到羞愧；您的仁慈讓我受寵若驚」。尋仇械鬥的武士被當局無罪釋放時也會說「感到羞愧」，即「接受這個恩賜使我丟了顏面；我不該把自己置於這樣卑微的位置；我很抱歉；我卑微地向您致謝」。

這些詞彙比任何概括都更好地說明了「恩的影響力」——受恩的人總是帶著矛盾的感情。在廣為接受的結構化關係裡，它所包含的虧欠感常常激勵一個人竭盡所能來進行報答。但是做一個欠人恩情的人並不好受，很容易就會心懷怨恨。日本最優秀的小說家之一夏目漱石就在他的著名小說《少爺》裡描述了這種懷恨有多容易產生。本書的主角是一名東京青年，首次到一個鄉下的小鎮教書。他很快發現自己看不起大部分同事，和他們完全處不來。只有一名年輕老師得到他的青睞，有次他們一起外出時這個叫做山嵐的朋友請他喝了一杯冰水，價值一錢半，大概相當於五分之一美分。

沒多久另一個老師向少爺打小報告說山嵐說了他的壞話。少爺相信了這個人的閒話，立刻為自己從山嵐那兒受的恩感到不安。

受這種傢伙的恩，哪怕只是冰水這樣的瑣物，也有損我的名譽。一錢也好半錢也罷，我要是就這樣接受這個恩，死了也不得安寧……我當初沒有抗議就受了他人恩惠是對他心存好意，把他當作一個看上去還不錯的傢伙。我沒有堅持為自己的冰水付錢，而是受了他的恩並表達自己的謝意。這可是再多的錢也買不來的。我既沒爵位也沒官職，但是我是一個獨立的人，讓一個獨立的人接受恩惠可比一百萬元的回禮更難能可貴。我讓山嵐花了一錢半，可是給了他我的感謝，那可比一百萬元值錢多了。

第二天他在山嵐桌上扔了一錢半，因為只有先了結了那杯冰水的恩，他才能解決兩人之間存在的問題：他聽到的侮辱性流言。那可能會導致兩人打一架，但是恩必須先被解決，因為他們已經不是朋友了。

在美國，這種對瑣屑小事的極度敏感和令人痛苦的脆弱只有在黑幫青少年的記錄裡或精神病的醫療記錄裡才能看到。但是在日本，這是一種美德。沒有多少日本人會像少爺這麼極端，他們認為多數人在這種事情的處理上都會馬虎一些。日本評論家們把少爺描述成「性格暴躁，又像水晶般純潔，是一個捍衛正義的使者」。作者把自己和少爺看作一體，評論家們也一直把這個人物當作自畫像。這部小說是一個歌詠高尚品德的故事，因為受恩者只有把自己的感激看作價值「一百萬元」，並採取相應行動，才能把自己從背負恩情的位置解放出來。他只能接受「一個好人」的恩惠。少爺在憤怒中把自己從山嵐處受到的恩和很久以前老奶媽施的恩做了對比。老奶媽盲目地偏愛他，甚至覺得家裡的其他人都沒有看到他的長處。她曾經偷偷地帶給他小禮物，有糖果、彩色鉛筆，有一次她還給了他三日圓。「她時刻的關注讓我不寒而慄」。儘管那三日圓讓他感到愧辱，他還是把它當作借款接受了，至今也沒有歸還。但是他告訴自己這和他欠山嵐恩的感受不同，是因為「我把她看作是自己的一部分」。從這裡就能看出日本人對「恩」的反應。無論感情有多複雜，只要「恩人」是自己就可以接受；或者因為這個人在「我」的等級結構裡有一定位置，或者因為他所做的是我認為自己也會做的，比如說歸還被風吹跑的帽子，又或者這個人是「我」的崇拜者。一旦這些既定的身份前提不能成立，恩就成了化膿的瘡，即使再小的虧欠也讓人反感，這是一種德行。

每個日本人都知道，無論何種情況下，如果恩情太過沉重都是一種麻煩。近期一份雜誌上的咨詢欄就刊登了一個很好的例子。這個欄目相當於我們的「給失戀者的建議」，是東京心理分析期刊上的專欄。裡面的建議很少走佛洛伊德路線，卻具有絕對的日本特色。一個老男人寫信求助說：

我是個有三個兒子和一個女兒的父親。十六年前妻子去世了，因為覺得孩子可憐，我沒有再婚，孩子們把這看成是我的美德。現在孩子們都結婚成家了。八年前，兒子結婚，我就搬出去住進幾個街區以外的房子裡。說出來很難為情，但是這三年來我一直和一個暗娼（和旅館簽約的妓女）有染。聽了她的身世之後我很可憐她，於是花了一筆小錢替她贖身，把她帶回家，教她禮儀，留在家裡當女傭。她的責任感很強，也很會省錢。但是，我的兒女和媳婦、女婿都為此看不起我，把我當作路人。我並不怪他們；這是我的錯。

這個女孩的父母並不瞭解情況，因為她到了適婚年齡，他們寫信給我希望她回家。我和他們碰了面，解釋了情況。他們很窮，但不是為了錢賣女兒的貪心人。他們保證當女兒已經死了，同意讓她繼續這樣過下去。她自己也願意侍候我到死。但是我們的年齡差距有如父女，因此我有時候也考慮送她回家。我的孩子們則認為她是為了貪圖我的財產。

我患有長期慢性病，大概只有一兩年可活了。如果你能告訴我該怎麼辦，我將不勝感激。最後要說的就是那個女孩雖然做過暗娼，但那時她是為形勢所迫。她的本性是好的，她的父母也不圖錢財。

日本的醫生認為這個事例很明顯地，是這個老人施加於孩子身上的恩情太過沉重了。他回答說：

你描述的事很常見……

在我陳述自己的意見以前首先要說的是，從你的信來看，你是想要我給出你想要聽的回答，這就讓我對你有點反感。我當然敬重你長期不娶，但是你利用這一點讓你的孩子們背負恩情，並為自己現在的行為找理由。我不喜歡這樣。我不是說你很狡猾，但是你的個性很懦弱。要是你對孩子們解釋清楚了自己不得不和一個女人同住，如果你說明白了自己沒有女人不行，而且不讓他們因為你保持獨身而欠你的恩，情況還會好些。孩子們當然會反對你，因為你一直強調這個獨身的大恩。人畢竟不會沒有性慾，你自然也有慾望。但是一個人可以克服自己的慾望。你的孩子們期待你這樣做，因為他們期待你滿足他們對你的完美形象的想像。但事實正相反，他們受到了欺騙，我完全可以理解他們的感受，儘管他們這樣有點自私。你在想，他們都結了婚，性慾得到了滿足，不讓自己的父親得到同樣的滿足是自私的。他們持有的則是如前所述的想法。這兩種想法是沒有交集的。

你說那個女孩和她的父母都是好人，那是你想要這樣相信。大家都知道人的善惡取決於情境和形勢，不能因為他們現在沒有謀求利益就說他們是「好人」。我認為那對父母讓女兒委身一個快死的人做妾很愚蠢。如果他們想這麼做，就應該從中謀利。你認為不是這樣，那只是你的幻想。

我不奇怪你的孩子們擔心那個女孩的父母要求財產；我也這麼認為。這個女孩還年輕，可能沒有這種想法，但是她的父母應該想得到你的財產。

有兩種方案可供你選擇：

一、作為一個「完人」（一個完美到無所不能的人），斷絕和那個女孩的關係，把帳算清。但是我覺得你可能做不到；你的情感不會允許你這樣做。

二、「重新做一個常人」（放棄偽裝），打破孩子們把你當作「完美的人」的幻象。

至於財產，立刻下一個遺囑，定好給那個女孩的份額和給孩子們的份額。

總之，記住你已經年邁，正在變得孩子氣，這從你的字裡行間就可以看出。你的想法是情緒化的和非理性的。你想把這個女孩當作母親的替代品，但是你卻曲解成想把她救出火坑。我認為嬰兒離開了母親都無法存活——因此，我建議你採用第二個方案。

這封信表明了「恩」的幾個特點。假如一個人選擇讓別人背負自己的深恩，哪怕施恩對象是自己的親生子女，以後想要改變也得冒不小的風險。他應該明白自己會為此吃苦頭。另外，不管自己的付出有多大，也不能挾恩自重；用舊日恩情來合理化現在的行為是錯誤的。他的子女「當然」會懷恨在心，因為父親不能有始有終，讓他們覺得自己受了欺騙。做父親的以為自己在孩子幼小時全心全意地照料他們，長大了他們就會對自己格外關心，這種想法是愚蠢的。事實正相反，他們只記得自己背負恩情，於是「他們當然會反對你」。

美國人不會這樣看待這種情況。在我們看來，一個父親要是盡心盡力地照顧自己失去母親的孩子，那麼孩子們長大後應該心懷感激，而不是「理所當然會反對他」。如果要像日本人那樣理解情況，我們得把它看成是一種金錢交易，因為在金錢領域我們有著類似態度。如果一個父親正式地借錢給孩子們而且他們必須連本帶利地歸還，那麼我們完全有可能作出「他們當然會反對你」的判斷。換個角度想，我們也就能理解為什麼一個人接受別人的香煙時要提到自己的「羞恥」，而不是直截了當地道謝；我們也就能理解為什麼日本人提到一個人讓另一個人背負恩情時會語帶怨恨；我們至少能明白為什麼一杯冰水的人情也讓少爺小題大做。美國人不習慣把金錢上的標準應用到日常瑣事上來，比如請客喝汽水，比如父親長期全力照料無母的孩子，比如忠犬小八。但日本人就是這樣。愛、善心、慷慨，這些我們無條件給予、也同樣珍重的東西，在日本就是具備附加條件的。每一次接受這些東西都讓人成為負債人。就如日本俗話說：「要受恩得天生具有無以倫比的度量。」

1 即「忠犬ハチ公」，台灣一般譯作忠犬小八。

第六章　報恩於萬一

恩是債務，必須償還。但是在日本，還債被歸類到與恩完全不同的範疇。日本人覺得我們的道德觀很奇怪，因為我們的道德體系，以及義務和責任這類中性詞都沒有這兩種範疇的區分；就像我們覺得有些部落的金融交易很奇怪，他們的語言裡沒有金錢交易裡「債務人」和「債權人」的區分。對日本人來說，恩這種重要也是時刻存在的負債狀態和主動而又緊張的還債行為完全是兩碼事，後者得通過另外一套概念來表達。一個人負債（恩）不是德行；還債（報恩）則是美德。一個人主動報恩就是美德的體現。

用金融交易來做類比有助於美國人理解日本的這種美德。就好比美國的房產交易背後都有防止拖欠債務的制裁措施，我們要求人人必須履行契約。如果有人拿了不屬於自己的東西，即便情有可原也不是理由。我們不允許把歸還銀行貸款當作是一時的衝動。無論是利息還是本金，負債人有著同樣的責任。這些和愛國及愛家完全是兩碼事。對我們來說，愛，源自於心，自願給予的才是最好的。如果把愛國主義定義為視國家利益高於一切，美國人基本都認為這種想法有點天真，至少和不完美的人性不符，除非美國被敵國武裝侵犯，他們才會認同這一觀點。我們不像日本人那樣，一出生即意味著自動虧欠了極大的恩情。我們認為一個男人應該同情並幫助有需要的父母，不能打老婆，要有能力撫養孩子。但是這些不是像欠債那樣得把帳算得清清楚楚，得到的回報也不同於商業上的回報。日本人看待這些問題卻像我們看待財務償還能力一樣，他們對有恩不報的制裁之狠絲毫不亞於我們對欠債不還的制裁。對日本人來說，這些不是戰爭爆發或父母重病等危急時刻才需要注意的問題，他們時時刻刻都活在這些恩情的陰影中，就像一個紐約的農夫時刻擔心著房貸，又好比是華爾街的金融家，剛做空卻發現股市開始節節上升。

根據恩情的內容，日本人把相應的回報分成幾個不同類型，規則各有不同。一種回報在數量和時間上都是無限的，另一種則是等量回報，並在特定的日子裡付出。那種無限的回報被稱為「義務」，正如有這麼一句話：「難以報（此）恩於萬一」。一個人的義務包括兩種不同的種類——回報父母的恩為「孝」，回報天皇的恩為「忠」。兩者都是強制性的義務，沒人能夠逃脫。事實上日本的小學教育被稱為「義務教育」，因為沒有其他的詞能更好地表達「必須完成」這個概念。生活中的意外也許會改變義務的細節，但是義務是自動加諸於所有人的，並不會因為意外而消失。

日本人的責任和回應簡表

一、「恩」：被動產生的義務。某人「受恩」，某人「承恩」，也就是說，「恩」從接受者的角度看是義務。

「皇恩」：受自天皇的恩。

「親恩」：受自父母的恩。

「主恩」：受自領主的恩。

「師恩」：受自師長的恩。

「恩」：一生中和所有人接觸所受的恩。

（註：所有向某人施過「恩」的人都成為該人的「恩人」。）

二、對「恩」的回應。某人向恩人「償還」這些債務，某人向恩人「回報這些恩情」，也就是說，從主動償還的角度看，這些是義務。

A.「義務」。即便是最充分的回報也僅僅是報答了恩情的一部分，而且報答時間上沒有限制。

「忠」：對天皇、法律和日本的責任。

「孝」：對父母和祖先（意含後代）的責任。

「任務」：對自己工作的責任。

B.「道義」。這些債必須等量償還給施與人，並且有時間限制。

a.對社會的「道義」。

對主公的責任。

對姻親的責任。

對無關的人，因為受了他的恩而產生的責任，比如收到禮金，得到幫助，工作上的貢獻（作為一個工作團隊的成員）。

對非直系親屬（姨舅、叔伯、姑嬸、侄子、侄女、外甥、外甥女）的責任，不是因為受了他們的「恩」，而是因為從共同的祖先那兒受到的「恩」。

b. 對自己名聲的「道義」。這就是日本版的「名譽」。

一個人有責任「洗清」被污辱或指摘為失敗的名聲，比如他有責任復仇。

（註：這種以算帳為目的的復仇不被認為是挑釁行為。）

一個人有責任不承認（職業上的）失敗或無知。

一個人有責任完成日本的禮節，比如遵守所有的禮儀，過著與自己地位相應的生活，在不合宜的場所不隨便流露感情等。

這兩種形式的義務都是無條件的。日本把這些德行絕對化，結果就有別於中國的忠孝概念。自從公元七世紀以來，日本多次反覆引進了中國的道德體系，忠和孝就是中文詞彙。但是中國人並沒有把這兩種德行當作是無條件的。中國規定了一個更高級別的德行，也是忠孝的前提，那就是「仁」。「仁」幾乎包括了所有西方人認為良好的人際關係。父母必須「仁」。如果一個統治者不仁，他的臣民起義反叛就是正義的。「仁」是忠的先決條件。皇帝和官員的在位長短就取決於他們是否施行仁政。中國的道德體系把這一試金石應用到所有的人際關係中。

日本從來沒有接受過中式道德的這種先決條件。著名的日本學者朝河貫一在談到中世紀兩國這方面的差異時這樣說：「在日本，這種想法顯然和帝國主權互不相容，因此哪怕只是作為一種理論，也從未獲得全盤接受。」事實上，仁在日本成為了法律之外的德行，完全失去了它在中國道德體系裡享有的崇高地位。在日本仁發音為「jin」（漢字的書寫和中國相同），哪怕是對最上層，「行仁」或者它的另一種表達方式「行仁義」也遠遠談不上是必須具備的道德。它被徹底排除在日本的道德體系之外，意思上就是指法律以外的行為。這種行為當然有可能是令人贊許的善行，比如支持公共慈善事業，或者寬大處置罪犯。但是重點在於這些都在職責要求之外，也就是說你不是必須這樣做。

「行仁義」所含的「法律之外」的意思還有另一層意義，它也被用來特指「綠林道義」。在德川時期，浪人、劍客四處劫掠砍殺，他們只佩單刀，由此和身佩雙刀的武士區別開來。他們的綠林道義就是「行仁義」；當一人向一陌生人尋求庇護時，後者為了避免對方同夥的報復而答應幫忙窩藏就是「行仁義」。在現代用語中，「行仁義」的貶義越來越強，人們在討論該受到懲罰的行為時常常用到它：「下等勞工」，日本的報紙這樣報導：「仍然在『行仁義』，應該為此受到懲罰。現在日本的街頭巷尾到處氾濫『仁義』，警察必須保證制止這種現象。」這裡指的當然是詐騙犯和黑道裡盛行的「盜亦有道」。特別是近代日本港口的一種小勞務承包商，他們像本世紀初美國港口的義大利包工頭一樣，和技術不熟練的勞工建立非法關係，再把他們租出去牟利，以此致富。因此他們被指為「行仁義」。中國概念裡的「仁」在這裡可謂被貶得不能再低了。[1]日本人就這樣重新詮釋並貶低了中國體系中關鍵的美德，卻沒有補充其他可以作為義務的先決條件，於是孝道在日本成了一個人必須完成的責任，哪怕這意味著容忍父母的惡行和不公。只有在和對天皇的義務發生衝突時，孝才可廢。如果僅僅是因為父母不值得子女孝敬，或者父母摧毀了子女的幸福，孝還是不可違背。

在一部近代日本電影中，一個母親發現了已婚的兒子藏了一些錢。這個兒子是村裡的老師，一個年輕女學生的父母想把她賣給妓院，因為時逢饑荒他們瀕臨餓死。於是老師向村民們募集了這點錢來為她贖身。那個母親並不窮，自己開了家不錯的飯店，但她還是偷了這些錢。兒子明知是母親偷的，卻不得不自己擔起罪名。他的妻子發現了事實真相，留下遺書擔起所有丟錢的罪責，然後帶著孩子投河自盡了。事情傳得沸沸揚揚，但是沒有人質問那個母親在這場悲劇中的角色。兒子盡了孝道，隻身前往北海道鍛鍊自己的性格，以便未來能夠更加堅強地面對類似考驗。他是一個高尚的英雄。在我看來，罪魁禍首應當是那個母親，我的日本同伴卻激烈批判我的美國式論斷。他說孝常常和其他的美德衝突；如果那個兒子夠聰明，他也許可以找到一個方法緩和矛盾而不失自尊。但是他要是責怪了自己的母親，哪怕只是心裡想想，也要無地自容了。

小說和現實中都充滿了這樣的例子，年輕人一旦結婚就要挑起沉重的孝道。除了「摩登」（新式）的圈子，一般體面的人家都是理所當然地由父母替兒子選擇妻子，通常會經過媒人的介紹。最關心選個好媳婦的不是兒子本人，而是整個家庭。因為婚姻不僅事關金錢交易，而且兒媳也會被加入家譜，她的兒子將是家族的延續。習俗是由媒人安排一場看似隨意的相親，男女雙方在父母的陪同下見個面，但是並不交談。有的時候父母會為自己的兒子安排利益婚姻，女方的父親可以得到財富，男方家庭則攀附上名門。也有時候父母會根據品行選擇兒媳。作為要報答親恩的好孩子，兒子不能過問父母的決定，結婚後還得繼續報答。特別是如果他是家裡的繼承人，就得和父母同住。眾所周知婆婆通常不喜歡媳婦，會到處挑媳婦的錯，甚至會把媳婦趕走而結束這場婚姻，即使兒子和妻子相處和睦，想要一起白頭到老。其實在日本小說和個人傳記裡對丈夫的痛苦描寫一點也不比妻子的少。丈夫屈服於父母的壓力而終結自己的婚姻，當然是在盡「孝」。

一個現居美國的日本「摩登」婦女曾經在東京的寓所收留過一個年輕的孕婦，她被婆婆趕出家門，留下年輕的丈夫傷心不已。她病體不支，心碎神傷，卻不責怪自己的丈夫。漸漸地，快出生的孩子使她有了寄託。但是孩子一出世，婆婆就帶著沉默順從的兒子來領走嬰兒。孩子當然屬於丈夫的家庭，於是婆婆帶走了孩子，轉身就送了人。

上述種種例子都屬於孝道的範疇，是對父母親恩的適當報答。在美國，這樣的故事會被當作是外來干擾阻撓個人追求自己應得幸福的例子。日本不把這種干擾視為「外來」，因為有「虧欠」在先這個前提。就好比我們的故事裡誠實的人克服萬難還清欠債，在日本這樣的故事宣揚的是真正高尚的品德，主角們為自己贏得了自尊，證明了自己堅強到足以接受適當的個人挫折。無論這些挫折多麼有利於品行，一縷怨恨總是在所難免。亞洲有關「可恨之物」的諺語值得注意，比如，在緬甸是「火、水、賊、總督和惡人」，在日本則是「地震、打雷和老頭（家長、父親）」。

和中國不同，日本盡孝的對象不包括幾百年以來的祖先以及由共同祖先繁衍下來為數眾多的宗親。日本的祭祀只針對近代的先人。墓碑上的字必須每年重寫，以便辨認。當生者不再記得某位先人時，他的墓就會被忽略，家裡的佛龕也不再供奉他的牌位。日本人的虔誠只面向那些他們有活生生印象的先人，他們只關注此時此地。不少作家都談到過日本人沒興趣進行空洞的思考或者想像不在眼前的事物，日本版的孝道和中國的形成鮮明對比，就是一個很好的例子。但是，這種孝道的最大實際意義就是把孝的義務局限在生者之間。

因為在中國和日本，孝道都遠遠不止敬重和順從自己的父母和祖先。西方人總把對孩子的悉心照料解釋為母性的本能和父親的責任，在中國人和日本人看來，這一點卻取決於對祖先的孝心。日本人說得很明白：一個人要把自己幼時受到的照料轉移到自己的孩子身上，以此回報自己虧欠祖先的恩情。沒有詞彙能夠表達「父親對子女的義務」，所有的責任都包含在對父母和祖父母的孝裡面了。孝道要求一家之長負擔起無數重任，包括撫養子女、教育兒子和弟弟，管理好家產、庇護有需要的親戚以及無數類似的日常事務。日本對家庭這個機構的嚴格規定極大地限制了男人負有義務的對象數目。如果一個兒子過世了，父親有責任撫養他的遺孀和孩子。有時候父親也會為孀居的女兒和她的家人提供住所。但是收容孀居的侄女或外甥女就不是他的義務了。如果一個人這麼做了，那他是在盡一種完全不同的責任。撫養教育自己的孩子是義務，但是如果是教育自己的侄子，通常會先把孩子過繼成兒子，因為教育侄子不是義務。

孝道並不要求對下一代施予援手時必須帶著敬重和愛心，哪怕對象是自己的直系親屬。一個家庭裡的年輕寡婦被稱為「冷飯親戚」，就是說她們得等到飯冷了才能吃，平時要聽家裡任何人的使喚，還要畢恭畢敬地接受有關自身事務的任何決定。她們以及她們的孩子都是窮親戚，哪怕有時候處境好一點，也不是因為這家的家長有義務對她們這樣好。兄弟之間履行義務也不必溫情脈脈；哪怕兩兄弟彼此憎恨視對方為毒藥，兄長依然會完全履行對弟弟的義務，這樣為人稱道的例子比比皆是。

家裡最大的矛盾莫過於婆媳之間。媳婦以陌生人的身份進入這個家庭，瞭解婆婆怎麼處理家務並學會變得上手是她的責任。很多時候婆婆明確表示媳婦配不上自己的兒子，有些時候婆婆可能會非常嫉妒媳婦。但是就如日本俗語所說：「討人厭的媳婦不斷地生招人疼的孫子」，孝就體現在這裡。小媳婦表面上無限順從，但是一代又一代，這些溫和可愛的女性成為挑剔苛刻的婆婆，就如同自己的婆婆一樣。作為年輕的妻子，她們不能表現出凶悍，但也不會就此永遠溫順。她們後半生會加倍地把自己歷年積累的怨恨加諸於自己的媳婦。現在的日本女孩公開談論起不嫁給繼承人的最大好處，那就是不必和專橫的婆婆一起生活了。

「盡孝」並不是為了在家裡實現仁愛。在有些文化中，仁愛是大家族中道德法律的中心，但是日本不同。就如一位日本作家所說：「正是因為日本人高度看重家庭，他們一點也不看重家庭裡的個體或者個體之間的家庭關係。」[2]這種說法當然不是一直正確，但是由此可見一斑。日本人強調的是義務和恩情的回報，家裡的長者身負重責，其中之一就是保證晚輩們做出必要的犧牲。是否心甘情願並不重要，他們必須服從長輩們的決定，這是他們的義務。

日本孝道的典型特徵就是家庭成員之間的互相懷恨可以表現得很露骨。但是這種怨恨在另一種與孝類似的重大義務中卻並不存在，這種義務就是對天皇的忠。日本的政治家們有先見之明，把天皇當作神聖的首領與喧囂的塵世隔離開來。只有這樣，他才能把全日本人民團結起來，毫無異心地為國家服務。僅僅把天皇當作萬民之父是不夠的，畢竟家庭裡的父親往往不是「很讓人敬重」的角色，即使子女要向他盡很多的義務。天皇必須成為一個不為俗世成見所困的神聖之父。對他的忠是人的最高品德，表現在必須把天皇當作幻想中不為俗世所染的仁慈聖父那樣衷心景仰。明治早期的政治家們在訪問西方國家之後有過記載，說那些國家的歷史都是統治者與人民之間衝突的歷史，而這不符合日本精神。他們回國後便在憲法裡加入了以下內容：日本的統治者「將是神聖不可侵犯」的，他不必為手下大臣們的任何行為負責。他將是日本統一的至高象徵，而不必是負責的國家元首。既然天皇已經有近七個世紀不曾作為首腦執政，就這樣把他的幕後角色永久化並不複雜，那些政治家們只需把所有日本人心中無條件的最高德行——「忠」——和天皇聯繫起來。在封建時期的日本，忠是對世俗首領將軍的義務。這一悠久歷史給了政治家們警示，在新制度下要怎樣做才能達到他們的目的，即日本在精神上實現統一。在此前的數個世紀裡，將軍既是軍事首領又是行政長官，儘管人人都應向他盡忠，謀反和行刺依然接連不斷。對將軍的忠往往和對自己的封建領主的義務衝突，而高級別的忠反而不如低級別的緊迫。畢竟對自己領主的忠誠是在面對面的交流中形成的，相形之下，對將軍的忠誠不免失色。動亂年代裡，武士們也會為了推翻將軍把自己的主人送上這個寶座而戰。明治還政的預言家們和領導人們用了近百年的時間和德川幕府鬥爭，用的口號就是忠於深居幕後的天皇，至於天皇的具體形象輪廓，每個人都可以根據自己的喜好在心裡描畫。大政奉還是這群人的勝利——正是因為效忠的對象從此由將軍變成了有象徵意義的天皇，一八六八年的事件才有了「還政」之名。天皇依然避世，他授權給「閣下們」，自己卻並不管理政府或軍隊，也不親自頒布政令。掌管政府的依然是顧問們，只不過人選更好了些。真正的大變革是在精神領域，忠從此成為每個人對神聖領袖的回報，這位領袖也是最高祭司，是日本統一及永久的象徵。

民間相傳皇室是天照大神（日女神）的後裔。忠的對象能如此輕易地轉移到天皇身上，當然有這個傳說的功勞，但是它的作用並不像西方人想像的那樣關鍵。日本的知識份子可以完全否認這種傳說，卻從未對效忠天皇質疑。即便是承認天皇出身神聖的廣大群眾對此也有著和西方人不同的理解。日語裡的「神」這個字，其字面意思就是「頭」，也就是等級制的最高點。日本人並不像西方人那樣在神與人之間劃出一條鴻溝，任何日本人死後都會成神。封建時期，人們效忠的是等級制的頭領，他們並沒有神性。在效忠於天皇的這個轉變中更為重要的是日本歷史上只有一個皇室，朝代從未更替。西方人用不著抱怨說這種連續性是騙人的，因為皇位傳承的規矩和英國或德國的不同，是日本特有的規矩。按照他們的規矩，皇室的傳承是延綿永世的。日本不像中國那樣有史以來記載了三十六個朝代。作為一個國家，日本儘管經歷了種種變遷，卻從未真正徹底地破除自己的社會結構，其模式是一成不變的。反德川勢力在還政前的幾百年裡利用的正是這一點，而不是神的後裔這種說法。他們說效忠的對象應該是站在等級制度最頂端的人，也就是天皇一人，把他塑造成國家的最高祭司，而這個角色並不一定就是神。這比女神後裔一說更為關鍵。

近代日本不遺餘力地把「忠」私人化，並把效忠對象特指為天皇本人。明治維新後的第一任天皇地位顯赫，影響深遠。他在位多年，很快成為臣民心目中的一種特殊標誌。他很少出席公共場合，一旦出場，儀仗等同祭神；萬眾朝拜時鴉雀無聲，無人敢抬頭直視；一樓以上窗戶緊閉，這樣就沒有人能夠從高處俯視天皇。天皇和幕僚們的接觸同樣等級分明。沒有天皇傳喚執政官員這種說法，只有極少數擁有特權的「閣下們」能向陛下「進言」。天皇從不針對有爭議的政治問題下旨，所有的旨意不是有關倫理就是提倡節儉，或者是表示一項爭議就此終結，宣旨只是安撫人心。天皇臨終時，全日本都成了一座特大寺廟，所有人都虔誠地為天皇向上蒼祈禱。

這些形形色色的手段都是為了把天皇變成一種不容國人爭議的象徵。就像美國人對星條旗的忠誠高於一切黨派爭議，日本的天皇是「不可侵犯」的。我們為國旗的使用設計了一整套儀仗，常人完全不配使用類似的儀式。日本人則不同，他們充分利用了天皇這一最高象徵的人性化。臣民向天皇表達愛戴之心，天皇致答，於是人們為「天皇垂顧」而感動得無以復加，一生致力於為天皇「分憂」。在一個像日本這樣完全依賴人際關係的文明裡，天皇是一個效忠對象的象徵，遠比國旗更為重要。實習教師如果把一個人的最高使命解釋成為愛國就會被評為不及格，唯一的正確解釋是回報天皇。

「忠」構築了一種臣民和天皇之間關係的雙重系統。臣民無須通過中間人，直接仰面天皇，用自己的行動為天皇「分憂」。相反地，臣民收到的天皇命令都是通過層層轉達。「秉承天皇旨意」這種說法就能使聽令的人效忠，比任何其他現代國家的命令都更有力。羅里（Lory）描述過一個例子：和平時期的一次日軍演練中，一名軍官帶團出發時命令士兵未經他的允許不得從水壺中喝水。日本軍隊訓練時一向極其強調條件再艱苦，也能無間斷地行軍五六十英里。這一天有二十名士兵因為脫水和疲勞中途倒下，其中五人喪命。查看他們的水壺時發現沒有人碰過水。因為「軍官下了命令，他秉承的是天皇旨意」。[3]

在民事管理當中，從死人到賦稅，一切都由「對天皇效忠」主宰。稅務官、警察、當地的徵兵官都是臣民們效忠的中介者。從日本人的觀點來看，遵紀守法就是償還他們的最高負債——皇恩。在這一點上，日本人和美國人的差別最為明顯。在美國，任何新法律，從路上的停車標誌到所得稅，都被全國人民視為干涉個人自由而受到憎惡。聯邦法規更是受到雙重質疑，因為它們還干涉了各個州自行立法的自由。大家覺得這是華盛頓的官僚們強加到自己身上的，很多人認為要是不對此做出嚴正抗議，就會有損自尊。日本人因此判定我們是一個無法無天的民族，而我們則認定他們是一個沒有民主概念的軟弱民族。其實更準確地說，在這兩個國家中，公民的自尊是和不同的態度聯繫起來的；在我國它取決於對自己事務的管理，在日本則取決於對恩人的回報。這兩種安排都有各自的問題，我們的問題是即使法規有利於國家整體，也很難讓大家接受；日本的問題是，一旦欠下債務或恩情，就會終身受累。或許每個日本人都曾在不違法的前提下逃避過責任，他們也崇拜某些特定形式的暴力、直接行動和私人報仇，這些美國人都不會贊同。儘管存在以上及其他可列舉的問題，效忠天皇對日本人的約束力依然不容置疑。

當日本於一九四五年八月十五日投降時，全世界都難以置信地見證了這一約束的力量。許多熟悉並瞭解日本的西方人都斷定日本不可能投降；他們堅持認為散佈於亞洲和太平洋各島的日軍會和平地繳械的想法太過天真。許多日本軍隊在當地不曾戰敗，還自以為是正義之師。日本本島也到處都是死硬派，故而先頭部隊人數不能太多，一旦占領軍前進到了海軍戰艦射程以外，難免有被殘殺的危險。這場戰爭期間，日本人無所不用其極，是個好戰的民族。持這些觀點的美國分析家們忘了考慮對天皇的忠。天皇旨意一出，戰爭立刻停止。在天皇的聲音從廣播裡傳出之前，懷恨的反對者們封鎖了皇宮，試圖阻止天皇發佈公告。但是公告一旦發出，大家都接受了。無論是滿洲或是爪哇的指揮官，還是日本的東條，都沒人提出異議。我們的士兵空降到機場，受到了有禮的接待。至於外國記者們，其中一人這樣記錄：「早上降落時還揣著手槍，中午時已經放到了一邊，晚上就在到處購買紀念品了。」這個時候，日本人民就在以保持和平的方式「為天皇分憂」；而一周以前，致力於驅逐蠻夷，哪怕只用竹槍，也是在「為天皇分憂」。

這種情況其實並不難理解，只有那些否認人的行為可以被多麼不同的情緒影響的西方人不明白。有些人宣稱除了徹底滅絕日本人外別無他法，又有些人宣稱日本只有自由派當權推翻現政府才會有救。如果是一個西方國家正在全力以赴地作戰，國內又有民意支持，那麼這兩種分析都說得通。但是他們在這裡就錯了，因為他們把本質上西式的行動加到了日本身上。幾個月的和平占領之後，有些西方先賢仍然認為大勢已去，因為日本沒有發生西式的革命，或者說「日本人不知道自己戰敗了」。這是典型的西方社會哲學，其根本是西方標準的對錯。但是日本不是西方，不會使用西方國家的終極力量——革命，也並不和占領的敵人暗中作對搞破壞。日本使用的是自己的力量：在軍隊的戰鬥力被消滅之前，就要求自己付出無條件投降的巨大代價，以效忠天皇為號令。在日本人的眼裡，這種巨大代價還是換來了他們至為珍視的東西——他們有權說，這是天皇下的命令，即便命令是投降。儘管戰敗了，效忠天皇依然是最高法律。

1 當日本人用「知仁」這個詞時，取意接近中國的用法。佛教徒勸誡人們「知仁」，就是要人慈悲為懷，樂施好助。但是，根據日語大辭典解釋，「知仁指的是理想中的人，而不是指行為」。

2 Nohara, K., The True Face of Japan，倫敦，一九三六年，第四十五頁。

3 Lory, Hillis, Japan's Military Masters，一九四三年，第四〇頁。

第七章　最難承擔的回報

日本俗語云「最難承擔是道義」。一個人必須回報道義，就像他必須承擔義務一樣，但是「道義」包含了一系列不同的責任。人類學家在世界各地的文明中發現了形形色色的道德責任，根本無法用相應的英語詞彙表述，其中最奇特的就是日本的「道義」（giri）。「道義」帶有典型的日本特色。忠和孝是中國和日本共有的概念，儘管日本對兩者進行了改造，但它們還是和其他亞洲國家的某些道德標準有共同之處。但「道義」的起源卻和中國的儒家思想或東方的佛教都毫無瓜葛，它指代的是一個日本特有的道德範疇，只有考慮到了這一點才能理解日本人的行為。日本人一旦談到行為的動機、名聲，或男男女女在祖國日本碰到的為難之處，就一定會時刻把「道義」掛在嘴邊。

在西方人眼裡，（日本的）「道義」包括了一長串雜亂無章的責任（見第六章第一九八到二〇〇頁簡表），從感激舊情到復仇的責任，都囊括其中。難怪日本人從不試圖向西方人解釋「道義」，因為大日文辭典裡都找不到對它的清楚定義。我把其中的一條定義翻譯如下：「（道義即）正義的方法；人應該走的正道；為了避免被世人非議，哪怕心裡不情願也不得不做的事。」這個解釋對西方人理解「道義」可能毫無幫助，但是「不情願」這個詞則點明了「道義」和「義務」的差別。不管義務多麼難以承擔，至少它的責任對象僅限於自己的直系家庭和象徵國家、生活方式及愛國精神的國家元首。義務源自於出生伊始便存在的緊密聯繫。儘管履行義務時人們可能不得不做出違心之舉，義務本身的定義從來都沒有「不情願」的含義。但是回報「道義」就會讓人滿懷憂慮。作為債務人有很多難處，最糟的情況就是陷入「道義的範疇」。

道義又分為不同的兩大類：一類我姑且稱為「對社會的道義」——實際上就是「回報道義」——是指一個人有責任報答同伴的恩情；另一種我姑且稱為「對名聲的道義」，是指個人有責任保持自己的名聲不受玷污，類似德國的「名譽」之說。對社會的道義可以大致解釋為履行契約式關係。在這一點上，道義和義務形成對比，因為義務是與生俱來的緊密責任，每個人必須履行義務。因此，道義包括了個人對姻親家的所有責任，義務則指個人對自己直系家庭的責任。岳父或者公公在日語裡的稱呼是「道義上的父親」；岳母或婆婆則是「道義上的母親」；兄弟姐妹的配偶或者配偶的兄弟姐妹都是「道義上的兄弟」或者「道義上的姐妹」。在日本，婚姻理所當然就是家庭之間的契約式聯盟，每個人盡其一生完成對伴侶家庭的責任就被稱為「履行道義」。其中最沉重的是對父母輩的道義，因為婚事是他們安排的。重中之重又首推年輕的媳婦對婆婆的道義，因為按照日本人的說法，新娘要去別人家裡生活。丈夫對岳父家的責任就有所不同，但是依然令人生畏。因為，如果岳父家潦倒，女婿就得借錢給岳父家，還要完成其他隨著婚姻契約而來的責任。正如一個日本人所說：「一個長大成人的兒子為母親做任何事都是出於愛，因此不能算是道義；只要行動發自內心，就不能算是為了道義。」履行對親家的責任則必須事無鉅細、小心縝密，不然就有可能被人指責「這個人不懂道義」——這是不惜任何代價都要避免的。

日本人如何看待對姻親的責任，最生動的體現就是「贅婿」的例子，也就是男子像女子出嫁一樣入贅對方家庭。一個家庭裡要是只有女兒，沒有兒子，父母便會為其中一個女兒挑選丈夫來延續家族的姓氏。這個丈夫將被自己家的家譜除名，改姓岳父家的姓氏。一旦進入妻子的家庭，他就得在「道義」上服從岳父、岳母，死後也會葬在岳父家的墓地裡。在以上各個方面，他的待遇都仿傚平常的出嫁女子。為女兒招贅婿的原因不限於家裡沒有兒子，也常常是因為兩家都希望從中得利，俗稱「政治婚姻」。女方家庭可能比較窮，但是出身高貴，男方家庭則能給女方帶來金錢，作為回報自己也能在階級等級上更上層樓。又或者女方家庭比較富有，能夠給女婿提供教育，女婿為了這個好處就放棄了自己的家庭。還有一種可能性就是女方父親想要拉攏女婿將來成為自己公司的合夥人。無論是哪一種情況，一個贅婿的「道義」負擔都額外的沉重——這是應該的，因為在日本改入別人的家譜是一個後果很嚴重的行為。在封建時代的日本，這個人為了在新的家庭裡證明自己，必須跟隨岳父上戰場，哪怕這意味著和自己原有的家庭作戰，甚至不得不殺死自己的親生父親。在日本，「道義」是最有力的束縛，近代日本的「政治婚姻」就是利用這種束縛力把贅婿和岳父的生意或家族利益牢牢地聯繫起來。特別是在明治時代，這樣的安排往往能讓雙方家庭都受益匪淺。但是對做贅婿的來說怨恨往往十分強烈。日本俗話說：「若有米糠三合（大約一品脫），絕不做贅婿。」如果這是在美國，美國人可能會說「這是因為贅婿沒法堂堂正正地做個男人」；日本人則不同，他們認為這種抑鬱是「為了道義」。總之，道義就是會讓人為難和「不情願」，所以在日本人看來，「為了道義」就足以解釋負擔沉重的人際關係。

不僅對姻親的責任是「道義」，就連對叔、伯、姑、舅、姨以及侄甥輩諸人的責任也屬於同一範疇。在日本，即使是對近親的責任也不屬於孝道。這是中國和日本在家庭關係上的最大區別之一。在中國，這一類近親和其他關係更遠的遠親都會共享同一資源。但是在日本，他們都算是道義上的或者契約式的親戚。日本人指出，這些人通常從來沒有給過自己任何好處（恩），幫助他們其實是為了償還共同祖先的恩。雖然看上去這種解釋和撫養子女的理由相同——撫養子女當然是一種義務，但是即便理由相同，幫助這些相對遠一些的親戚卻是出於道義。如果一個人不得不向這些親戚伸出援手，就會像幫助姻親時那樣說，「我是基於道義」。

一提到道義，大多數日本人的第一反應不是姻親間的關係，而是武士對領主或同伴武士之間的關係，這是日本最突出的傳統道義。一個有榮譽感的人必須忠於上級和同一階層的夥伴。很多文藝作品裡歌頌了這種出自道義的責任，認為這是武士的美德。在古代日本，即德川家統一全國之前，道義是比忠更為重要和高貴的品德。那時，人們效忠的對象是將軍。十二世紀，一位源氏將軍要求一位大名交出受他庇護的一位敵對藩主，該大名的回信被保留至今。他深深怨恨將軍對自己的責難，拒絕違背道義，哪怕是以忠的名義。信中這樣寫道：「對於公務，余個人無能為力，但重譽之人必重道義，此萬古長存之真理。」他的意思就是道義超越了將軍的權威，他拒絕「對尊貴的朋友們背信棄義」。[1]大量日本歷史民間傳說中充斥了這種高於一切的舊日本武士道義，這些故事至今在日本仍廣泛流傳，還被編入能劇，歌舞伎和神樂舞蹈。

這些故事中最著名的就是英雄弁慶的傳說。弁慶是十二世紀的浪人（沒有主公，靠自己謀生的武士），身材高大，所向無敵。除卻一身神力之外，他身無分文，借住在寺廟裡的時候，和尚們都畏之如虎，因為他殺了每一個過路的武士，把他們的刀收集起來變賣，好為自己購買符合封建武士身份的裝束。終於，他的挑戰落到了一個看起來不過是黃毛小兒的人身上。那是個身材瘦小，打扮紈褲的藩主。兩人比武竟然不相上下，弁慶這才發現此人是源氏後裔，正密謀為自己的家族奪回將軍之位——也就是後世備受日本人熱愛的源義經。弁慶向源義經俯首稱臣，矢志效忠（原文在此處的用詞是道義），從此在他麾下出生入死，身經百戰。然而敵人勢眾，最終兩人不得不和部下一起撤退。為了擺脫追蹤，大家打扮成寺院四處化緣的遊方僧。源義經扮成一個普通僧人，弁慶則扮成領隊。在路上，他們遇到了敵人設的關卡；弁慶就假裝念化緣簿，編造了長長一串募捐人名單。對方差點信以為真，正準備放他們通過，但是在最後一刻對源義經起了疑心。因為即使他打扮成下人的模樣，還是無法掩藏一身的貴族氣派。於是哨兵叫回了整隊人馬，但是弁慶的下一個動作立刻完全消除了敵方的疑心：他找藉口把源義經痛罵了一頓，還搧了他一耳光。這一招取信了敵方，以為這個遊方僧不可能是源義經，不然他的下屬絕對不敢對他動一根手指——如此違背道義的行為是無法想像的。於是弁慶的大不敬拯救了整支隊伍。等到抵達了安全的所在，弁慶立刻拜倒在源義經腳下，自請死罪。源義經大度地寬恕了他。

在這些古代傳說中，道義發自內心，毫無怨恨，那是現代日本人心目中的黃金時代。這些故事告訴他們，那個時候的道義沒有「不情願」的含義。如果道義和「忠」起了衝突，人們可以堂堂正正地堅持道義。儘管充滿了封建色彩，道義卻是當時最受人們熱愛的一種直接的人際關係。「懂道義」意味著終身對主公效忠；作為回報，主公也會照顧屬下一輩子。「回報道義」就是把自己的生命獻給主公，回報主公賜給自己的一切。

這當然是個理想化的夢幻。日本的封建史中記載了不少武士被敵對大名收買的例子。更為重要的是，如下一章所述，藩主對家臣的任何侮辱都可以成為家臣離開主公甚至投靠對手的正當理由，習俗就是這樣。日本讚頌復仇主題就像讚頌「誓死效忠」一樣，對兩者同樣津津樂道。這兩者都屬於道義：忠誠是對領主的道義，為自己受到的侮辱復仇是對自己名聲的道義。在日本這是同一面盾牌的兩個不同面。

儘管如此，對今天的日本人來說，這些關於忠誠的古老傳說不過是讓人心情愉快的白日夢，因為「回報道義」在現代已經不再是對領主效忠，而是對各種不同的人有著各種不同的責任。「道義」現在常見於日常用語，但是表達的都是怨恨，強調的是說話的人迫於輿論的壓力、不得不違背自己的意願去履行道義。人們會說，「我完全是為了道義才來安排這樁婚事」；「僅僅是出於道義，我才給了他這份工作」；「出於道義，我不得不見他」。人們總是在說「糾結於道義」，這個短語在詞典裡的解釋是「我被迫這樣做」。還有一種說法，「他用道義強迫我」或者「他用道義把我逼得別無他法」，這些用法和其他類似用法都是指說話的人以前受過別人恩惠，現在為了報答被迫做出違心之舉。無論是在農村，還是小商店，或者是上層的財閥圈和內閣裡，都可以聽到人們說自己「迫於道義」、「為道義所迫」。一個追求者可以憑著舊時的關係或者兩家的交情要挾未來的岳父把女兒嫁給自己，也有人用同樣的手段獲得農民的土地。「被逼得別無他法」的人會覺得不得不滿足對方的要求。他會這樣說：「如果我不答應恩人，我就擔上了道義上的壞名聲。」所有這些用法都隱含了「不情願」的意思。套用日本字典上的解釋，應允對方的要求只不過是「為了面子」。

和十誡不同，道義不是一整套道德標準。它的規則只是必須回報。當一個人迫於道義時，大家都會默認他也許不得不暫時無視正義，所以人們常說「因為道義我才行此不義（gi）」。道義的規定也和愛鄰如己毫無關係；它們並不要求人發自內心地慷慨行事。人們說，一個人必須行道義是因為「如果不這樣做，大家會說這個人『不懂道義』，他就會在世人面前蒙羞」。正是因為人言可畏，道義才必須得到服從。確實，在英語翻譯中，「對社會的道義」經常被譯成「服從輿論」，「這件事只能這樣辦，因為這是對社會的道義」在詞典中就被翻譯成「人民不會接受任何其他行動方案」。

這個「道義界」的規矩就和在美國欠債必須償還的道理類似，這樣看就能幫助我們理解日本人的態度。如果我們收到一封信或禮物，又或者有人幫我們說了好話，我們不會覺得需要迫切地回禮，但是如果是必須按期歸還的利息或者銀行貸款，那就是必須而緊迫的。在這些金融交易裡，破產是對失敗的懲罰，也是一項重罰。但是在日本人看來，如果一個人沒有回報道義，那麼這個人就破產了。日常生活中的每一次接觸都會產生各種形式的道義，所以日本人心裡都有一本帳，再微小的言行都要記錄下來；如果換成美國人，根本不會把這些小事放在心上。對日本人來說，在這個複雜的世界裡必須謹言慎行。

日本的道義概念和美國的還債概念還有另一個相似之處：二者都要求等量的償還。在這方面道義就和義務完全不同了，因為無論一個人付出多少，都遠遠不能滿足義務，道義卻不是無止境的。雖然在美國人眼裡，日本人對道義的回報遠遠大於最初得到的好處，但是他們自己不這樣認為。我們覺得日本人送禮太過講究，一年裡面，每戶人家要兩度禮節性包裝些禮品作為六個月前所收饋贈的回禮。幫傭的家裡也要年年都向主人家送禮，報答對她的僱用。但是回禮重於禮物是日本的大忌。「投我以木瓜，報之以瓊琚」根本不是美德。事實上，對禮物的最大批評就是送禮人「用鯛魚（一種大魚）回報小魚」。同樣的道理也適用於回報道義。

不管是工作還是物件，日本人都盡可能地書面記載人情網裡的往來。在村裡，有的時候由村長記錄這樣的往來，又有的時候由參與勞動的人記錄，也有些是家庭和個人的記錄。以葬禮為例，帶上「香錢」參加葬禮是日本的習俗。親戚們可以獻上染色的布作為葬禮的幡。鄰居們也會來幫忙，女人們下廚房，男人們幫忙挖墓穴、做棺材。在須惠村，村長負責專門記錄諸如此類的事務。逝者的家庭非常珍視這樣的記錄，因為它說明了鄰里對死者的悼念。同時它也是一張清單，記錄了將來要還情的人家，以後那些家庭有人過世時同樣要去弔唁。這些都是長期的往來。鄉下的葬禮也有短期的往來，就像筵席一樣。幫助做棺材的人由主家提供飲食，製棺人也會給治喪的人家送些米，充作部分伙食費。這些米也都由村長記錄在案。在大部分的筵席上，客人也會帶來一些米酒作為部分的酒資。不管是有人出生還是過世，插秧、造房還是交流會，道義的交換總是被仔細地記錄在案，以備日後回報。

日本還有另外一項和道義有關的習俗，類似西方還錢的習慣。那就是如果償還的日子超過了一定的期限，債務的數目就會增加，就好比積累了利息。埃克斯坦（Eckstein）博士講過他和一個日本製造商打交道的故事。這個製造商曾經資助博士去日本為野口英世的傳記蒐集資料。埃克斯坦博士後來回到美國，書成之後又把手稿寄到了日本。然而此信一去如同石沉大海，音信全無。他自然而然地開始擔心是不是書裡的內容冒犯了別人，但是始終沒有收到回音。幾年後，那個日本商人打電話來，說他正在美國。沒多久他就帶著幾十株日本櫻花樹上門拜訪埃克斯坦博士。這份大禮實在慷慨，在日本商人看來卻又理所應當，因為他拖了這麼久才回禮。送禮人這樣對埃克斯坦博士說：「你當時肯定不是想要我馬上報答你吧。」

一個「迫於道義」的人常常不得不回報隨著時間而增長的人情債。有人向小商人要求資助，僅僅因為他的舅舅是那位商人小時候的老師。因為商人當時年幼，無力向老師回報道義，欠下的債就隨著時光流逝而積累起來。所以哪怕再不情願，這個商人也得同意對方的要求，「以免遭世人非議」。

1 見 Kanichi Asakawa, Documents of Iriki，一九二九年。

第八章　洗清污名

「對名聲的道義」就是保持自己的名聲一塵不染的責任。它包含了一系列的美德，在西方人看來有些是互相矛盾的，日本人卻覺得它們都是統一的，因為這些責任不是報恩，而是處於「恩的範疇」之外。這些行為保持個人的名聲斐然，與以前受人恩惠無關。其內容包括：嚴格遵守和身份地位相應的繁文縟節，面對疼痛堅忍不拔，維護自己職業或手藝上的名譽。「對名聲的道義」還要求消除譭謗和侮辱；譭謗玷污了自己的好名聲，必須徹底消除。有的時候必須對詆毀自己的人進行報復，也有的時候必須自盡。這兩個極端之間還有其他無數種可能，但是只要名譽受到損傷，就絕對不能淡然處之。

日語中並沒有單獨的詞彙表達「對名聲的道義」，這只是我的說法。日本人僅僅稱之為恩情範圍以外的道義。這種稱呼只是分類的基礎，並不是說對社會的道義就是知恩圖報，而「對名聲的道義」就是著重有仇報仇。西方語言裡把這兩者區分到感恩和報仇這兩個對立範疇，日本人其實並不以為然。一個人面對善意或者惡言惡行做出的反應為什麼不同屬一種美德呢？

在日本這就是同一種美德。正直的人對於受人恩惠或者遭人侮辱感受都同樣強烈。無論是哪一者，給予相應回報都是美德。不像我們，還要把兩者區分開來，一者稱之為侵犯，另一者為非侵犯。對日本人來說，只有「道義範疇」之外才存在侵犯；只要一個人保持道義，為自己洗清污名，那個人就不用承擔侵犯的罪名——他只不過是在算舊帳而已。日本人有種說法，如果不消除或報復受到的侮辱、毀謗和失敗，那麼「世界就會失去平衡」。正直的人必須恢復世界的平衡，這是人的一種美德，而不是人性的罪惡。在歐洲歷史上的某些時期，「對名聲的道義」也是一種西方的美德，連用法也像日語那樣與感激和忠誠連用。它於文藝復興時期興盛一時，特別是在義大利，也和古典西班牙的西班牙式英勇（el valor Español）及德國的名譽（die Ehre）不無共同之處。一百多年前歐洲的決鬥就是源於類似的觀點。凡是在視洗清污名為美德的觀點廣為傳播的地方，不管是日本還是西方，其核心都是這種德行超越一切物質意義上的利益。一個人的德行和他為了名譽犧牲自己的財產、家庭甚至生命的程度成正比。這是道德定義的一部分，也是這些國家聲稱這是一種精神價值的根基所在。它的確讓人遭受重大的物質損失，不能簡單以得失來衡量。就是在這一點上，這種名譽感和美國生活中隨處可見的激烈競爭以及公開對抗形成了鮮明對比。在美國，某些政治和經濟交易中也許禁止不擇手段，但是為了獲得或者保持物質優勢總有一場爭鬥。只有極少數例子，比如肯塔基山中居民的仇殺，是遵循名譽至上的原則，也算是「對名聲的道義」範疇。

「對名聲的道義」，在任何文化中都會伴有敵意及伺機報復，這並不是亞洲大陸的典型道德特徵。它並不是所謂的東方特質，例如中國人就沒有，暹羅人和印度人同樣沒有。中國人認為計較侮辱和惡言是「小人」的標誌——這裡的「小」是道德意義上的小。和日本不同，這不屬於中國人理想中的高貴品質。無故使用暴力是錯誤的，中國的道德體系並不贊同用暴力報復自己受到的侮辱，認為這樣度量狹小是極其可笑的。面對譭謗，他們也不會下定決心全力行善來證明這種詆毀沒有任何根據。暹羅人也完全沒有這種對侮辱的過度敏感；他們和中國人一樣，寧可讓詆毀者表現得可笑，也不會以為自己的名譽受到了打擊。他們說「讓對手暴露其禽獸面目的最佳辨法就是退讓」。

想要完全理解「對名聲的道義」具有怎樣的意義，就要全面考慮它在日本所代表的所有非侵略性的德行。復仇只是某些場合要求的德行之一，其中還包含其他許多低調溫和的行動。一個有自尊的日本人必須要能堅忍自制，這是他「對名聲的道義」的一部分。女人不能在生孩子時哭喊，男人應該超越疼痛和危險。當洪水沖到日本的村莊時，每一個有自尊的人都會收拾好能夠帶走的必需品去找地勢較高的地方。沒有人大呼小叫，沒有人奔走四方，沒有人驚慌失措。當春分或秋分的狂風驟雨以颱風強度來襲時，大家的反應是同樣自制。類似的行為是日本人自尊心的一部分，儘管他可能沒法完全做到。他們認為美國人的自尊不要求自制。日本的自制中包含了「位高則任重（noblesse oblige）」，因此在封建時代，對武士的要求更高於平民。但是哪怕它對平民的要求不那麼苛刻，這項德行依然是所有階層的生活準則。如果說克服身體的疼痛是對武士的極端要求，那麼對平民的極端要求就是要他們忍受武士的暴力侵犯。

關於武士的堅忍品性，有很多著名傳說。武士不能為飢餓折腰，並且這種小事不值一提。武士得到的命令是在挨餓的時候裝出剛剛飽食的樣子：他們必須用牙籤剔牙。就如格言所說：「雛鳥嗷嗷待哺，武士嘴叼牙籤。」在過去的這場戰爭裡，這就成為了入伍士兵的部隊箴言。武士們也不能屈服於疼痛。日本人對此的態度就像那位年輕士兵對拿破崙的答覆：「受傷了？不，長官，我被殺了。」一個武士到死都不能流露出傷痛的跡象，他必須眉也不皺地忍耐疼痛。有個故事講的是死於一八九九年的勝伯爵，在他還是個小男孩的時候睪丸被狗撕裂。他出自武士家庭，雖然那個時候家裡已經敗落到一貧如洗。醫生為他動手術時，他的父親手執武士刀對著他的鼻子，「只要你哭出一聲，」他這樣告訴兒子，「我就送你上路，至少你會死得不那麼屈辱。」

「對名聲的道義」還要求一個人的生活得和身份相符。如果做不到這一點，他就喪失了自尊。在德川時代，這意味著每個人出於自尊，都得理所當然地接受奢侈取締令的繁複規定。這些法令對於每個人該穿什麼衣服，用什麼器物，能夠擁有什麼物品等各方面幾乎都有詳盡的規定。這樣根據出身階級規定穿著用度的例子讓美國人大驚失色。在美國，自尊是和提高自己的地位緊密聯繫在一起的，一成不變的奢侈取締令無疑是對我們社會的根本性否定。德川時代的法律規定了一個階層的農夫可以為孩子買某種玩具娃娃，而另一個階層的農夫就該買另一種不同的娃娃，這讓我們美國人聞之駭然。但是在美國我們用另外一套規則達到同樣的效果。工廠老闆的孩子可以有一套玩具火車，佃農的孩子有玉米棒娃娃就心滿意足了，所有人都不會對這樣的事實有任何非議。我們承認收入的差別，認為這是合理的。爭取高薪是我們這個自尊系統裡的一部分，由收入決定買什麼樣的玩具娃娃不違背我們的道德觀念。富了的人就能為孩子買高級點的娃娃。在日本，致富招人猜疑，安守本分卻不會。直到現在，不管窮人、富人依然通過遵守等級習俗來培養自尊。這在美國是不可理解的。早在十九世紀三〇年代，法國人托克維爾就在前文引用過的書中指出了這一點。他本人出生於十八世紀的法國，儘管對於平等主義的美國他的點評頗為大度，他依然瞭解並熱愛貴族的生活方式。美國，用他的話說，儘管有諸多好處，還是缺少了尊嚴。「真正的尊嚴包括永遠安分守己，不卑不亢。上至王子，下至農夫，這個標準不分貴賤。」托克維爾如若在世，就一定能夠理解日本人的態度，即階級差異本身沒有什麼可羞恥的。

在對文化進行客觀研究的今天，大家公認「真正的尊嚴」對不同的人可以有不同的定義，正如各人對什麼是羞辱都有自己的定義。有些美國人現在叫嚷著只有強行實現我們的平等主義，日本人才配擁有自尊，這其實是犯了本族中心主義的錯誤。如果這些美國人追求的是（用他們的話說）「一個自尊的日本」，那麼他們就必須認可自尊在日本的根基。我們要像托克維爾那樣，能夠承認這種貴族化的「真正的尊嚴」正在從現代社會消失，一種不同的、我們堅信也是更好的尊嚴正在取而代之。毫無疑問，這種變化在日本也終將發生。與此同時，日本現在必須憑借自己而不是我們的根基重建自尊，也必須以自己的方式進行淨化。

除了安分守己，「對名聲的道義」還包括對其他許多要求的滿足。借貸的時候借款人會以「對名聲的道義」發誓；一個世紀以前有種常見的說法，「如果不能如數奉還這筆錢，我將在眾目睽睽之下被人取笑」。如果他沒有做到，其實並不會真的成為大眾笑柄，日本沒有示眾嘲笑這回事。但是當新年來臨，也就是所有欠債必須還清的截止日期，破產的負債人可能會自殺，以此「洗清污名」。到現在新年前夜還是會有一批人自殺，用這種方式來挽救自己的名聲。

有很多職業上的承諾也會關係到「對名聲的道義」。一旦特定的情況招來公眾評論，日本人的要求經常是匪夷所思的。舉例來說，每個學校都要懸掛天皇的畫像，而因為學校失火危及畫像而自殺的校長多不勝數，哪怕他們跟失火原因毫無關係。有的老師還會因為衝進火場搶救天皇畫像而被活活燒死。他們用死亡證明了「對名聲的道義」和對天皇的忠誠在他們心中有著多高的地位。還有其他廣為流傳的故事，像是有人在儀式性地宣讀天皇關於教育敕令或軍人敕諭時不慎念錯，最後以自盡來洗清污名。現任天皇在位期間，有人不小心給兒子取名裕仁——這是天皇的名字，在日本必須避諱——那個人因此殺死了自己的孩子然後自盡。

在日本，專業人士「對名聲的道義」是非常嚴苛的，但是又不必像美國那樣保持高度的專業水準。一名教師說「出於對自己教師名聲的道義，我不能承認自己不知道答案」。他的意思是哪怕他不知道這隻青蛙屬於哪個品種，他也得裝作自己知道。即使他只在學校學習了幾年就去教英語，他也不能允許別人來糾正他的錯誤。「對某人教師名聲的道義」所特指的就是這種自我維護意識。商人也一樣，出於對商人名聲的道義，他不能讓任何人知道自己的資產嚴重萎縮，或者自己為機構制定的計劃已經失敗。同理，外交家出於道義也不能承認自己政策的失敗。所有這些道義的用法都體現了個人和工作的極端認同感，任何對個人行動或者能力的批評都自動變成對個人本身的批評。

日本人對失敗和無能之類指責的反應，在美國也屢見不鮮。我們都認識受到指責就憤怒欲狂的人，但是我們的自我維護很少達到日本人那種程度。如果有老師不知道青蛙的種屬，他會覺得直接承認好過假裝知道，儘管他也有可能隱瞞自己的無知。如果商人不滿意自己提出的策略，他會覺得自己可以提出新的不同方案。沒有人會認為自己的自尊取決於是否一貫正確，一旦承認錯誤就得辭職或退休。但是在日本，這種自我維護意識深入人心。所以不能當面如實指出一個人犯了專業上的錯誤——這既是明智之舉，也是通行的禮節。

日本人的這種敏感在一人輸給另一人的情況下表現得尤為明顯。哪怕僅僅是其他人被優先提拔，又或者該人在選拔考試中失利，失敗者都為此「蒙羞」，而且，雖然在某些情況下，這種羞恥感能督促人奮發，更多情況下它會令人沮喪，信心盡失。抑或憂鬱不振，抑或憤慨不平，也可能兩者兼具，從此消磨了意志。對美國人來說特別重要的是，要認識到競爭在日本的不同，它不會像在我們的生活體系裡那樣產生良好的社會效應。我們把競爭當作一樁「好事」來高度依賴。心理測試表明，競爭刺激我們完成最佳作品，工作表現也在這種刺激下提高。當我們獨自完成某項任務時，成績總是不如在競爭下的表現。日本的測試結果則相反。這一點在少兒期結束之後表現得尤為明顯，因為日本的兒童把競爭當作玩鬧，並不為此過慮；但是青年和成人的表現卻隨著競爭而惡化。研究對象在獨自一人工作時進展順利，失誤減少，速度增加，但是一旦多了個競爭對手，失誤就開始出現，速度也大大降低。用自己的紀錄來衡量進步時，他們做得最好，和別人進行比較就沒有這種效果。日本的實驗者們對這種競爭環境中的不佳紀錄做出了正確的分析。他們說，一個項目中一旦導入了競爭，研究對象就開始主要關注自己被別人比下去的潛在危險，工作因而受到了影響。他們對競爭異常敏感，視其為對自身的一種侵犯，結果注意力就從手中的工作轉移到了和侵犯者的關係上。[1]

對這些被測試的學生影響最大的是失敗可能帶來的羞恥。就如同教師或商人堅持維護對自己職業名聲的道義，學生們也很容易因為對學生名聲的道義而傷心。競爭性比賽中，失利的學生隊伍會因為失敗的恥辱而表現極度失常。賽艇隊員會撲倒在船裡，扶槳嚎啕大哭。被擊敗的棒球隊員會抱成一團失聲痛哭。要是在美國我們會說他們經不起失敗。在我們的禮節中，他們應該說技高者勝；失敗一方應該和勝利的一方握手。不管我們多討厭被人打敗，我們瞧不起因為失敗就情緒失控的人。

在想方設法躲避競爭上，日本人的花樣層出不窮。他們的小學想方設法把競爭最小化，讓美國人覺得不可思議。日本教師受到的指令是教育每個孩子提高自己的成績，不能讓他有機會和別人做比較。他們的小學沒有留級制度，所有的孩子一起入學也一起畢業。他們的成績單中評分考績的是學生在校的操行，而不是功課；一旦競爭情況不可避免，比如中學的入學考試，緊張氣氛理所當然地異常高漲。每個老師都知道一些男孩因為得知考試失利而自殺的故事。

這種盡量減少直接競爭的做法貫穿日本人的生活。建立在「恩」的基礎上的道德體系不能容忍競爭。美國人在這方面的規則正好相反，鼓勵在與同伴的競爭中力爭優異。日本人的整個等級系統以及其有關階級的詳盡規定都在盡量避免直接競爭。他們的家庭系統也是如此，父子從制度上就不像美國那樣存在競爭關係——他們可以脫離關係，但是不能直接競爭。看到美國家庭裡父子爭車用，或者爭奪妻子／母親的關注，對此日本人總是驚訝地進行點評。

日本人有很多方法消除兩人之間因競爭而引發的直接對抗，其中最引人注目的方法之一就是無所不在的中介制度。只要事情辦不成有可能讓人感到羞辱，中間人就必不可少。這就造成無數場合都需要中間人：從談婚論嫁、求職應聘、離職到其他無數日常安排。這個中間人向當事雙方匯報情況，或者在像結婚這樣的大事上，雙方都會僱用自己的中間人，由他們兩人商談具體事宜，然後再向各自的一方匯報。直接交流中可能因為名聲的道義而怨恨對方的指責和要求，現在通過這種間接的方式就可以避免。中間人以這樣的官方身份行事，自己也身價倍增，一旦事成，更是得到社會的尊重。因為談判順利，中間人也臉上有光，所以和平解決問題的機率得以大大的提高。無論是為客戶打探潛在僱主對求職者的看法，還是向僱主傳達僱員離職的決定，中間人具備的都是類似的作用。

日本人有各種各樣應對的禮節，以免某些情況會造成對人的羞辱，進而引起「對名聲的道義」問題。直接競爭只是這些需要盡可能避免的情形之一。日本人覺得，主人應該講究穿著，用特定的歡迎儀式迎接客人。所以，要是上門拜訪農夫時遇見他還穿著工作服，客人就得等上一會兒。農夫會對客人視若無睹，直到他換上合適的衣服並安排好相應的禮節。哪怕客人就在主人換衣服的房間，情形也不會不同。主人只有換上了得體的衣著才能算是到場。在有些鄉下地方，男孩可以等女孩全家都熟睡，女孩也睡下之後夜訪女孩。她可以接受或者拒絕，但是男孩要蒙面行動，以防被拒絕後第二天感到羞愧。這樣的偽裝不是為了讓女孩認不出他是誰，而是純粹的掩耳盜鈴，日後不必承認其實本人受到了羞辱。日本的禮節還要求事物在有成功的把握前盡量忽略不計。談論婚事的時候，媒人的任務之一就是在訂婚前讓未來的新郎、新娘見上一面。這種會見要盡量安排成像是巧遇，因為要是在這個階段就確定了介紹的目的，萬一洽談不順利就會危及一方或者雙方家庭的名譽。相親時兩個年輕人都要由各自的父母或其中一人作陪，由媒人扮演主持人。最合適的安排就是讓他們雙方在某些場合巧遇，比如一年一度的菊花展、賞櫻會，或者任何其他有名的公園和娛樂場所。

通過以上及其他許多方式，日本人盡力避免可能因失敗而帶來羞辱的場合。儘管他們再三強調每個人有責任為自己洗清污名，事實上，他們盡可能在安排事務時就減少讓人覺得受到侮辱的可能性。在這一點上，日本人和許多太平洋群島上同樣重視洗清污名的部落還是有顯著反差的。

在新幾內亞和美拉尼西亞以種植為生的原住民中，受到侮辱就必要懷恨在心，這成了部落和個人行動的主要動力。只要一舉行部落宴會，肯定就有一個村子開始數落另外一個村子窮得餵不飽十個人，小氣到連芋頭和椰子也要藏起來，或者說他們的頭領奇蠢無比，就算想要組織場宴會也是辦不成事。於是被挑剔的村落就要大擺排場，盛情款待客人，讓所有的來賓都受寵若驚，這樣才算洗清了污名。婚姻的安排和金錢交易也都是這個套路；戰場上雙方也要先狠狠對罵一番才開始張弓射箭。再微不足道的小事，也被他們當作只有拚死一戰才能解決。侮辱是促成行動的巨大動力，這些部落也因此經常充滿活力，但是沒有人會把他們描述成彬彬有禮。

日本人正相反，他們是禮貌待人的最佳典範，這種突出的禮貌也反映出日本人為了盡量避免必須洗清污名的情況費了多大的勁。他們一方面依然把受辱造成的憤恨當作激勵人走向成功的不二手段；另一方面又盡量避免可能導致這種後果的局面。如果發生了，只能是在特定場合，不然就是因為傳統的控制手段在壓力下失效了。毫無疑問，日本能夠在東亞稱雄並推行過去這十年來對英美戰爭的策略，裡面不乏這種激勵手段的貢獻。西方有很多關於日本人對侮辱過度敏感、熱衷於復仇的討論，其實更適用於新幾內亞那些善於利用侮辱的部落。許多西方人對日本戰後可能行為的預測之所以大大偏離事實，正是因為他們沒有認識到「對名聲的道義」在日本所受到的特殊限制。

美國人不應該因為日本人彬彬有禮就低估他們對詆毀的敏感。美國人經常漫不經心地表達個人意見，視之若遊戲。我們很難理解，在日本玩笑話也會被當真。一位名叫牧野芳雄的日本畫家在美國出版了一本自傳，全書用英文寫成，裡面生動地描寫了日本人認為自己受到「嘲笑」後的典型反應。撰寫自傳時他已經在歐美度過了大半輩子，但是感受之強烈彷彿他依然生活在家鄉愛知的農村。他出身於一個有名望的地主家庭，又是幼子，在溫暖的家庭裡備受疼愛。童年快結束的時候，他的母親過世了，沒多久父親破產，不得不變賣所有的家產還債。家破人亡又身無分文，牧野難以實現自己的抱負。他的抱負之一是學習英語，為此他就在附近的教會學校做清潔工。直到十八歲，他最遠也就到過周圍的幾個鄉鎮，卻下定決心要去美國。

我去拜訪學校裡的一名（外國）傳教士，所有人裡面他最得我的信任。我告訴他自己打算去美國，希望他能給我提供些有用的資訊。讓我大失所望的是，他驚呼：「什麼，你想去美國？」他的妻子也在屋裡，兩人一起嘲笑我！那一刻，我覺得自己腦袋裡的血好像都沉到了腳底！我默默無語地在原地站了幾秒鐘，連「再見」也沒說就回到了自己的房間。我告訴自己，「一切都完了」。

第二天我就出走了。現在我想寫下出走的原因。我一直相信不誠（insincerity）是這個世界上最大的罪行，而不誠之最莫過於嘲笑！

別人發火，我總是諒解，因為生氣是人的本性。要是有人對我說謊，我通常也能原諒，因為人性軟弱，很多時候人沒有足夠堅定的意志來面對困難，說出真相。如果有人無中生有，編造關於我的謠言或八卦，我也會原諒，因為人云亦云，這種誘惑很難抵抗。甚至連殺人犯，我有時候都能酌情體諒。但是嘲笑罪不可赦。只有故意不誠的人，才會嘲笑無辜。

讓我講講我對兩個詞的定義。殺人犯：殺死他人肉體的人。嘲笑者：殺死他人靈魂和心的人。

靈魂和心遠比肉體重要，所以嘲笑是最惡劣的罪行。確實，那名傳教士和他的妻子在試圖殺害我的靈魂和心，那時我心裡一陣劇痛，心頭大喊：「為什麼是你？」2

第二天一早，他把所有東西打成一個包袱，離開了那裡。

聽到一個身無分文的鄉村少年說想去美國成為一個畫家，那個傳教士覺得難以置信，這種態度讓牧野覺得自己被「刺殺」了。他的名聲受到了誣蔑，只有實現自己的目標才能洗清污名。在受到傳教士的「嘲笑」後，他別無選擇，只能離開本地，證明自己能夠到達美國。讀著他的英文我們會覺得奇怪，為什麼他指控那個傳教士「不誠」；至少就我們對誠這個字的理解，那個美國人的驚歎在我們看來挺「真誠」的。但是牧野取的是這個字在日文中的含義——不想挑起爭端卻又貶低別人，這裡人在日本人看來都是不誠的。這樣的嘲笑過於放肆，表明這個人「不誠」。

「連殺人犯，我有時候都能酌情體諒。但是嘲笑罪不可赦」。既然無法原諒，那麼對待誹謗的另一種反應就是報復。牧野透過到達美國洗清了污名，但是為受到的侮辱或詆毀進行復仇，在日本傳統中也是地位頗高的一件「好事」。為西方讀者寫書的日本作者有時會在書中用生動的比喻描述日本人對於復仇的態度。新渡戶稻造，這個日本最博愛的人之一在一九〇〇年寫道：「復仇這一行為具有某些東西能夠滿足人的正義感。我們的復仇直覺就好像數學計算能力那樣精確，方程式兩邊若是不能等項，我們總覺得有什麼事情沒有完成。」[3]岡倉由三郎在《日本生活和思想》一書中用了一個日本特有的習俗與之作比較：

所謂日本人的心理怪癖，許多源於對潔淨的熱愛和對污穢的憎惡。污穢不清洗乾淨，傷口就無法痊癒。既然我們受的是這樣的訓練，那麼家庭或者國家的名譽受到了輕蔑，怎麼能不通過復仇來作徹底的清洗呢？日本人的生活裡，公私場合都時常可見復仇的例子，你不妨把它們看作一個有潔癖的民族所進行的晨浴。4

他接著說，因此日本人「過著乾乾淨淨、一塵不染的生活，像盛開的櫻花樹那樣美麗寧靜」。換句話說，這種「晨浴」洗掉了別人朝你扔的髒土，不洗乾淨的話就會有損品行。日本沒有這樣的道德觀：只要自己不覺得受到侮辱，就沒有人能夠侮辱你；只有「己身不修」才會玷污品行，而不是別人說了什麼或者做了什麼。

日本的傳統不斷在大眾面前宣揚這種復仇如「晨浴」的理想。每個人都知道無數事例和英雄傳說，其中最受歡迎的是以歷史事件為背景的《四十七浪人物語》。這些故事被編進教科書、在劇院裡演出、改編成現代電影，還出版成流行讀物。現在它們已經成為日本生活和文化的一部分。

這些故事裡面，很多講述的是對偶然失敗的敏感。例如，一位大名讓他的三個家臣猜一把好刀的鍛造師是誰。三人意見不一，等到請來行家鑒定之後，發現只有名古屋山三正確地認出了這把「村正」鍛造的刀。另兩位鑒定錯誤的家臣把這事當成侮辱，下定決心要殺了山三。其中一人趁他熟睡時用山三自己的刀加害他，但是山三活了下來；謀害他的人自此矢志復仇，最終成功地殺了山三，成全了自己的道義。

還有其他故事，講的是對自己的主公進行報復的必要性。在日本的倫理中，道義既意味著家臣要至死效忠主公，也同樣意味著一旦家臣覺得自己受到了侮辱，就會翻臉成仇。有關德川氏第一任將軍家康的故事裡就有一個很好的例子。有人告訴他的一個家臣，家康是這樣評價他的：「他是那種會被喉嚨裡的魚刺卡死的傢伙。」這種暗示他將死得毫無尊嚴的污蔑讓人無法忍受，於是這個家臣發誓，終身不忘此辱。家康那時剛剛立足新都江戶（東京），正在著手統一全國。敵對勢力還未掃清，其中不乏危機。這個家臣就暗中勾結了敵對的諸侯，自請作為內應縱火燒燬江戶。這樣不僅他的道義得償，跟家康結下的大仇也能得報。西方討論日本人的忠誠時大多不切實際，因為他們沒有意識到道義並不僅僅是忠誠；作為一種德行，它在特定條件下會要求背叛。恰如其所言，「挨打的人會反叛」，受辱則同理。

歷史故事中的這兩個主題——犯錯的人向正確的人報復，因為受辱甚至連自己的主公也要報復——在日本最著名的文學作品裡非常常見，還有許多變化。但是不管日本人從傳統上多麼推崇復仇，只要考察一下近代日本的生活實錄、小說和活動就能發現，復仇故事在今天的日本並不比西方國家多，說不定還更少一些。與其說這意味著日本人對名譽的執著減弱了，還不如說他們對侮辱和詆毀的反應開始傾向從攻擊型變為防守型。人們依舊把恥辱看得很重，但是結果通常是讓人垂頭喪氣，而不是挑起爭鬥。明治以前的時代沒有法律，為了復仇進行直接攻擊還有可能。但現代有了法律秩序，經濟上日益加深的相互依賴也造成執行上的困難，使得復仇不能再光明正大，或者只能針對自己。人們可以偷偷捉弄自己的仇人作為私下的報復，但是不能明說：有點像一個古老的故事所講的，主人把糞便混在美味佳餚裡呈給敵人吃，這樣對方就沒法察覺，而主人所求的也不過是知道自己有這麼做，即便客人一直毫不知情。在當今，即便是這種暗中的挑釁也並不多見，更多的是對自己的怒氣。於是每個人有兩種選擇：把恥辱當作鞭策激勵自己成「不能成」之事，或者任它啃噬心靈。

日本人對失敗、詆毀和排斥的脆弱使他們很容易陷入自我譴責，而不是責怪他人。他們的小說反覆描述了過去幾十年來受過教育的日本人是怎樣鑽進牛角尖不能自拔，一會兒鬱鬱寡歡，一會兒怒不可遏。這些故事的主角普遍厭世；他們厭倦了生活的步調，厭倦了自己的家庭，厭倦了城市，厭倦了鄉村。但是這種厭倦不是因為目標遙不可及，也不是因為現實和理想的差距。日本人一旦有了對重大使命的憧憬，他們就不再覺得厭倦。不管這個目標是多麼的遙遠，他們也絕對會完全摒棄厭倦情緒。這種日本人特有的倦怠情緒其實是一個過於敏感脆弱的民族所表現出來的病態。對被排斥的恐懼成為他們自我攻擊的武器和行動的阻力。日本小說裡描寫的厭世狀態和我們熟悉的俄國小說不同。在俄國小說裡，現實和理想的對比是造成主角倦怠生涯的根本原因。喬治・桑蘇姆爵士（Sir George Sansom）曾經說過，日本人缺乏現實和理想的對比感。他並非在指出這是日本人厭世的潛在原因，而是在說他們對生活的哲學和基本態度是怎樣形成的。誠然，日本和西方基本觀點的巨大反差遠不止這裡提到的特例，但是這個例子和日本人備受抑鬱困擾的情況有種特別的聯繫。日本和俄國都同樣喜歡在小說裡描寫厭倦狀態，這一點和美國形成鮮明對比。美國的小說裡很少見到這個主題。我們的小說家總是把主角的苦難歸咎於性格上的缺陷或冷酷世界的摧殘；他們很少描寫純粹的無聊。個人對環境的不適應總要有一個起因，還有一個發展過程，要能打動讀者從道義上譴責男女主角的某些缺陷，或者社會秩序的某些弊端。日本也有關於無產階級的小說，譴責城市中嚴峻的經濟狀況和商業漁船上的恐怖，但是他們的人物小說裡描述的是這樣一個世界，人物的情緒經常陰晴不定，用一名作者的話來說，就好比一陣飄忽的氯氣。不管是人物本身還是作者，都覺得沒有必要分析當時的情況或主角的生平來解釋這團黑雲。它說來就來，說去就去。人都是脆弱的，舊式英雄曾經用來攻擊敵人的銳氣，在這裡都被用來折騰自己，於是他們覺得自己的抑鬱毫無來由。他們也可能歸咎於某件小事，但是看在旁人眼裡會覺得奇怪，這件小事在他們看來不過是個符號而已。

現代日本人對自身所採取的最激烈行為就是自殺。根據他們的信條，自殺只要得當，就能洗清自己的污名，留下清白的記錄。美國人譴責自殺的行為，把自我摧毀看作對絕望的屈服，但是日本人認為自殺是一種光榮、有意義的行為，對它敬重有加。在某些情況下，為了盡「對名聲的道義」，自殺是最為光榮的選擇。在新年前夜無力還債的負債人、自盡以示對某些不幸事件負責的官員、戀情無望雙雙殉情的戀人、以死抗議政府推遲對華戰爭的愛國者等，他們和考試落榜的男孩、不願被俘的士兵一樣，都對自己動用了最終的暴力。有些日本權威說這種自殺傾向在日本是近期才出現的。這一點很難判斷，統計數字也表明觀察家們近年來經常高估自殺的頻率。從比例上看，上一世紀的丹麥和納粹上台前的德國比日本歷史上的任何時期都有著更高的自殺「紀錄」。但是有一點是不容置疑的：日本人熱愛這一主題。就像美國人大肆渲染犯罪一樣，日本人大肆宣傳自殺，感同身受似的樂在其中。比起殺人案件，他們更喜歡糾結於自殺事件。用培根（Bacon）的話來說，他們把自殺當作最感興趣的「惡性案件」。人們從中得到了某種滿足，思考其他事件就沒有這種效果。

與封建時代的歷史故事相比，自殺在近代日本更加自虐。那些故事裡，武士自殺是因為政府下令，這樣可以避免死於不名譽的處決，就好像西方的敵人士兵寧願被槍決也不願上絞刑台，或者是為了避免落入敵人手裡慘遭折磨。武士被允許「切腹」，就好像蒙羞的普魯士軍官有時被允許私下吞槍自盡。當他意識到自己已經無法挽回名譽，長官們會把一瓶威士忌和一把手槍留在他房間裡的桌上。對日本武士來說，這樣的情況注定一死，自盡只不過是能選擇的一種方式。在現代，自殺是主動選擇去死；人們不再去刺殺別人，反而時常把暴力加諸自身。在封建時代，自殺的行為是一個人勇氣和決心的最終體現，在今天，自殺卻成了自我毀滅的一種方式。在過去的兩代人裡，每當日本人覺得「世界失去平衡」，或者「等號兩邊的項目」不等，或是需要「淨身」來洗去污穢時，他們越來越傾向於毀滅自己，而不是他人。

把自殺當作最終論據為己方贏得勝利的事例古今皆有，而如今這種自殺也在朝同樣的方向發展。德川時代有一個著名故事，講的是幕府裡有位地位很高的老顧問，在顧問團全體成員和攝政大臣前袒腹抽刀，準備一不遂意就立刻切腹。他的自殺威脅的確奏效，其舉薦的繼承人成功繼位將軍。他達到了目的，就不必自盡了。用西方的表達來說，這位老顧問採行了不光彩的手段來脅迫反對方；但是在現代，這種抗議性的自殺都是為信念殉身，而不是用來談判的手段。自殺都發生在對某些已簽署的協議（如海軍裁軍條約）抗議無效的情況下，也可能是為了公開表示自己的反對立場。這種自殺都要展示給人看，只有成功才能影響輿論，而不是單純的威脅就會有效果。

一旦名聲的道義遭到威脅就懲罰自己的這種強烈傾向其實不一定要採用自殺這樣的極端手段。把攻擊性轉向自己可能只是導致抑鬱和消極，還有那種日本人特有的、知識份子階層盛行的厭世態度。這種情緒之所以在這一特定階層廣泛蔓延，從社會學角度來講是有著充分理由的。日本的等級系統裡知識份子人數眾多，地位卻沒有保障，只有一小部分人能夠滿足自己的雄心。在二十世紀三〇年代，他們面臨雙重打擊，因為當局深怕他們心生「危險的念頭」，對他們抱持著懷疑。日本知識份子通常把自己的不滿歸咎於西方化帶來的混亂，但是這種解釋不夠深入。日本人典型的情緒不穩定是從極端的專注一下子變成極端的厭倦，這種日本傳統式的精神崩潰讓不少日本知識份子備受折磨。二十世紀三〇年代中，也有不少人從中脫身，用的還是傳統的方法：他們熱切地接受了民族主義的目標，再次把攻擊對外，不再朝向自己。他們通過對外的極權主義侵略，終於又「找到了自我」。他們擺脫了壞心情，感受到內在有了全新的巨大力量。他們無法在自己的人際關係裡做到的，卻相信能夠以征服者的身份做到。

現在，戰爭的結果已經證明了這種自信毫無根據，消沉又成了日本的一大心理威脅。不管是出於什麼原因，日本人總是無力克服深植人心的消沉情緒。「再也不用擔心炸彈了，」東京的一個日本人這麼說，「這真是一種解脫。可是我們不打仗了，生活也沒了目標。每個人一片茫然，心不在焉。我是這樣，我妻子是這樣，醫院裡的人也都是這樣。幹什麼都是慢吞吞的，茫然無措。人們現在抱怨政府在戰後的收拾和救援工作太慢，我覺得那是因為政府官員們的心情和我們相同。」這種精神萎靡狀態對日本是種危險，就像法國解放後一樣。德國投降後最初的六到八個月裡沒有這種問題，日本就有。美國人能夠理解這種反應，但讓人難以置信的是隨之而來的竟然是對征服者的極度友好。大家幾乎一下子就意識到日本人民已經坦率地接受了戰敗及其所有後果；他們用鞠躬和微笑來歡迎美國人，還揮手歡呼致意。這些人既不陰鬱也不憤慨。用天皇宣佈投降時的話來說，他們「接受了不可能接受的結果」。那麼這些人為何不重整家國呢？根據占領條款，他們完全有機會這麼做。占領軍並沒有入駐每個村落，行政事務也仍然掌握在他們手中。整個國家似乎都在微笑著揮手致意，把自己的事務擱置不顧。儘管就是這個國家曾在明治早期實現了復興的奇蹟，在二十世紀三〇年代如此精力充沛地準備軍事擴張；他們的士兵是如此奮不顧身，在整個太平洋地區，一個島接一個島地死戰。

但這的確是同一個民族。他們的反應是典型的。從極度的努力到虛度光陰，對他們來說這是再自然不過的情緒轉換。此刻日本人關心的主要是如何在戰敗的情況下維護自己的名譽，他們覺得表示友好就能實現這一目標。推論下來，很多人覺得最安全的做法就是依賴美國。再進一步，就有了努力會招來懷疑，還不如消磨時光的想法——消沉態度就這樣逐漸傳開。

但是日本人並不喜歡無所事事。「從消沉中奮發起來」，「把別人從消沉中喚醒」是日本常見號召大家改善生活的口號，也是電台時刻廣播的內容，連戰時也不例外。他們以自己的方式和消極態度作戰。一九四六年春天的日本報紙不斷地談到日本名譽遭到多大的玷污，因為「在全世界矚目之下」，轟炸後的廢墟還沒有清理完畢，某些公用事業也仍未恢復。報紙上還抱怨無家可歸的家庭意志消沉，晚上聚集在火車站過夜，讓美國人看到了他們的慘狀。日本人能夠理解這種針對他們的名聲作出的呼籲；他們也希望將來能夠為日本在聯合國組織裡贏得一席之地做出最大的努力。這還是為了名譽而努力，不過是換了新的方向。如果將來大國之間實現了和平，那麼日本可以靠這條路贏回自尊。

名譽是日本人永久的追求。這是贏得別人尊敬的必要條件。為了實現這一目標所採取的手段則可以視時機而定。一旦情況有變，日本人就會改變姿態，重新選擇道路。他們和西方人不同，並不把變化立場當作道德問題來看，相較之下我們講究的是「原則」及意識形態上的信念，哪怕失敗也不會改變立場。歐洲失利之後到處都是團結起來的地下反抗運動。但在日本，除了少數幾個頑固分子，沒有人覺得有必要組織反抗運動或者在地下反對美國的占領軍。他們不覺得在道義上有必要堅持舊主張。從占領一開始，美國人哪怕單身，也可以安全地搭乘擁擠的火車去日本的偏遠鄉下，所到之處，都有官員禮貌的接待，儘管他們都曾經是民族主義者。沒有人想到要復仇。當我們的吉普車從村裡穿過時，孩子們夾道高喊「你好」和「再見」。尚年幼的嬰兒則由母親揮動他們的小手向美國士兵致意。

美國人很難相信日本人戰敗之後的這種大轉變是真心的。我們是做不出這種事的。這甚至比俘虜營裡日本戰俘的態度轉變更加難以理解。日本俘虜認為自己對日本來說已經是死人了，而我們則發現從前實在不知道「死人」也能有所作為。瞭解日本的西方人裡幾乎無人能夠預見戰敗後的日本也會出現上述與戰俘一樣的態度轉變。大部分人認為日本「只知道勝利或失敗」，失敗在他們看來是奇恥大辱，一定會絕望地堅持用武力報仇；還有些人認為日本人的民族性決定了他們無法接受任何和平條款。這些研究日本的人可以說都沒有理解道義。在諸多維護名譽的手段中，他們只看到了復仇和好鬥這一醒目的傳統方式，而沒有考慮到日本人另闢蹊徑的習慣。他們誤把日本的攻擊性道德體系等同於歐洲的模式——也就是任何個人或民族要開戰，必須先堅信永恆的正義站在自己這一邊，並從憎恨和義憤裡汲取力量。

日本人則用另一種方式催生攻擊力。他們迫切需要得到全世界的尊重。看著強國曾經以武力贏得了敬意，他們就想加以效仿好迎頭趕上。由於資源匱乏、技術原始，他們只能以比希律王更殘暴的手段制勝。一旦失敗，所有的努力付諸東流，對他們來說，這就意味著原來暴力不是通向名譽的捷徑。道義一直以來都有雙重含義，除了使用暴力，還有遵守互敬互重的關係。於是戰敗後的日本人從一方轉向了另一方，一點心理掙扎也沒有。他們的目標還是名譽。

日本在其他歷史場合也有過類似行為，讓西方人一直十分困惑。一八六二年，封建時期長期閉關鎖國的簾幕才剛剛拉開，一位叫理查森（Richardson）的英國人在薩摩遇害。該藩是鼓吹驅逐白夷的大本營，薩摩的武士也以傲慢好鬥冠絕日本著稱。英國派兵征討，轟炸了薩摩的重要港口鹿兒島。整個德川時代，日本人一直在製造火器，但是他們仿造的是古舊的葡萄牙式火槍，鹿兒島自然不是英國軍艦的對手。不過這番狂轟亂炸的結果卻出人意料——薩摩不但沒有誓死向英國報復，反而尋求結交。他們目睹了對手的強大，就想向對手學習。於是他們和英國建立了貿易關係，第二年還在薩摩建了一所學校，據當時一個日本人描述，學校教導「西方科學和知識的奧秘……由生麥事件而生的友誼不斷發展」。[5]此處的生麥事件就是英國對薩摩的討伐和對鹿兒島的轟炸。

這並不是一個特例。另一個和薩摩一樣以好戰和痛恨洋人著稱的藩是長州，兩藩都是率先推動天皇復辟的首領。沒有正式權力的天皇朝廷曾頒發敕令，以一八六三年五月十一日為限，要求將軍把所有的夷狄趕出日本。將軍無視這道命令，長州卻沒有。它從堡壘裡向過往下關海峽的西方商船開炮。日本的火槍、火藥太過粗劣，並無法傷到商船，但是為了給長州一個教訓，一支西方的國際聯合艦隊很快摧毀了那些堡壘。轟炸後的發展一如薩摩那樣奇怪，更何況這還是在西方列強要求三百萬美元賠償的情況下。正如諾曼就薩摩和長州事件所言：「不管這些攘夷派領袖急速改換立場的背後有著多麼複雜的動機，這種行動所表現出來的腳踏實地和沉著鎮定還是不得不讓人佩服。」[6]

這種隨機應變的現實主義是日式「對名聲的道義」的光明面。道義就像月亮一樣，有光明的一面，也有陰影。其陰暗面驅使日本人把美國的限制移民法案和海軍裁軍條約看作是對日本民族的莫大侮辱，進而把日本推向了災難性的戰爭計劃。其光明面又使日本能夠在一九四五年帶著友好態度接受投降的後果。日本依然是在按本色行事。

近代的日本作家和宣傳人員篩選了一部分道義所包含的責任介紹給西方人，稱之為武士道。這種說法從好幾方面誤導了他人。武士道是一種現代的正規用語，和「迫於道義」、「完全出於道義」、「為道義竭盡全力」等說法不同，沒有深厚的民俗感，也沒有道義所具有的複雜性和模糊性，只是宣傳人員靈機一動的產物。除此之外，它還成為了民族主義和軍國主義者的口號。隨著這些人倒台，這個概念不再能令人信服。但這並不是說日本人就此不再「知道義」。相反地，西方人比以往任何時候都更需要瞭解道義在日本的意義。此外把武士道與武士混為一談也是誤解的來源之一。道義是所有階級共有的道德，與日本的其他責任及紀律相似，社會地位越高，道義的負擔就越重，但是所有社會階層都不能例外。日本人認為道義對武士來說更為沉重，外國評論家則有可能認為道義對平民的要求最高，因為他們的獲利更少。對日本人來說，能在自己的圈子裡得到尊重就足以為報，「一個不懂道義的人」終歸是一個「悲慘的傢伙」，會遭到同伴的嘲笑和排斥。

1 總結見 The Japanese:Character and Morale（謄印版）。Ladislas Farago 為 the Committee for National Morales 準備，9 East 89th Street, New York City。

2 牧野芳雄（Markino, Yoshio），《我的童年》（When I was a Child），一九一二年，第一五九到一六〇頁。黑體字見於原文。

3 新渡戶稻造（Nitobe, Inazo），《武士道：日本人的靈魂》（Bushido, The Soul of Japan），一九〇〇年，第八十三頁。

4 岡倉由三郎（Okakura, Yoshisaburo），《日本生活和思想》（The Life and Thought of Japan），倫敦，一九一三年。

5 諾曼，前引書，第四十四到四十五頁及註釋八十五。

6 諾曼，前引書，第四十五頁。

第九章　情慾的世界

日本這樣的道德準則，既要求對義務有極端的回報，又要求手段激烈的自我克制，可能從頭到尾都把個人慾望當作必須從人心中拔除的罪惡。這是古典佛教的教義，因此日本的道德對五種感官的享受如此寬容就更令人奇怪。儘管日本是世界上的佛教大國之一，它的道德準則卻和釋迦及佛經的教誨形成鮮明對比。日本人並不譴責自我滿足，他們不是清教徒；他們認為肉體的快感是件好事，值得推崇。日本人追求並重視享受，但是要有節制，不能影響生活正事。

這樣的規則使生活經常處於特別緊張的狀態。印度人比美國人更容易瞭解日本人接受感官享受所產生的後果。美國人不相信享樂也需要人教，人可以拒絕沉迷其中，但是這樣做是在抗拒已知的誘惑。其實，享樂也像責任那樣需要學習。在很多文化中，享樂本身是沒有人教的，因此人們更容易專注於自我犧牲的責任。有時甚至連男女間的肉體吸引也要被淡化，直到它無法威脅家庭生活的順利進行。在這些國家裡，家庭是建立在其他考量的基礎之上。日本人一邊培養肉體的快感，一邊又規定這些享受不能被當作嚴肅的人生態度，就是這樣自尋煩惱。他們像培養藝術那樣培養肉體的快感，充分享受之後，就為責任犧牲了享樂。

日本人最喜愛的一種肉體上的小小愉悅就是泡熱水澡。不管是最窮的農夫、最卑賤的僕人，還是有錢的貴族，在燒得滾燙的熱水中泡澡是每天傍晚的例行公事。最常見的浴盆是木桶，下面燒著炭火，以便讓水溫保持在華氏一一〇度以上。人們在入浴之前先把全身都沖洗乾淨，然後就盡情享受泡澡帶來的溫暖和放鬆。他們坐在浴桶裡，像胎兒那樣曲起雙膝，讓水漫到下顎。雖然日本人也像美國人那樣重視每天沐浴的清潔意義，但是他們更為這一行為添加了一種消極享受的藝術，是全世界任何其他國家的沐浴習慣都無法模仿的。日本人有種說法：年紀越大，就越是喜歡泡澡。

人們有各種辦法來降低泡澡的成本和手續，但是泡澡必不可少。城鎮裡有巨大的公共澡堂，大小就像游泳池，人們可以去那裡泡澡，和萍水相逢的澡伴在水裡聊天。在農村，女人們會輪流在院子裡準備洗澡水——在日本，泡澡並不需要避人耳目——她們的家人會輪流入浴。所有家庭的入浴順序都一樣，上流社會也不例外：客人優先，然後依次是祖父、父親、長子，依此類推，直到最低下的佣人。他們出浴時渾身紅得像煮熟的龍蝦，接下來全家人就共聚一堂，享受晚餐前這一天最為放鬆的時刻。

就像熱水澡是一種備受歡迎的享受一樣，傳統中的「強身」卻採取最為極端的冷水沖洗法。這一流程通常被稱為「冬煉」或「冷苦行」，現在依然有人實踐，雖然用的不再是傳統的方法。按舊習，修行者要在凌晨出門，在冰冷的山泉形成的瀑布下靜坐。哪怕是冬夜用冰冷的水澆身，在沒有暖氣的日本房子裡，這也不是可以忽略的苦行。帕西瓦爾・羅威爾（Percival Lowell）就對十九世紀九〇年代存在的這種習俗做過描述。立志獲得治病或者預言的特殊力量但又沒有當上神官的人們會在就寢前進行冷水苦行，然後在凌晨兩點再度重複，因為這是「眾神沐浴」之時。待清晨起床後，中午和晚上還要再重複一遍。[1]黎明前的冷苦行在那些想要認真學習樂器或者為世俗職業做準備的人之中也特別流行。為了強身，人們可以把自己暴露在任何程度的寒冷之中，練習書法的孩子尤以練習結束時手指麻木、長滿凍瘡為榮。現代的小學沒有暖氣，這被當成一大好處，因為能夠鍛鍊孩子們變得堅強，以便日後面對生活的艱辛。西方人則對日本孩子經常感冒流鼻涕印象更深。這種習俗之下，感冒也在所難免。

睡覺是另一種廣受喜愛的享受。它也是日本最有成就的藝術之一。日本人能夠以任何姿勢放鬆地睡覺，哪怕是在我們看來完全不可能的情況下。這一點讓研究日本的人倍感驚訝。美國人幾乎是把失眠當成精神緊張的同義詞，根據我們的標準，日本人的性格容易高度緊張。但是他們要睡個好覺卻易如反掌。日本人就寢時間也早，其他東方國家幾乎都不這麼做。村民們可不是為了像我們的箴言所說的那樣，要為第二天儲備精力才在入夜前就早早入睡，他們根本沒有這樣的打算。一個對日本人知之甚深的西方人這樣寫道：「當你來到日本，就不能再認為為了明天的工作，今晚有責任好好睡覺休息。每個人必須把睡覺和恢復、休息及放鬆等概念區分開來。」睡覺就是睡覺，和工作提議一樣，都只應「自成一體，無關任何已知的生死之事」。[2]美國人習慣性地認為睡眠是為了保持精力；我們大多數人每天早上醒來，第一件事就是計算晚上睡了多少小時。睡眠的長度反映了白天能擁有多少精力和效率。日本人睡覺是為了別的原因。他們就是喜歡睡覺，只要情況允許，就會欣然入眠。

同理，他們犧牲起睡眠來也極其無情。準備考試的學生沒日沒夜地複習，完全沒有睡得好對考試更有幫助的想法。在陸軍的訓練裡，睡眠更是紀律的犧牲品。哈羅德·杜德（Harold Doud）上校在一九三四年到一九三五年間隸屬日本陸軍，他提起過手島大尉和自己的一次對話：在和平時期的演練中，部隊「有兩次三天兩夜連續急行軍，中間只有十分鐘的小憩和短暫的休息可以打個盹，除此之外完全不能睡覺，有時候士兵還邊走邊睡。有次一個少尉睡熟了，迎面撞上路邊的一堆木頭，讓大家樂了一番」。最後紮營的時候，還是沒人有機會睡覺，每個人都被派去站崗巡邏。「可是為什麼不讓一部分人睡覺呢？」我問道。「哦，不行！」他回答，「那沒有必要。他們早就知道怎麼睡覺。他們需要的訓練是怎麼保持清醒。」[3]這話很好地總結了日本人的觀點。

像溫暖和睡眠一樣，飲食既是一種放鬆，可以自由享受，也是用來訓練人的紀律。作為閒暇時的一種儀式，日本人喜歡享用一道又一道的菜餚，每次上的菜都只有少許份量，菜的品相和味道一樣供人品評稱道。除此之外，日本人強調的就是紀律。「吃得快，拉得快，兩者兼具就是日本的最高品德，」埃克斯坦（Eckstein）曾這樣引用一位日本農民的話。[4]「吃飯被看作是無關緊要的事……只是維持生命的基本需求，**因此**要盡量簡單迅速。孩子們被鼓勵吃得越快越好，特別是男孩，而不是像歐洲那樣要求慢慢地來。」（粗體是著者所加）[5]寺院裡的僧眾要遵守戒律，他們在餐前念禱時祈禱自己記住食物只是藥品；意思就是修行的人應該把食物當作必需品，而不是享受。

按照日本人的看法，強迫性絕食是考驗一個人有多堅強的好辦法。就像剝奪溫暖和睡眠，剝奪食物也是一個展示自己能夠「忍耐」的機會，而且要像武士那樣，「嘴叼牙籤」。假如一個人能夠在一直沒有食物的情況下做到這一點，那麼他的力量就會因為精神上的勝利得到提高，並不會因為缺乏熱量和維他命而降低。美國人認為身體獲得的營養和身體的力量之間是相對應的關係，日本人卻不這麼認為。因此，空襲的時候，東京廣播電台向防空洞裡的人們宣傳做體操能讓挨餓的人重新強壯、打起精神。

充滿浪漫主義的愛情是日本人提倡培養的另一種「情慾」。儘管它與日本的婚姻形式及家庭責任截然相反，浪漫之愛在日本還是如魚得水般地盛行。日本的小說裡充滿了這樣的愛。與法國小說類似，主角都是已婚人士，男女雙雙殉情是最受歡迎的閱讀和交談主題。十世紀的《源氏物語》細緻地描寫了浪漫之愛，足以與世界上在任何其他國家誕生的偉大小說媲美。故事裡所講述的封建時代諸侯和武士之愛也屬於這種浪漫之愛。愛情也是當代日本小說的主要題材，這與中國文學的差異非常巨大。中國人對浪漫的愛情和性愛的樂趣一向低調，由此為自己減少很多麻煩，家庭生活也因此比較和諧。

與中國人相比，美國人在這一點上當然更能理解日本人，但是也稱不上深入。對於性愛的樂趣，我們有很多忌諱，日本人卻沒有。在這一方面，不像我們那樣滿口道學，他們認為性就像任何其他「情慾」一樣，雖然在生活中並不重要，但是完全有益身心。「情慾」沒有罪惡可言，因此也沒有必要對性的享受假道學。美國人和英國人把日本人珍藏的有些畫冊當作淫穢物品，把藝伎和妓女集中的吉原地區看作是庸俗下流之地，這讓日本人至今議論不休。從與西方人接觸伊始，日本人就對外界批評非常敏感，不斷制定法律來使他們的習俗和西方標準更為接近。但是沒有法律規定能夠完全跨越文化的差異。

有教養的日本人清楚地意識到，某些他們覺得無傷大雅的東西，在英國人和美國人眼裡卻是不道德和淫穢的。但是他們並未完全意識到我們的傳統態度和日本的「『情慾』不應影響人生正事」這一信條之間也存在鴻溝。主要是由於這一差異，我們無法理解日本人對愛與性愛享受的態度。他們把屬於妻子的範疇與屬於性愛的範疇劃分開來，兩者都同樣的公開和光明正大；不像美國生活中，前者可以公開承認，後者卻要避人耳目。在日本，這兩者的區分是因為一者屬於男人的主要責任範圍，另一者則屬於無關緊要的消遣。這種用劃分各自範疇區別兩者的方法，不管是對家庭裡的完美父親還是花花公子都同樣適用。日本人沒有美國人那樣的理想，把愛情和婚姻混為一談。我們贊同愛情是因為它是選擇配偶的基礎。婚後丈夫要是在肉體上被別的女人吸引，就是對妻子的侮辱，因為理應屬於她的東西被他分給了別人。日本人對此就有不同看法。選擇配偶時年輕人要服從父母的安排盲婚盲嫁，和妻子相處必須相敬如賓。在互相遷就的家庭生活裡，孩子們也看不到父母之間有絲毫情慾的表現。正如當代一位日本人在一本雜誌裡所說：「在這個國家，婚姻的真正目的是生兒育女，傳宗接代。任何其他目的都只會曲解這一真諦。」

但是這並不意味著男人會一直把自己局限在這樣的生活中保持德行。只要經濟上許可，他們都會包養情婦。和中國形成鮮明對比的是，他們並不把自己看上的女人帶回家。那樣做會混淆生活中本應區分開的兩個領域。他們看中的可能是在音樂、舞蹈、按摩和娛賓方面都受過精心調教的藝伎，也可能是妓女。不管是哪種情況，男方會和女方的僱主簽訂合同，保障女方不被拋棄及得到一定的金錢回報。他會為她另置住所，只有在男方想把和情婦所生的孩子和自己的子女一同撫養這一極少數的情況下，才會把情婦當作僕人帶回家，而不是納為妾室。情婦的孩子尊他的合法妻子為「母親」，和生母的關係則得不到承認。因此，東方的一夫多妻模式，尤以中國的傳統習慣最為突出，在日本卻極其少見。日本人在空間上也把家庭責任和「情慾」隔離開來。

只有上層階級能夠負擔得起情婦，但是大多數男人都或多或少染指過藝伎或妓女。這樣的出行完全不用偷偷摸摸，他的妻子還可能會為他整理服飾，為他夜晚出去放鬆做準備。他到訪的妓院可以把帳單送到他的妻子那裡，由妻子理所當然地為他結帳，就算為此不高興，也是她自己的事。藝伎要比找一般妓女更貴，但是與藝伎共度一夜並不包括性行為。他享受的是受過精心訓練的女孩子們衣著精美、舉止合宜的款待。要是想見某一個特定的藝伎，那個男人必須先成為她的恩客，並且簽下合同認她做自己的情婦。不然他就得靠自己的魅力來吸引對方，使她自願投懷送抱。當然，與藝伎的一夜之歡也絕非完全不涉及情慾。根據傳統，她們的舞蹈、應答、歌曲和儀態都是暗含挑逗，經過精心安排的，以展現上層社會的妻子們所不能展現的風情。她們「屬於情慾的範疇」，是對「孝的範疇」的一種解脫，沒有理由不去盡情享受，只是兩個所屬領域不同。

妓女生活在有許可證的妓院裡，在和藝伎共度一晚之後，男的如果還未盡興，可以去找妓女。妓女的花費較低，沒錢的人就只能放棄藝伎，以這種方式放鬆自己。妓院外面掛有妓女的照片，男人們通常花很長時間在外面研究挑選。這些女孩的地位低下，不像藝伎那樣被高高追捧。她們通常都是窮苦人家的女兒，因為家裡急需用錢被賣到妓院，也沒有像藝伎那樣學過娛樂賓眾的藝術。在更早的時候，那些女孩會親自坐在顧客前，面無表情地供人挑選。日本人意識到西方人反對這種風俗後就把它廢除了，現在改以她們的照片取代。

如果某個男人挑中某個女孩，要成為她唯一的恩客，他就和妓院簽訂協議，把她包養成自己的情婦。這樣的女孩受到協議條款的保護，但對於女傭人或女店員，男人則可以不必簽訂協議就包她們做情婦。這些「自願情婦」是最為無助的；她們大多是因為陷入愛河才會委身於人，卻不屬於任何得到承認的義務範疇。我們有故事和詩歌描述年輕的女子被愛人拋棄，「抱著膝上的幼兒」哀痛不已，日本人讀到後就把這些私生子的母親和他們的「自願情婦」劃上等號。

同性之戀也是傳統「情慾」的一部分。在古日本，地位高的男子比如武士和神官是被許可享受同性愛的。明治時期，日本為了贏得西方人的贊同廢除了許多舊習俗，也在這時規定同性戀要依法懲處，但它仍然屬於那些不應以道學解釋的「情慾」之一。它不能出格，不能影響到傳宗接代，因此西方人所說的「變成」一個同性戀的危險，日本人基本上不能理解，儘管有男人選擇以藝伎為職業。日本人尤其震驚美國有成年的同性戀甘願做被動的一方。在日本，成年男人會主動尋找少年做自己的伴侶，因為被動的角色在成人看來是可恥的。什麼事情做了並不損自尊，日本人對於該界限自有論斷，總之和我們的界限不同。

日本人對自體性慾的樂趣也並不道學，不像其他民族基於該目的有那麼多的道具服務。在這一領域，日本人也試圖透過取消對某些道具的過度宣傳來減輕外界的譴責，但是他們自己並不覺得這些道具是罪惡的。西方反對手淫的強硬態度在我們長大之前就已經深深地印刻在每個人心中，歐洲的大部分國家對手淫的態度比美國更加堅決。男孩被悄聲告誡手淫會讓人發瘋或者禿頂；母親在兒子還年幼時就開始留心，一旦發現有類似跡象就會嚴加訓斥，甚至進行體罰，或者把他的手綁起來，抑或是告訴他上帝會懲罰他。日本的幼兒和少年就沒有這樣的經歷。他們長大成人後也不會產生我們那種態度。對於自體性慾這種樂趣他們並不覺得有罪惡感，在他們看來，這種樂趣在體面的生活中沒有什麼地位，這樣就足以控制它了。

酗酒是另一種被許可的「情慾」。我們美國人會發誓完全戒酒，這在日本人看來是西方的奇怪特質之一。我們在地方上關於是否投票表決在當地禁酒往往引發激烈爭論，這對日本人來說同樣不能理解。飲酒的樂趣之大，沒有正常人能夠抗拒。但是酒精也是屬於低級的消遣，正常人同樣不會被它迷住。根據他們的思路，一個人不用擔心「變成」醉鬼，就像他們不用擔心「變成」同性戀一樣，事實上日本也的確沒有酗酒成癮的社會問題。飲酒是種令人愉悅的消遣，醉酒者的家人和公眾都不會加以厭惡。他一般不會有什麼暴力傾向，至少沒有人覺得他會對孩子毒打一頓。但痛哭一場是常見的，放浪形骸則更普遍。在城市裡的酒席上，男人們還喜歡坐在彼此的大腿上。

守舊的日本人把喝酒和吃飯嚴格地區分開來。農村裡的酒席，一個人一旦嘗了一口米飯，就意味著他不再喝酒。他已經進入了另一「範疇」，兩者之間界限必須分明。在家裡可以飯後再喝酒，但是不能一邊吃飯一邊喝酒，只能輪流享受。

日本人的這些「情慾」觀造成幾種後果。它徹底推翻了西方關於肉體和精神這兩種力量不斷在每個人身上一爭長短的哲學。在日本的哲學裡，肉體並不是罪惡，享受肉體的樂趣不是犯罪。精神和肉體並不是普遍存在的兩股對抗力量，日本人從這一信條導出了邏輯性的結論：世界並不是善與惡的戰場。喬治．桑蘇姆爵士這樣寫道：「貫穿整個日本史，日本人似乎都沒有發展出辨別罪惡的能力，也許他們是不想去解決惡這個問題。」[6]事實上日本人一直把這一點當作人生觀來駁斥。他們相信人具有兩種靈魂，但是它們不是相互爭鬥的善意和惡意，而是「溫柔」的靈魂和「粗暴」的靈魂。每個人，甚至每個國家，都有需要「溫柔」和「粗暴」的時候，並非一者屬於地獄，一者屬於天堂。這兩者在不同的場合都是必要和正當的。

甚至連日本的神也明顯同樣的善惡一體。日本人最喜歡的神是素盞鳴尊（スサノオ），「迅猛的男神」，天照大神的弟弟。他對姐姐行為粗暴，在西方神話中絕對會被當作魔鬼。他的姐姐懷疑他來訪的用意，試圖把他趕出去，他即肆無忌憚地在姐姐和眾神慶祝首批收成的飯廳裡隨處便溺，毀壞了分隔稻田的田埂——這可是滔天大罪。最不可饒恕的是——也是西方人最無法理解的——他在屋頂上挖了一個洞，把一匹「反著剝了皮的」花斑馬扔進了姐姐的臥室。素盞鳴尊因為這些惡行受到眾神的審判，被處以重刑，逐出高天原，流放到「黑暗之國」。但是日本諸神中他依然最受民眾喜愛，信眾備出。這樣的神在世界神話裡並不少見，但是道德性較強的宗教裡就沒有這樣的存在，因為它們的哲學講的是善惡之間的無邊之爭，當然更傾向於把超自然的存在劃分為黑白分明的兩個集團。

日本人一直都明確地拒絕承認德行在於對抗邪惡。正如他們的哲學家和宗教學家在幾個世紀裡反覆陳述的，這種道德標準與日本格格不入。他們的大力宣揚恰好證明了日本人在道德上的優越感。他們說，中國人必須建立一套道德規範並把「仁」（公正和慈悲的行為）提高到絕對標準的地位，人們如果無法達到這個標準就是有所不足。「有套道德標準對中國人是好事，他們的劣根性需要這樣的人為限制。」十八世紀偉大的神道學者本居宣長如是寫道。現代的佛教家和民族主義領袖也紛紛就同一主題著書演說，聲稱日本人的本性是善良可靠的，不必對抗自己性惡的部份，只需要洗滌心靈之窗，在不同的場合舉止合宜。如果不慎變「髒」，污垢可以輕易地除去，人性之善會再度大放光芒。佛教教義在日本深入人心，超過其他所有國家。它教導人們每個人都可以成佛，德行的規矩並不見於神聖的經卷，而是存在於每個人的悟性和純潔的心靈。為什麼不去相信自己的心靈呢？人心本無惡。聖經《詩篇》云：「看吧，我成形於罪孽，我的母親在罪惡中孕育了我。」但日本人沒有這樣的神學。他們沒有關於人類墮落的學說，「情慾」是福，不應譴責。無論是哲學家還是農民都不會譴責「情慾」。

在美國人聽來，這樣的教義似乎會導致一種自我放縱和自由散漫的哲學。但是如我們所見，日本人把完成自己的義務定義為人生的最高任務。報恩意味著犧牲自我意願和樂趣，他們完全接受這種事實。把追求幸福當作嚴肅的人生目標在他們看來是令人吃驚和不道德的。幸福是一種消遣，有機會享受時自當享受，但是把它尊為評判國家和家庭的標準是無法想像的。人們經常為了完成對忠孝道義的義務而歷盡苦難，而這完全在預期之內，儘管生活因此而更加艱辛，但是他們早有準備。每個人時刻都在放棄自己並不以為惡的享受，這樣做需要堅強的意志力，而這種意志力正是日本最為崇尚的美德。

與日本的這種觀點形成呼應的是日本小說和戲劇裡少有「幸福的結局」。美國大眾渴望問題得到解決，他們想要相信人們從此幸福地生活下去，想要知道美德得到了回報。如果結局必須是讓人涕泣的悲劇，那是因為主角的性格有缺陷，或者他成了不良社會秩序的犧牲品。但是主角萬事如意、幸福美滿的結局顯然更讓人高興。日本的普通觀眾則淚流滿面地看著命運之輪推動著男主角走向自己的悲慘結局、美麗的女主角不幸遇害。這樣的情節是當晚娛樂的高潮，人們去劇院就是為了看到這些情節。甚至日本的現代電影也是以男女主角受難為主題。他們彼此相愛卻又放棄了愛人；他們幸福地結了婚，但是一個人為了職責所在而自殺；妻子一生致力於挽回丈夫的職業生涯，鼓勵他發展自己的演藝天賦。就在他成名前夕，為了能讓他自由地開始新生活，她隱身於茫茫人海。丈夫成功的當天，妻子卻無怨無悔地死於貧困潦倒。只要自我犧牲的男女主角能夠喚起觀眾的惋惜和同情，幸福的結局就並非必要。他們的苦難不是上帝的懲罰，只是證明了他們為了完成自己的責任可以不計代價，沒有任何東西——不管是遺棄、病痛，還是死亡——可以使他們偏離正軌。

日本現代戰爭電影走的也是同一路線。看過這些電影的美國人都會說這是他們所看過的最佳反戰宣傳片。這是典型的美國式反應，因為這些電影講的都是戰爭的犧牲和苦難。它們並不大肆宣傳閱兵儀式、軍樂隊、令人驕傲的艦隊演習或槍炮展示。不管是描述日俄戰爭還是七七事變，電影的套路都一成不變：爛泥中的行軍、短兵相接的苦戰、戰役的難解難分。電影的最終鏡頭不是勝利，甚至也不是高喊「萬歲」的衝鋒。它們要不終結於士兵們夜宿泥濘不堪的中國無名小鎮，要不就是展示一家三代經歷三次戰爭之後，倖存者或殘或瞎。又或者描繪士兵陣亡後，家裡人如何一邊哀悼失去了丈夫、父親和一家的支柱，一邊振作起來繼續過上失去他的生活。英美戰爭片裡常見的騎兵列隊、激動人心的背景在這裡無跡可尋。受傷老兵如何恢復健康這一主題也很少見，甚至連戰爭到底是因何而起也隻字不提。對日本觀眾來說，看到銀幕上的人為了報恩傾盡所有就已經滿足了。因此這些電影在日本就是軍國主義者的宣傳工具——贊助者們很清楚此類電影不會激起日本觀眾的反戰情緒。

1 帕西瓦爾·羅威爾（Lowell, Percival），《神秘的日本》（Occult Japan），一八九五年，第一〇六到一一二頁。

2 Watson, W. Petrie, The Future of Japan，一九〇七年。

3 How the Jap Army Fights，文章見於由企鵝出版的 Infantry Journal，一九四二年，第五十四到五十五頁。

4 Eckstein, G., In Peace Japan Breeds War，一九四三年，第一五三頁。

5 Nohara, K., The True Face of Japan，倫敦，一九三六年，第一四〇頁。

6 桑蘇姆，前引書，一九三一年，第五十一頁。

第十章　道德困境

日本人關於忠、孝、道義、仁和人情的模式正體現出了他們的人生觀。他們把「人的全部責任」看作地圖上可以分割開來的區域。用他們的話說，人生由以下組成：「忠界」、「孝界」、「道義界」、「仁界」及「情慾界」等等。每一範疇都有各自特有的詳細規則，人們不用完整的人格來判斷自己的同伴，而是說「他們不知孝」，或「他們不懂道義」。日本人不會像美國人那樣譴責一個人不公正，他們會說明他的行為沒有符合哪一領域的標準；日本人不會譴責某人自私或不仁，而是會說明他違反了哪一個特定領域的規則。他們不會援引直截了當的命令或金科玉律。什麼行為是被許可的都是相對它所發生的範疇而言。當一個人「為孝」而這樣做是一回事，當他「純粹為道義」或出於「仁」這樣做，就完全是另一回事。甚至連每一「界」內的規則設定也是這樣，情況一旦有變，需要採取的行動可能就會完全不同。對主公的道義要求至高的忠誠，但是一旦主公侮辱了家臣，受到的背叛再激烈也不過分。一九四五年八月以前，「忠」要求全日本人民和敵人死戰到底。天皇宣佈日本投降的廣播改變了這一要求，日本人迫不及待地向外來者表示了合作的熱情。

這讓西方人十分不解。根據我們的經驗，人們「按本色」行事。我們區分綿羊和山羊，看的是它們是忠心還是多變，是聽話還是倔強。我們把人貼上標籤，期待他自始至終表現如一。他們不是大方就是小氣，不是輕信就是多疑，不是保守主義者就是自由主義者。我們期待他們一旦信奉了某一種政治意識形態，就會終身不渝地與敵對意識形態作鬥爭。我們看到，歐洲戰場上有和納粹合作的投降派，也有抵抗組織一派，我們不相信歐洲戰場勝利後那些投降派會改變立場，事實也證明我們的預計沒有錯。美國國內的爭議也分為兩派，比方說贊成（羅斯福）新政派，和反對新政派，我們認為隨著新情況的出現，兩派會繼續按照本色行事。假如個人從一方倒向另一方——例如一個不信教的人成為天主教徒，或者一個「激進」人士變成了保守主義者——這樣的變化唯有以「轉變」名之，與之相應的是一個重新建立的全新人格。

西方這種對行為統一性的信念當然並非一貫正確，但是它絕對不是錯覺。在大多數文化裡，不管是原始的還是成熟的，不論男女的行為都是基於把自己看作某一種人。如果他們追求權力，那麼他們會通過他人對自己的服從程度判斷自己的成功與失敗；如果他們想要受到愛戴，那麼與人情無關的場合會讓他們倍感受挫。他們想像自己鐵面無私，或者具有「藝術家氣質」，又或者是無害的宅男宅女。他們通常用自己的性格塑造出一個「完全形態」[1]——人生在世，這樣才有秩序。

日本人能從一種行為轉向另一種行為而毫無心理陰影，這種能力西方人無法輕易認同。這樣極端的可能性在我們的經歷裡是不存在的。然而，正如我們的統一性根植於我們的人生觀，日本生活裡這些我們眼中的矛盾則根源於日本人的人生觀。對西方人來說尤為重要的是，要意識到日本人把生活分隔成「諸界」，其中並不包括「惡界」。這並不是說日本人就不承認不良行為的存在，他們只是不把人生當作善惡相爭的舞台。在他們眼中，人生如戲，一「界」的要求與另一「界」的要求，一種行動方針和另一種行動方針，哪怕兩者本身都是好的，也需要仔細權衡。假如每個人都根據真正的本能行事，每個人都不會有錯。正如我們所見，他們甚至認為中國的道德教訓證明了中國人需要訓誡，證明了中國人低人一等，相較之下日本人不需要全面的道德戒律。我們在前面引用過喬治．桑蘇姆爵士的話，他們「不想去解決惡這個問題」。根據他們的觀點，不用提高到哲理高度，他們也能合理解釋壞行為的產生。雖然每個靈魂最初都閃耀著美德之光，就像新鑄造的刀，但是如果不是不斷地加以擦拭，它就會失去光澤。用他們的話說，這種「體銹」就像刀銹一樣，不是好東西。人必須像愛護自己的刀那樣愛護自己的品格。但是即便生銹，人的靈魂在底下依然熠熠生輝，只要擦拭乾淨就行。

因為日本的這種人生觀，西方人發現很難從他們的民間故事、小說和戲劇裡得出固定的結論，除非我們能夠調整情節，使之符合我們對人物性格統一和善惡之間矛盾的要求，我們也的確經常這樣做。但是日本人不是這樣看待這些情節的。他們的評語是主角身陷「不講人情的道義」，「忠孝難以兩全」，「道義與義務有違」。主角的失敗是因為他為情慾抹殺了道義的責任，或者他無法同時回報欠下的忠和孝。因為道義他無法行義、迫於道義他犧牲了自己的家庭，上述矛盾都存在於兩種具有同樣束縛力的責任之間，兩者都是「好」的。這兩者之間的選擇就像一個人欠了多方債務無力還清，他只能選擇償還一部分而暫時忽略其餘，但是還清了一個人的債並不代表他就不欠其他人的債了。

這種看待人生的方式和西方大相逕庭。我們的主角之所以是好人正是因為他們「選擇了自己良善的部份」，與為惡的敵人抗衡。正如我們所說的「美德必勝」，幸福的結局理所當然，善良的人應該得到獎勵。日本人百聽不厭的卻是這類「反面事例」：主角既迫於社會，又迫於名聲，不能兩全，最終只能選擇一死了之。要是在其他文化中，這類故事的用意都在於勸人認命。但在日本恰恰不是如此。他們宣揚的是主觀能動性和不顧一切的無情決心。主角竭盡全力完成了肩負的某項義務，這樣做的同時，他們忽略了另一項義務。但是最終他們與被忽略的「界」了結了前債。

日本真正的民族史詩是《四十七浪人物語》。這個故事在世界文學史上的地位不高，但是對日本人的影響卻是無與倫比的。日本少年不僅個個熟知故事的主要情節，對副情節也不陌生。裡面的故事被反覆傳頌和刻印，還被改編成了一系列頗受歡迎的現代電影。四十七人的墓歷代都是萬人朝拜的聖地之一。人們還會留下自己的拜訪名札，墓地周圍經常因此一片雪白。

《四十七浪人物語》的中心思想是對主公的道義。根據日本人的理解，它反映了道義與忠，道義與正義——這兩者的較量裡道義當然勝出，以及「純粹的道義」與無盡的道義之間的矛盾。這個歷史故事發生在一七〇三年，正是現代日本人夢想中「男人像個男人」的封建主義鼎盛時期，那時的道義也沒有絲毫的「不情願」。這四十七位勇士為「道義」獻出了自己的一切：名譽、父親、妻子、姐妹、正義。最終他們全體自盡，以自己的性命盡了忠。

在故事發生的那個年代，所有的大名都要定期覲見將軍。有一次幕府指定兩位大名主持儀式，淺野侯就是其中之一。這兩位司儀都是地方大名，因此必須向宮廷裡顯赫的大名吉良侯請教規定的禮節。不幸的是，淺野侯麾下最有才智的家臣大石——故事的主角——遠在家鄉，淺野不通世故，因為少了大石的指點，沒有向那位了不起的指導人送上重禮。另一位大名的家臣通曉世故，在主公向吉良求教時奉上無數重禮。吉良侯因此沒有教給淺野正確的行為舉止，故意對他描述了一套完全錯誤的禮服，讓他穿上出席儀式。覲見那天，淺野侯依指示穿戴，出現在大家面前，當他意識到自己受到了侮辱，淺野拔刀而起，刺傷了吉良的額頭，兩人隨即被眾人分開。出於榮譽，也就是「對名聲的道義」，淺野必須向吉良復仇，但是在將軍的殿前拔刀則於忠有違。淺野侯對得起名聲的道義，但是要全忠就只有切腹自殺。他回到府邸，換上切腹時穿的裝束，只等自己最機智、最忠誠的家臣大石歸來。兩人相見後對視片刻，就此訣別。淺野侯早已端坐如儀，一刀入腹，親手結束了自己的生命。因為他於忠有違，觸怒將軍，沒有親戚願意繼位，淺野的藩地被沒收，他的家臣成為沒有主公的浪人。

根據道義，淺野的武士家臣有義務為死去的主公切腹自殺，就像淺野所做的那樣。淺野切腹是出於「對名聲的道義」，如果他的家臣們出於對主公的道義也這樣做，就是對吉良侮辱主公的抗議。但是大石早已偷偷下定決心，切腹過於微不足道，不足以表達道義。他們必須幫主公了結未了之仇，因為淺野當時被眾家臣拉開，沒能殺掉對手。他們必須完成他的遺志，殺掉吉良。但是這樣做一定會陷於不忠。吉良侯與幕府的關係太過親近，他們無法取得官方批准來進行復仇。通常情況下，任何計劃復仇的團體都會向幕府稟報他們的計劃，立下復仇期限，逾期不報就得放棄。這種安排使得有些幸運的人可以調和「忠」與「道義」之間的衝突。大石明白對他們來說此路不通，因此他召集了曾經是淺野家臣的浪人們，卻絕口不提自己打算殺掉吉良。這些浪人為數在三百之眾，按照一九四〇年日本學校教授的課本所說，他們全體同意切腹自殺。然而大石瞭解，並非所有的人都有無盡的道義——日語所謂的「道義加誠」——因此不是所有人都足以托付對吉良進行復仇的危險計劃。為了把那些出於「純粹的道義」的人和有著「道義加誠心」的人區分開來，大石用如何分配主公的個人財產作為測試。在日本人眼裡，即使這些浪人已經同意自殺，這項測試也同樣有效，因為他們的家人可以從中得利。結果浪人們就分配原則爆發了激烈爭議。家老在家臣中俸祿最高，以他為首的一派主張按照以前的俸祿高低分配。大石為首的一派則主張所有人平分。一旦確立了哪些浪人只有「純粹的」道義，大石就同意按家老的提議分配淺野的遺產，並允許那些人離去。家老離開了，從此就背上了「狗武士」、「不懂道義之人」、「自甘墮落」等惡名。大石判斷只有四十七人有足夠強烈的道義，可以參與自己的復仇計劃。這四十七人加入他的計劃並就此立誓，為了完成復仇可以不講誠信、不計感情、無視義務。道義將是他們的最高法則。四十七位浪人就這樣歃血為盟。

他們的第一個任務是消除吉良的戒心。大家解散後都裝出一副棄名譽於不顧的樣子。大石成了低級妓院的常客，終日與人爭吵，顏面全無。以這種浪蕩生活為藉口，他與妻子離了婚——日本人進行違法活動前經常這樣做，也完全有理由這樣做，因為事發後可以保護妻子兒女不受他的牽連。大石的妻子悲戚地離開了他，但是他的兒子加入了浪人一夥。

這時候全江戶的人都在猜測他們是否會復仇。所有尊敬這些浪人的人們深信不疑他們會試圖殺掉吉良。但是四十七位浪人對此矢口否認，個個裝出一副「不懂道義」的樣子。他們的岳父對這種不名譽的行為深感憤怒，解除了他們的婚約，把他們趕出家門。朋友們也譏笑他們。有一天，大石的一位知交撞見他醉醺醺地和女人尋歡作樂。即使面對知交，大石還是不承認自己對主公的道義。「報仇？那太蠢了。人就該享受生活，沒有什麼比得過喝酒玩樂。」他這樣對朋友說。朋友不相信，拔出大石的刀，希望閃亮的刀能夠推翻主人前言，但是那把刀已經生了銹。朋友不得不信，在大街上公然腳踢醉酒的大石，並加以唾棄。

有一個浪人沒有足夠的錢參與復仇，就把妻子賣了做妓女。妻子的哥哥也是浪人之一，發現妹妹知道了復仇計劃，於是提議親自殺她滅口，這樣就能對大石證明他的忠心耿耿，讓他入伙。另一個浪人殺了自己的岳父，還有浪人把自己的妹妹送到吉良府上作女傭和侍妾，以便有個內應可以告訴他們什麼時候動手；這樣做不可避免地導致復仇一旦成功，他的妹妹就必須自殺。因為哪怕只是表面上裝作是吉良的人，也只有一死才能洗清污名。

十二月十四日的雪夜，吉良府舉辦了一場酒宴。衛兵們都喝得酩酊大醉，浪人們攻破了他防備森嚴的府邸，制服衛兵，直奔他的臥室。吉良不在那裡，但是他的被褥尤有餘溫。浪人們知道他一定是躲藏在府內某處，最後發現有人躲在儲藏木炭的外屋裡。一名浪人舉槍刺穿了茅屋的一面牆，但是抽出槍來上面卻沒有血。槍頭其實的確刺中了吉良，但是抽出時被他用和服的袖子擦淨了血跡。吉良的詭計沒有得逞，浪人們把他逼出了茅屋。但是他不承認自己就是吉良，說自己只是家老。此時一名浪人想起了淺野侯曾在將軍殿前刺傷吉良的額頭，憑著這個刀疤，他們確認了這個人就是吉良，並要求他切腹自盡。吉良卻拒絕了——這當然證明了他是個懦夫。浪人們用主公淺野切腹時所用的刀砍下了吉良的腦袋，儀式性地清洗了一下，大仇既然已報，浪人們就浩浩蕩蕩地帶著兩次染血的刀和砍下的首級朝淺野墓前進。

全江戶都為浪人們的偉績沸騰了。曾經懷疑過他們的家人和岳父趕來擁抱他們，並表達敬意。大藩的諸侯一路盛情款待。浪人們來到墓地，除了首級和刀之外還獻上了一篇致主公的禱文，該文被保存至今，其文如下：

余等今日致祭……前主公之仇未復，余等無顏拜見。個中歲月，一日三秋……今送吉良於主公墓前，去歲此刀蒙主公珍愛，余等受托保管，今日攜還。望主公持此刀再取敵首，永消此恨。四十七士敬上。

他們報答了「道義」。但是他們還需盡忠。只有一死才能兩全。他們違反了不得未經宣告就進行復仇的國法，但是他們並不想不忠。在忠的名義下，不管要求他們做什麼，他們都得服從。幕府裁定這四十七人應該切腹。一篇五年級的語文閱讀材料是這樣寫的：

他們為主公報仇，堅定不變的道義足為萬世楷模……因此幕府斟酌之後下令讓他們切腹，這是個一舉兩得的辦法。

也就是說，通過親手結束自己的生命，浪人們就能對道義和義務作出最高回報。

日本這部民族史詩的內容在不同的版本裡略有變化。在現代的電影裡，一開始的賄賂主題被改成色情主題：吉良侯向淺野的妻子大獻殷勤。因為垂涎她，吉良故意給了淺野錯誤的指示來侮辱他。賄賂的情節則被徹底刪除了。但是道義的所有義務都被清清楚楚地展示出來，看得讓人毛骨悚然：「為了道義，他們拋棄了妻子，離開了兒女，殺死了父母。」

義務和道義之間的矛盾這個主題也構成了其他許多傳說和電影的基礎。日本最優秀的歷史電影之一所講的故事就發生在德川家第三任將軍在位時期。他當時年紀還輕，沒有經驗，大臣們關於繼位問題分成兩派，另一派支持一個與他年紀相仿的近親，但是他最終繼了位。儘管他治理天下有條有理，一個失敗的大名始終心懷怨恨，伺機而動。有天機會終於來了。將軍和隨從要去某些藩地視察，通知該大名款待將軍一行，他便抓緊時機準備洗雪前恥，履行「對名聲的道義」。大名的府邸本來就是一座堡壘，為了即將到來的行動，他更是封堵了所有的出口，完全封閉整個堡壘。接下來他又對牆壁和天花板做了手腳，好讓它們被敲倒時正好壓到將軍和隨行人員的頭上。陰謀佈置得規模浩大，款待也是無微不至。大名讓自己的一個武士舞刀娛樂將軍，並讓他在高潮時刺殺將軍。按照對大名的道義，武士不能存心拒絕主公的命令，忠卻又不允許他傷害將軍。銀幕上的舞蹈充分展現了武士內心的矛盾掙扎——他必須下手，卻又不能下手；差一點他就要出擊了，但是他又做不到。他的忠還是太強了，道義無法克服。舞姿漸亂，將軍一行開始生疑。他們才起身，被逼急了的大名就下令毀掉房屋。將軍儘管逃脫了武士的刀，卻又面臨命喪廢墟的危險。就在這時，武士上前，帶著將軍一行從地下通道逃出脫險。忠戰勝了道義，將軍的代言人向武士表示感激，勸他跟他們回江戶接受嘉獎。那名武士卻回望正在倒塌的房屋，「這樣不行，」他說，「我得留下。這是我的義務和道義。」於是他轉頭離去，死在了廢墟裡。「他用一死兼顧了忠和道義。兩者在死亡中得到了統一。」

責任和「情慾」的矛盾在古代故事中不佔中心位置，近來則成了最醒目的主題。現代小說描述的是為了義務和道義如何被迫摒棄愛情和善心，這種主題不但沒有被弱化，反而得到大肆渲染。正如日本人的戰爭電影在西方人看來像是絕佳的反戰宣傳，這些小說在我們看來也似乎在呼籲給予人們更多自由，使他們能夠隨心所欲地生活。小說的確證明了人有這種衝動，但是一次又一次，日本人對小說和電影情節的討論也證明了他們有著不同看法。我們同情主角，因為他正處於熱戀，或者懷有某種個人理想，日本人卻譴責主角懦弱，因為他允許這些情感影響他履行義務或道義。西方人認為反抗陳規舊習、克服障礙抓住幸福是一種堅強的表現，但是在日本人眼裡，能夠犧牲個人幸福履行義務的人才是強者。他們認為，性格的堅強體現在服從，而不是反叛。因此，他們的小說和電影情節經常在西方人眼裡是一種含義，在日本人眼裡的含義卻又截然不同。

日本人在評判自己或者熟人的生活時用的是同樣的標準。在意願和責任發生矛盾時，一個人如果關注了自己的意願，就會被看作是弱者。日本人在各種場合都使用這種判斷方法，但是和西方道德最背道而馳的是男人對妻子的態度。在「孝界」，父母是中心，妻子只處於邊緣地位，因此他的責任非常明確。如果母親要他休妻，一個有著強烈道德感的人必須服從孝，接受母親的決定。如果他愛著妻子，或者妻子有為他生下孩子，那麼他的服從就顯得他更為「堅強」。日本有句話叫「孝讓你視妻子兒女如同路人」。此後你對待他們的態度最好也不過屬於「仁界」，最壞的情況則是他們完全無法對你提出任何要求。即使一段婚姻是幸福的，妻子在各種責任裡也處於邊緣地位，因此男人不應把對妻子的感情提升到對父母和國家的程度。二十世紀三〇年代，一個著名的自由主義者在公眾場合描述他回到日本是多麼高興，並提到了與妻子團聚是其理由之一。這成為醜聞流傳開來，他應該提到的是父母，是富士山，是對日本國家使命的獻身精神，而他的妻子不屬於同一層次。

這樣的道德準則過於強調保持不同層次的區別及不同「界」的獨立，進入近代以後，日本人自己也對此表現出不滿。日本的教育有很大一部分致力於灌輸「忠至上」的概念，正如政治家們簡化了等級結構，把天皇放在頂點，取消了將軍和封建大名。同理，在道德領域他們著力於簡化責任系統，把所有較低的德行歸類到忠的下面。這樣做不僅僅是想把全國團結在「天皇崇拜」之下，也是為了減輕日本道德規範「分散化」的程度。他們力圖教導世人，盡忠就是履行其他一切義務。他們力圖使忠不再是紙上一個圈定的範圍，而是道德這座拱門的拱頂石。

這一方案的最佳也是最有權威的明證，是明治天皇於一八八二年頒布的《軍人敕諭》。這份敕諭和《教育敕語》才是日本真正的「聖經」。日本的兩種宗教都沒有各自奉為神聖的經書。神道完全沒有經典，日本佛教的各個教派不是從經文中悟出幻滅的教義，就是反覆念誦「南無阿彌陀佛」或「南無妙法蓮華經」之類的語句。明治天皇的告誡性敕諭則是真正的「聖經」；它們宣讀時要有神聖的儀式，底下的聽眾鴉雀無聲，眾人畢恭畢敬、鞠躬如儀。它們得到的待遇就如同猶太教人對待舊約五書，朗讀前從神龕中取出，讀完後又恭敬地送回，然後才能解散聽眾。被指派誦讀的人可以因為一句讀錯而自殺。《軍人敕諭》頒布的對象主要是現役軍人，他們要把內容一字一句地熟記在心，每天早晨默念十分鐘。重要的國家節日裡，或者新兵入伍、老兵復員等情況下，都要有儀式進行隆重的宣讀。所有中學和補習班的男生也都必須學習這份敕諭。

《軍人敕諭》長達數頁，內容按標題經過仔細的分類，明確詳盡。但是西方人讀來還是難以理解，因為它的訓誡看起來自相矛盾。善良和美德被標榜為真正的目標，這樣的描述方式西方人還能夠理解。然而敕諭隨即警告聽眾不要像舊式英雄一樣名譽掃地而死，因為他們「迷失公道，守信於私」。這是官方的譯文，雖然不是逐字翻譯，還是很好地表達了原文的意思。敕諭接著說，這些舊式英雄的例子，「汝等自當深引為戒」。

不瞭解日本的義務系統是沒法理解敕諭裡的「戒」的。整道敕諭都是官方為了弱化道義並提高忠而做出的努力。全文中沒有出現過一次日本人通常意義上的「道義」一詞。作為替代，它強調大節為忠，「守信於私」乃是小節。敕諭不遺餘力地要證明，大節足以印證所有德行。它說「正義在於履行義務」。充滿忠心的軍人必然擁有「真勇」，也就是「日常待人以溫和為先，意在博人愛戴」。敕諭暗示，只要遵循這樣的訓誡就行了，不必援引道義。除了義務以外的其他責任都是小節，沒有經過深思熟慮不應承擔。

若欲（於私）守信，且盡忠義……須自始即慮可行與否。若爾……縛於不智之責，則有陷自己於進退兩難之險。若深明信義（敕諭中定義為盡義務）不能兩全，應立棄私約。自古以來，常有偉人英雄横遭不幸，身死名敗，遺羞後人。皆因其守小節而不辨大是非，又或迷失公道，守信於私也。

如我們所說，所有這些訓導雖然隻字不提道義，但是講的都是忠高於道義。然而每個日本人都知道「因為道義我無法行義」這句話。敕諭中這樣闡釋：「若深明信義（個人的責任）不能兩全……」它以天皇的權威要求個人在這種情況下放棄道義，因為這是小節。只要服從敕諭的訓誡，大節會保他德行無虧。

在日本，這篇歌頌忠的「聖經」是一份基本文件，很難說它對道義的側面貶低是否減弱了道義對大眾的影響。日本人經常引用敕諭的其他內容——「義，即盡義務」，「心誠，則無事不成」——來為自己或他人的行為作解釋和辯護。儘管不要守信於私的告誡在不少場合也都適用，人們卻很少提到。道義至今都是深具權威的道德，評論一個人「不懂道義」是日本最嚴厲的指責之一。

日本的道德規範並沒有因為引入「大節」而輕易得到簡化。就像他們經常自誇的那樣，日本人沒有一種現成的普世美德可以作為檢測良好行為的標準。大部分文化中，隨著個人優點的增加，比如心地善良、擅長耕作、事業成功，他們的自尊也會隨之見長。他們會樹立諸如個人幸福、有影響力、自由生活或提高社會地位之類的人生目標。日本人遵循的則是更加特定化的準則；即便在他們提到「大節」時，不管是封建時代還是《軍人敕諭》，其含義不過是對等級上層的義務可以推翻對下層的義務，它們還是視特定情況而定。對日本人來說，大節不是像西方人通常認為的那樣，對忠誠這個概念忠誠，而是對某一特定對象或事業的忠誠。

當近代日本人試圖選擇某一種品德凌駕於諸「界」之上時，他們通常都選擇「誠」。大隈伯爵在討論日本倫理學時說過，誠「是誠中之誠；道德教育的根本可以通過這一個詞體現。我們的古語中除了『誠』就沒有其他有關倫理的詞」。[2]近代小說家們在本世紀早期宣揚西方的個人主義，後來他們對西方模式產生了不滿，轉而把「誠」當作唯一的真「理」進行歌頌。

這種道德上對誠的強調在《軍人敕諭》裡得到了支持。敕諭的開頭是一段歷史性序言，就像美國人的序言裡提到華盛頓、傑佛遜等開國之父。在日本，這段話通過呼籲恩和忠達到高潮：

朕以汝等為股肱，汝等以朕為首領。朕能否保護國家，報答祖宗之恩，全賴汝等盡職。

接下來就是以下訓誡：㈠最高德行是盡忠。軍人再精通技藝，如果忠心不強，也只是個傀儡；一群缺乏忠心的士兵在危急時刻就是烏合之眾。「因此，不為時議所移，不干預政治，一心效忠，牢記義重於泰山，而死輕於鴻毛。」㈡要根據軍隊裡的級別講究儀表和禮儀。「視上級之令如朕親旨」，對下級則要關心。㈢是勇，真正的英勇與「熱血沸騰地蠻幹」不同，其定義為「不藐視下級，不畏懼長官。尚真勇者，當日常待人以溫和為先，意在博人愛戴」。第㈣是告誡不得「守信於私」，第㈤條則是告誡要節儉。「若不以簡單為宗旨，將日漸文弱輕浮，崇尚驕奢之風，終致自私卑鄙，墮落已極，徒具忠勇，不足以免於世人恥笑……朕心憂此，故再訓之。」

敕諭的最後一段稱這五誡為「天地之大道，人倫之常經」。它們是「吾軍人之魂」。而這五誡之「魂」則是「誠，心若不誠，言行外露，毫無用處。心誠則無不成」。這五條訓誡就是這樣「易守易行」。在詳細說明了各種德行及義務之後再在末尾加上一條「誠」，這是日本的典型作風。他們不像中國人那樣把所有的美德都當成發自善心；他們首先樹立起有關責任的規則，然後再在結尾要求每個人都必須全心全意、不遺餘力地遵守這些規則。

「誠」在佛教著名宗派禪宗的教義裡有著類似的意思。鈴木大拙在他所著的禪宗綱要裡記載了一段師傅與徒弟的對話：

和尚：吾知獅子撲敵，不論兔耶象耶，皆傾力而為；請教此為何力？

師傅：誠意（字面上的解釋就是誠實的力量）。

誠者，不欺也。意即全身以赴，禪宗云「全身而動」……無保留，無矯飾，無浪費。人若如此，可謂之金毛獅；為剛、誠、純之表徵，神人也。

「誠」這個詞在日文中的特殊意義於前文曾簡短提及。日文的誠並不是英文裡真誠的意思。它的含義可以更窄，也可以更廣。西方人總是容易注意到它的含義比自己語言裡的用法要狹隘；他們經常說，如果一個日本人說某人沒有誠意，他的意思只是那個人和他意見不同。這種說法在一定程度上是正確的。日本人說一個人「真誠」與他是否「真實地」按照內心的愛恨、決心或驚訝而行動無關。美國人有一種表達贊許的說法是「見到我他是真心地高興」、「他真心地覺得滿意」，但日本人沒有，而且反倒有一系列俗語嘲笑這種「真誠」。他們鄙視地說，「看那隻青蛙，一張嘴就看得到肚子裡的貨色」；「就像一個石榴，大開著口，心裡有什麼都表現出來」；任何人「脫口而出自己的感情」都是一種恥辱；那是一種「暴露」。「真誠」的這些含義在美國備受重視，但是在日本卻毫無地位。當前述的日本男孩指責美國傳教士不真誠時，他完全沒有考慮美國人是否是真的對這個可憐孩子身無分文卻還要去美國的計劃感到驚訝。過去十年裡，日本政治家一直都在指控英美不真誠，但這和西方國家是否言行不一沒有關係。他們並非指控英美虛偽——這項罪名本就無足輕重。同樣的，當軍人敕諭提到「誠乃諸訓誡之魂」時，意思並不是說心誠就能將其他德行付諸實踐，促使人的言行都發自真心。它更不是教導人實話實說，哪怕自己的信念和他人完全不同。

即便如此，誠在日本還是有其積極意義的。既然日本人這樣強調這一概念的道德作用，西方人必須緊迫地把握住它在使用上的含義。日文裡誠的基本意義在《四十七浪人物語》裡就有清楚的例示。「誠」在這個故事裡是道義的附加。「道義加誠」被拿來和「純粹的道義」作對比，它的含義是「為萬世楷模之道義」。用現代日語表達，「誠使其持久」。這裡的「其」，可以根據語境的不同，指代任何日本道德規範中的訓誡或日本精神所要求的態度。

二戰期間，日本隔離收容所裡的人們對這個詞的用法與《四十七浪人物語》裡的完全一致，其用法也清楚地表明了該邏輯可以延伸到什麼地步，其意義又和美國的用法如何相反。親日的「一世」（出生在日本的第一代移民）對親美的「二世」（出生在美國的第二代移民）最頻繁的指責是他們沒有「誠」。「一世」們的意思是說「二世」們沒有那種使「日本精神」「持久」的心靈素質——戰時日本曾就「日本精神」公佈過官方定義。「一世」們並不是在說自己的孩子們親美是虛偽的。與之相反，當「二世」們自願加入美國軍隊時，誰都清楚他們對第二祖國的支持出自真正的熱忱，「一世」們卻認為這種行為更加落實了對他們「不誠」的指控。

按照日本人的用法，「誠」的一個基本含義是對遵循日本倫理規範和日本精神的熱忱。不管「誠」在特定語境裡有什麼特殊意義，都可以當作是在讚揚大家都認同的某些「日本精神」，或者是稱讚那些廣為接受的道德規範。只要認識到「誠」的意義和美國用法不同，它就成為日文裡最有用的詞，因為它總是無一例外地標明了日本人真正看重的品德。「誠」常被用來稱讚一個人無私。這也從側面反映了日本道德體系極端反對牟利。如果利不是等級地位的自然產物，就會被認為是剝削的結果，中介人如果避開雙方當事人，私自從中牟利，就成了人人厭惡的放債者。人們總是說他「缺乏誠」。「誠」也常常被用來稱讚不為激情左右的人，這也反映了日本人關於自我訓練的觀點。一個日本人如果配得上「誠」這個稱讚，絕對不會冒險侮辱別人，除非他的本意就是要激對方動手。這反映了日本人的另一教條，即一個人要對自己的行動及其任何細微後果負責。最後，只有有「誠」的人才能「領導其人民」，物以致用，心境坦然。「誠」的這三種意義以及其他許多意義簡明地體現了日本倫理觀的同質性。這些意義都反映了一個事實：在日本，只有遵守道德規範，才能行事有效而無思想衝突之虞。

既然日本的「誠」有這麼多含義，這一德行就無法簡化日本的道德規範，儘管軍人敕諭和大隈伯爵都進行過嘗試。「誠」既不能成為日本道德的基礎，也不能給予它「靈魂」。它就好像是一個指數，恰當地放在任何一個數字之後，就能把該數字提高到一定的冪[3]——一個能夠一視同仁地讓9、159、b或x都變成二次方的存在。同理，「誠」把日本道德規範中的任何條款都提升到更高的高度。它不再是單獨的一種品德，而是狂熱分子對信條的熱忱。

不管日本人怎樣修改，他們的道德規範始終是分散性的，道德的主旨也是如何控制兩步本身都不錯的棋，使它們相互抵消制衡。日本人就像是按照橋牌的規則建立了他們的倫理系統。優秀的牌手是那些接受了規則並在其間游刃有餘的人。他們與低劣牌手的區別在於推算有方，瞭解遊戲規則下別人出牌的用意，且能夠跟上別人的牌。用我們的說法就是他根據霍伊爾（Hoyle）[4]規則出牌，每一手都考慮到無數細節。遊戲規則考量到了所有可能出現的情況，計分方式事先也經過大家的同意。美國所謂的好心在這裡成了不相干的東西。

在任何語言裡，人們提到失去或獲得自尊的語境都能在一定程度上說明他們的人生觀。在日本，「自重」就是一直當個仔細的牌手。它不像英語裡的用法那樣意味著有意識地遵守高尚的行為準則——不對人諂媚、不撒謊、不做假證。在日本，「自重」字面上的意思就是「一個有份量的自我」，其對比是「輕浮的自我」。如果一個人說「你必須自重」，他的意思是，「你必須精確地判斷這種情況下的所有影響因素，不做任何可能招來批評或減少成功機會的事」。日語裡「自重」隱含的行為經常與美國人理解的意思恰好相反。一名職員說，「我必須自重」，這不是在說他必須堅持自己的權利，而是說他不能告訴僱主任何有可能給自己招來麻煩的話。「你必須自重」在政治用語裡也是同樣的意思。它意味著「一個有份量的人」如果輕率地沉迷於「危險的念頭」，就是不自重。不像在美國，即便是危險的念頭，一個人的自尊也要求他根據自己的觀點和良心進行思考。

「你必須自重」，這是父母教訓青春期的孩子時一直掛在嘴邊的話，指的是要遵守禮節，不辜負別人的期望。因此女孩得到的訓誡是坐姿須端正體面，男孩則要訓練學習如何察言觀色，「因為現在決定了你的將來」。當父母對子女說「你的行為不像一個自重的人」，這是批評孩子舉止不當，而不是他們沒有勇氣維護正義。

還不清債的農民對放債的人說「我本該自重」，但他不是在指責自己太懶，也不是在討好債主。他的意思是他本該預見到這種緊急狀況，考慮得更周到一點。社會上有地位的人說「自尊要求我這樣做」，意思不是他必須遵守什麼誠實、正直的原則，而是他在處理事務的時候必須考慮到自己家庭的地位；他必須投入自己地位的所有影響力來辦事。

企業經理提到自己的公司時說「我們必須自重」，意思就是必須加倍地謹慎小心。人們論及復仇的必要性時說「自重地復仇」，這不是說要反過來讓仇敵為自己的行為感到羞恥，也不是指其他任何要遵守的道德準則；這句話等於是說「我要完美地復仇」，也就是說要精密計劃，考慮到所有情況。日語裡語氣最強烈的用語是「自重再自重」，即是慎重到無窮高的程度。它意味著從不妄下結論，行事精打細算、用力恰到好處。

自重的這些含義完全符合日本人的人生觀，即在這個世界裡，需要小心翼翼地根據霍伊爾規則行動。這種定義自尊的方式不允許人們把好心當作失敗的藉口。每一個行動都有其後果，每個人行動前都應該估量這些可能的後果。慷慨大方是好事，但是你必須考慮到承情的人會覺得自己「背上了恩」。因此你必須小心行事。批評別人可以，但前提是你必須為別人生氣所可能帶來的後果做好準備。年輕的畫家指責美國傳教士嘲笑他，問題就在於傳教士雖是出於好心，卻沒有考慮到他這步棋在棋盤上的全部含義。在日本人看來，這種行為就是缺乏自制。

謹慎和自重在日本的高度重合還表現在：日本人總是細心觀察別人舉止中的暗示，強烈地感覺自己時刻在接受別人的評判。他們的說法是，「人必須自重是為了社會」。「如果沒有社會，也就不必自重了。」這些偏激的表達所指的是約束人自重的外力，它們沒有考慮到自我約束力。就像許多國家的流行語一樣，它們過於誇大其辭。因為日本人有時候也像清教徒一樣對自己積累的罪孽反應強烈。但是他們的上述偏激言論還是正確地指出了日本人的側重點，也就是恥的重要性要遠遠高於罪的重要性。

在對不同文化進行人類學研究時，該文化主要依賴恥還是主要依賴罪是一個非常重要的區別。教導絕對的道德標準並依賴良知開啟的社會從定義上說是一種罪感文化，這樣的社會裡，比如美國，一個人要是行動笨拙，雖然這不是什麼罪，他一樣會感到羞恥。他可能會為衣著不得體或失言而萬分懊惱。在一個以恥為主要制約力的文化裡，我們認為應該讓人產生負罪感的行為，卻只能讓那裡的人感到懊惱。這種懊惱可能非常強烈，並且不像罪惡感那樣，可以通過懺悔和贖罪來得到緩解。犯有罪業的人可以通過傾訴得到解脫，我們的世俗療法也經常用到懺悔這一工具，還有其他許多宗教團體也都這樣做，它們除此之外別無共通之處。我們知道懺悔能使人輕鬆，但要是恥才是主要的約束力，那麼哪怕對人懺悔自己的錯誤也不會帶來任何解脫。只要他的壞事沒有被「公諸於世」，他就沒有什麼可擔憂的，懺悔對他來說是自找麻煩。因此恥感文化沒有懺悔的習慣，哪怕懺悔對象是神。他們有祈福的儀式，卻沒有贖罪的儀式。

真正的恥感文化靠外界約束力來維持良好行為，而不是像罪感文化那樣靠內心對自身有罪的確認。恥是對他人批評的反應，一個人感到恥辱不是因為被公開嘲笑，就是因為他幻想自己會被人嘲笑。無論是哪種情況，恥的約束力都是巨大的。但是它要求周圍有觀眾，或者至少是想像中的觀眾。罪就沒有這樣的要求。有的民族認為榮譽意味著實現自己對自我的要求。即使惡行無人知覺，自己還是會因罪惡感而痛苦，這種罪惡感實際上可以通過懺悔罪行而得到解脫。

早期定居美國的清教徒們試圖把自己的整個道德體系建立在罪這個基礎上。所有的精神科醫生都知道現代的美國人是如何為良心所苦。但是恥感的影響在美國日漸增加，人們對罪的感受也不再像前幾代人那樣極端。在美國，這種現象被認為是道德的鬆弛。這樣說不無道理，但這是因為我們不指望恥能挑起道德的重擔。我們沒有把伴隨恥感而生的強烈悔恨納入我們的基本道德體系。

日本人卻這樣做了。沒有遵守他們關於優良品行的明確規定，沒有平衡好各種義務，或者沒有預見到突發狀況，都是恥辱。按照他們的說法，恥辱是德行的根基。對恥辱敏感的人會遵守所有對優良品行的規定。「一個知恥的人」有時被翻譯成「有德之人」，或者「有榮譽感的人」。在日本的道德體系裡，恥辱的權威性地位類似於西方道德體系裡的「良心清白」、「令上帝滿意」及避免惡行。因此，人死後不會受懲罰也就順理成章了。除了熟悉印度佛經的僧侶，日本人沒有這一世的功德將決定來世怎樣投胎的概念。除了少數皈依基督教熟知教義的基督徒，日本人本身也不承認死後會受賞罰或天堂地獄的存在。

就像所有對恥辱異常敏感的部落和民族那樣，恥感在日本的至高地位意味著任何人都要留心公眾對自己的評價。他只要想像他們會說什麼，行動上就已經被這種想像中的評價所主導了。只要每個人都遵守同樣的遊戲法則並且互相支持，日本人就可以在這個遊戲裡玩得輕鬆自在。他們一旦覺得這是在執行日本的「使命」，就會狂熱地投入其中。他們最為脆弱的時候就是當他們試圖把自己的美德輸出到別國時，當地卻並不奉行他們關於優良品行的標準。日本人對大東亞地區的「善意」行動就失敗了，很多日本人就的確為中國人和菲律賓人對他們的態度感到怨恨。

如果不是受民族主義的感情驅使，只是個人來到美國學習或工作，這些日本人試著在這個規矩不那麼嚴密的世界裡生活時，經常會深深地覺得自己過去受到的精心教育是一種「失敗」。他們覺得，自己的美德沒法順利地輸出。他們想要表達的不是「人很難改變自己的文化」這種被普遍接受的觀點。他們想要表達得更多，有時就把自己和認識的中國人或暹羅人做比較，這兩國人適應起美國生活來都比日本人容易得多。在這些日本人看來，日本人特有的問題就是，他們從小受到的教導告訴他們，別人一定能夠分辨出他們遵守某一規則時的細微差別。一旦外國人完全無視他們的所有禮節規範，日本人就茫然無措了。他們想方設法地尋找西方人生活所遵循的類似細緻禮節，當發現自己找不到時，有的人感到憤怒，有的人則感到害怕。

日本人在相對寬鬆的文化裡的生活經歷，描寫得最好的當屬三島女士的自傳《我的狹島》。[5]她急切地想來美國讀大學，努力說服了保守的家庭接受美國獎學金的「恩」，進入了衛斯理學院。她寫道，老師和女同學們都非常和善，但這只會讓情況更糟。「日本人普遍舉止完美，我本為此感到驕傲，現在卻深深受到了傷害。我氣自己不知道在這裡怎樣行動才恰當，也氣周圍的環境，它們似乎是在嘲笑我以往受到的訓練。除了這種模糊卻又深刻的氣惱，我沒有其他任何感覺。」她覺得自己彷彿是「墜落自另一個行星的生物，所有的感覺和情緒在這個另類世界裡都毫無用處。我在日本受到的訓練是，舉止必須文雅，言辭必須符合禮節，這使我在現在的環境裡極端敏感和害羞，社交上，我在這裡完全就是個瞎子。」她花了兩三年才放鬆下來，開始接受別人的好心幫助。她下結論說，美國人生活在她所謂「優雅的親密感」之中。但是「親密感在我三歲的時候就被當作輕佻而扼殺了」。

三島女士把自己認識的留美日本女孩和中國女孩作了對比，她的評論顯示了美國對兩國女孩的不同影響。中國女孩們的「鎮定和善於交際是大部分日本女孩所沒有的。這些上流社會的中國女孩在我看來是地球上最文雅的人，每一個都風度翩翩，近似皇家尊嚴，看上去就好像是世界的真正主人。她們無所畏懼，沉著冷靜，即使是在這個機械和快速的偉大文明裡也不曾動搖，這和我們日本女孩的膽小怯懦以及過度敏感形成鮮明對比，體現出我們的社會背景在本質上的不同」。

像其他許多日本人一樣，三島女士覺得自己就好像是一個網球高手卻登記加入了槌球比賽。自己的專業技術就是用不上，她感到過去的所學無法帶入到新環境中。她過去所受的訓練毫無用處，因為美國人用不到。

日本人一旦接受了美國不那麼繁瑣的行為規範，不論程度，都發現很難想像自己再去應付往時日本生活裡的種種限制。對於過去的生活，他們有時稱之為「失樂園」，有時稱之為「桎梏」，有時稱之為「牢籠」，有時又稱之為種盆景的「小盆」——只要微型松樹的根被限制在花盆之內，其結果就是一件為美麗的園林增色的藝術品。但是一旦被移植到開闊的土地上，矮小的微型松樹就再也不能被栽植回盆裡。這些在美國的日本人覺得自己像被移植過的盆景一樣，再也無法妝點日本園林，因為無法再適應原來的要求。他們的經歷最深刻地體現了日本道德的進退兩難之境。

1 即 Gestalt，又譯「格式塔」，是一個強調整體性的心理學概念。
2 大隈重信（Count Shigenobu Okuma），Fifty Years of New Japan，英文版本由 Marcus B Huish 編輯，倫敦，一九〇九年，第二卷，第三十七頁。
3 冪即為「乘方」，表示一個數自乘若干次的形式。
4 埃德蒙·霍伊爾（一六七二—一七六九）第一位橋牌打法「惠斯特」（whist）教師，其所確立的紙牌打法和程序被稱為「霍伊爾規則」。
5 Mishima, Sumie Seo, My Narrow Isle，一九四一年，第一〇七頁。

第十一章　自我訓練

一種文化裡的自我訓練，在來自另一國家的觀察者們看來，好像都沒有什麼意義。這些訓練方法本身是很明白的，但是為什麼要花費這麼多工夫？為什麼自願吊在鉤子上？為什麼全神貫注於丹田？為什麼永遠一文不花？為什麼在這些方面要求嚴苛，對其他衝動又毫無控制？在外人看來，那些衝動才是真正重要並需要訓練的。要是觀察者自己的國度並不教授自我訓練的方法，卻來到了一個高度依賴這種訓練的民族，那麼就很有可能產生誤解。

在美國，自我訓練的技術方法和傳統方式都相對落後。美國人的設想是，一個人估量了自己的前途之後，為了達到選定的目標，自然會在必要的時候訓練自己。至於他到底是否這樣做，取決於他的雄心或良心，又或者取決於凡勃倫（Veblen）所說的「職業本能」。他可能為了加入橄欖球隊而接受禁慾苦修的管理制度，也可能為了成為音樂家或取得事業成功而放棄所有休閒，或者出於良心戒絕惡行和輕浮。但是在美國，自我訓練和算術不同，作為一種技術性的訓練，它的學習不能脫離實例的應用而單獨進行。美國即使存在這樣的訓練方法，也多是出自歐洲某些教派的領袖，或是傳授印度修煉方法的哲人。現在就連聖德肋撒（Saint Theresa）或十字若望（Saint John of the Cross）教派所傳授、實行的默想和祈禱等宗教性的自我訓練，在美國也近乎絕跡。

日本人的設想卻是，無論是參加中學入學考試的男孩，還是參加劍術比賽的人，或者只是過著貴族生活的人，他們除了學習應付考試所需的特定內容之外，都還需要另外的自我訓練。不管他為了考試死記硬背了多少東西，不管他出劍有多麼專業，不管他對禮節的注重多麼無微不至，他都需要放下書本、刀劍和社交活動，去進行特殊的訓練。當然，並不是所有的日本人都接受神秘的訓練，但即使是不接受這種訓練的人也承認有關自我訓練的術語和實踐在生活中的地位。日本各階層賴以評判自己和他人的一整套概念就是基於他們對自控和自制方式的總結。

日本人的自我訓練概念可以系統化地分成兩類：一類是鍛鍊能力；另一類則鍛鍊超

乎能力所及。這種東西，我稱之為通（expertness）。這兩者在日本被區分開來，以不同的人類精神狀態為目標，有著不同的依據，識別標誌也不同。有關第一類的例子，即培養能力的自我訓練，在本書前面已經描述過不少。如軍官讓士兵連續操練六十個小時，中間只有十分鐘的休息時間，他的觀點是「他們知道怎麼睡覺，他們需要訓練的是如何保持清醒」。儘管在我們看來這是非常過分的要求，這個軍官的目標只是士兵們表現稱職。他所表達的是日本公認的精神統御原則，即意志應高於無限可塑的肉體，肉體本身沒有什麼為了健康必須遵守的規則。日本人關於「情慾」的整套理論都建立在這個假設的基礎上：若逢人生大事，肉體的要求就被極度降低到從屬地位，不論健康是否允許，也不管肉體是否能容忍或受過培養。無論以多少自我訓練作為代價，每個人都要發揚日本精神。

但是這樣表達日本人的設想失之武斷。因為「無論以多少自我訓練作為代價」在美國幾乎等同於「無論做出多少自我犧牲」。它也通常意味著「無論受到多少委屈」。美國人關於紀律的理論是——不管是外界強制還是內心自發——無論男女，都要從小透過紀律融入社會。不是自願接受紀律，就是由權威強制接受。這是一種壓抑，而一個人會討厭這種對自己意願的限制。他必須做出犧牲，於是不可避免地喚醒了體內的反抗情緒。不僅美國的許多專業心理學家認同這種觀點，每一代的家長也都根據這種哲學教育孩子。因此心理學家的分析對我們自己的社會來說包含頗多真知灼見。孩子到了一定時間「不得不」上床睡覺，他從父母的態度得知睡覺是一種自我壓抑。數不清的家庭裡，孩子們睡前都要大哭大鬧以示抗議。他早已經被灌輸了美國式的思想，把睡覺當作一個人「不得不」做的事，反抗也只是以卵擊石。他的母親還規定有些東西他「必須」得吃。無論是燕麥、菠菜、麵包還是柳橙汁，美國孩子學會就這些他「不得不」吃的東西提出抗議，並認定對他「有好處」的食物都不好吃。美國的這種習俗在日本並不存在，西方的某些國家例如希臘也沒有這種習俗。在美國，成年意味著從飲食的壓抑中解放出來，成人可以吃好吃的食物，而不再限於是否對他有好處。

但與西方自我犧牲的整體概念比較起來，這些關於睡覺和食物的觀念實在微不足道。父母為孩子做出極大的犧牲，妻子為丈夫犧牲了自己的事業，丈夫為養家犧牲了自由，這些都是標準的西方教條。美國人很難想像一個不需要自我犧牲的社會，但事實上的確存在。在這樣的社會裡，人們認為父母天生覺得孩子可愛，女人喜歡婚姻勝過一切其他選擇，男人為了養家當獵人或花匠是在從事自己最喜愛的職業。何必提什麼自我犧牲？當社會強調的是以上這些詮釋，而人們也按照這種詮釋生活，就沒有人會認同自我犧牲的概念。

美國人眼中為別人做出的巨大「犧牲」，在其他一些文化看來不過是有來有往的交換。它們要不就是一種投資，日後可以收回，要不就是對以前收益的回報。在這樣的國家裡，連父子關係都可以這樣處理，父親在兒子幼時為他所做的一切，兒子都會在父親年老時及過世後進行回報。每一種商業關係也是一種民間契約，且往往要求保證等價交易，由一方提供保護，另一方提供服務。假如雙方都能從中獲利，那麼沒有任何一方會認為自己的責任是一種犧牲。

在日本，為他人服務的制約力當然也是互相的，往來必須等量，不同等級間也得承擔互補的責任。因此，自我犧牲在日本的道德地位與在美國相比有很大不同。日本人一直特別反對基督教傳教士關於犧牲的布道。他們主張一個有道德之人不應該把為他人服務當作是委屈自己。「當我們做出你們所謂的『犧牲』時，」一個日本人這麼對我說，「那是因為我們想要付出，或者認為這是對的。我們並不為自己感到難過。不管我們為別人放棄了多少東西，我們不認為這是為了提升我們的精神境界，也不認為我們應該得到『回報』。」日本人是以複雜的互相往來義務為核心來組織他們的生活，這樣的民族當然會認為自我犧牲與他們的生活無關。他們要求自己履行極端的義務，這在更個人主義和競爭更激烈的國家裡，很容易導致自憐和自以為是，但是相互義務的傳統原則使得日本人避免了這一結果。

因此，美國人要理解日本的普遍自我訓練習慣，就必須對自己的「自我訓練」概念動一下外科手術，割掉自己的文化裡纏繞於這一概念周圍的贅物：「自我犧牲」和「委屈」。在日本，一個人訓練自己成為一名出色的選手，對他來說接受訓練就好比是打橋牌，都完全談不上犧牲。訓練當然是嚴格的，但這是萬物的常態。新生兒雖然生來快樂，但是他們沒有「品味人生」的能力。只有通過精神上的訓練（或自我訓練；「修養」），一個人才能活得充實、「體驗」人生。這句話通常翻譯成「只有這樣才能享受人生的樂趣」。自我訓練能「鍛鍊丹田（自制力所在）」，使人生更為開闊。

在日本，進行「能力」的自我訓練是因為它能提高一個人駕馭生活的能力。他們認為訓練初期可能感到的不耐煩很快就會消失，因為最終他會樂在其中，反之則會放棄。學徒學做生意、男孩學習柔道、新媳婦適應婆婆的使喚；在訓練初期，不習慣這些新要求的人可能會想要脫離這種「修養」，這是完全可以理解的。他們的父親可能會對他們說：「你想怎麼做？有些訓練是體會人生必不可缺的。如果這次你放棄接受訓練，以後終歸不會快樂。一旦到了那種地步，被人說三道四，我是不會袒護你的。」用他們常用的話來說，「修養」就是打磨掉「體銹」，使人重新變成閃亮的利刃，這當然是他們所希望的。

這些都是在強調自我訓練的好處，但並不意味著日本的道德規則經常要求的極端行為就不是真正的嚴重壓抑，也不表示這些壓抑就不會導致暴力衝動。這種區別，體現在遊戲和運動裡，美國人是理解的。橋牌冠軍不會抱怨為了學習打好牌而做出的自我犧牲；他不會把為了成為高手而投入的時間當作「委屈」。儘管如此，醫生們說，在某些需要注意力高度集中的情況下，比如賭注極高或者爭奪冠軍時，注意力的集中和胃潰瘍及身體過度緊張不無關係。日本人也是如此。但是，在互相往來的制約以及自我訓練有益自身的信念支持下，很多美國人看來難以忍受的行為，日本人卻能輕鬆做到。他們比美國人更注重行為稱職，更少給自己找藉口，也不會把自己對生活的不滿歸咎於他人，或是因為沒有得到美國人所謂的「普通的幸福」而沉溺於自憐。他們接受的訓練使他們比一般美國人更加留心自己的「體銹」。

比自我訓練「能力」更高級的是訓練「通」的境界。有關後者的訓練方法，日本作家有過描寫，西方讀者卻很難理解。西方專攻這一課題的學者對待這些方法的態度也很草率，有時還稱它們為「怪癖」。在一位法國學者筆下，它們全都「違背常識」，至於所有教派裡最講究修養的禪宗，則是「一派鄭重的胡言」。然而日本人企圖透過這種訓練方式想要達到的目標卻不難理解，而且這一課題有助於我們瞭解日本的精神統御術。

日語裡有一長串的詞彙表達自我訓練成「通」者所能達到的精神境界。有些詞適用於演員，有些適用於宗教信徒，有些適用於劍手，還有些適用於演說家、畫家或茶道宗師。其含義大致相同，我僅列舉其中一個詞——「無我」，這是上流社會盛行的禪宗用語。「通」的境界描述的是一種人在意與形之間「毫無窒礙」，不管是在世俗還是宗教環境下，猶如放電時電流從正極直接流向負極的體驗。沒有達到此精通狀態的人，在意與形之間就好像有一道絕緣的屏風。日本人稱之為「觀察的自我」或「阻礙的自我」。當經過特殊訓練挪開了這道屏障，「通」者就完全失去了「我正在這樣做」的意識。電流暢通無阻，行動毫不費力。這就是「一點」（one pointed）的境界，行動完全再現了行動者在腦中描繪出的形象。

在日本，最普通的人也追求這種「通」。著名的英國佛教權威查爾斯．艾略特爵士（Sir Charles Eliot）講過一個女學生的故事：

她求助於東京一位有名的傳教士，說她想要成為基督教徒。被問到原因時，她回答說她非常想坐飛機。當傳教士鼓勵她繼續解釋飛機和基督教之間的聯繫時，她回答說，有人告訴她，坐飛機上天前必須要有非常沉著冷靜的心，而這只有通過宗教性的訓練才能獲得。她覺得所有的宗教裡面基督教可能是最好的，所以她就來求教了。[1]

日本人不僅把基督教和飛機聯繫起來，他們還把「鎮靜、遇事沉著」與應付考試、演講、政治生涯都聯繫起來。對他們來說，為了達到「一點」而進行的訓練幾乎對從事任何職業都有不容置疑的好處。

許多文明都發展出了這種技巧，但是日本人的目的和方法都有獨到之處。這一點特別有意思，因為日本的很多訓練技巧來源於印度的瑜伽派。日本關於自我催眠、集中注意力及控制感官的技巧至今仍與印度的訓練方式有相似之處。兩者都強調心無雜念、身體靜止、一句話重複念一萬遍，以及把注意力集中到某一選定的象徵上。在日語中也會使用印度的術語。然而，除了這些大體上的共通點之外，日本版的修煉和印度的幾乎沒有共同之處。

瑜伽派在印度是奉行禁慾苦行主義的極端教派。它是一種解脫出輪迴轉世的方法。

人除了這種解脫，即涅槃以外，沒有別的救贖，而這一道路上的阻礙就是人的慾望。消除這些慾望的手段包括絕食、侮辱及自我折磨。透過這些手段，人可以超凡入聖，獲得靈性，達到與神一體。瑜伽是一種拋棄肉慾，逃脫人間輪迴苦海的方法，也是一種獲得精神力量的方法。苦行的方式越極端，通向目標的旅程就越短。

日本並沒有這樣的哲學。儘管日本是一個佛教興盛的國家，他們的佛教信仰裡從來沒有輪迴轉世和涅槃的內容。雖然有些僧侶個人接受了這些教義，但是它們從未左右民間習俗和大眾的思想。日本人不會因為動物或昆蟲有可能是人的轉世就把它們放生，日本的葬禮和慶生儀式也完全不含轉世思想。輪迴轉世不是日本人的思考方式，就連涅槃也不例外，不僅大眾沒有這種概念，僧侶們也對之加油添醋，近乎不存。大師們聲稱「得悟」的人就已經處於涅槃；涅槃就在此時此刻，人能從一棵松樹和一隻野鳥裡「見涅槃」。日本人一向對死後世界的幻想不感興趣；他們的神話都是關於神的故事，卻沒有提到人死去之後的生活。他們甚至拒絕接受佛教關於人死後因果報應的觀點。任何人，農夫也不例外，死後都能成佛；家庭佛龕裡供奉的牌位就被稱為「佛」。沒有其他任何佛教國家有這樣的用法。如果人們對一般死者也能這樣大膽的尊稱，那麼也就不難理解，這個國家不會追求涅槃這樣的困難目標。既然無論怎樣都會成佛，就沒有必要使肉體受苦來實現絕對的終結。

同樣，日本也沒有肉體和精神無法調和的教義。瑜伽是消除慾望的方式，而慾望來自於肉體，但是日本人沒有這種教義。「情慾」並非魔鬼所有，享受感官樂趣是生活智慧的一部分。唯一的條件就是，只要人生的重大責任需要，就必須犧牲感官享受。日本在看待瑜伽教派的修行方法時把這個原則在邏輯上延伸到了極致：不僅所有的自我折磨被廢除，在日本這一教派甚至不是以禁慾苦行為宗旨。即便是遁世隱居的「得悟」之人，雖然有隱士之稱，通常也都是帶著妻小，定居在鄉間風景優美之處，生活安逸舒適。妻子的陪伴，甚至孩子的陸續出生都被認為絲毫無損他們的神聖。在最通俗的佛教流派中，和尚完全可以娶妻生子；「得悟」之人的聖潔在於他們通過坐禪進行自我訓練，生活也很簡樸，而不是身著污穢之服，目不見自然之美，耳不聞絲竹之樂。日本的聖人可以終日作詩、品茶、觀月、賞櫻。禪宗甚至教導信眾要避免「三不足：衣不足、食不足、睡不足」。

瑜伽哲學的最終教義在日本同樣沒有得到保留：即神秘主義的修行方式能把修行者帶入到天人合一的極樂境界。無論修行的是原始民族、伊斯蘭教苦修僧、印度瑜伽信徒還是中世紀的基督徒，那些推行神祕主義修行的人都一致同意，儘管信仰不同，他們都做到了「人神一體」，感受到「不世出」的極樂。日本人有神秘主義的修行方式，卻沒有神秘主義；這不是說他們無法入定，他們能夠做到，但是只把入定當作一種訓練「一點」的方法，不把它形容為極樂。和其他國家的神秘主義者不同，禪宗甚至不認為入定的時候五感皆空，而是會把「六」感帶入到極度敏銳的狀態。第六感存在於心中，訓練使它凌駕於普通五感之上，但是味覺、觸覺、視覺、嗅覺和聽覺在入定時都得到了特定的訓練。禪宗弟子修行的練習之一就是要在入定的時候還能辨別出無聲的腳步，並準確的追蹤其足跡，或者辨認食物的誘人香氣——這是故意引入的——而同時保持入定的狀態。嗅、看、聽、觸和嘗「有助於第六感」，人要在這種狀態中保持「諸感皆敏」。

這種訓練方式在任何有超感覺經歷的教派裡都是很少見的。即便在入定中，參禪的人也不試圖脫出自我之外，而是如尼采評論古希臘人所說的，「保持其本色，保留其公民之名」。日本佛教宗師的言論中有不少對這種觀點的生動闡述。最妙的講解之一出自道元法師，即十三世紀禪宗曹洞宗的偉大創建人，至今曹洞宗仍是禪宗中規模最大也最有影響力的教派。談到他自己的「得悟」時，道元說：「我只認識到我的眼睛水平地長在垂直的鼻子上方……（禪的體驗）沒有任何神秘的地方。時間流逝如常，日出東方，月落西方。」[2]禪宗著作也不認為入定的經歷除了能給人自我訓練的力量之外，還能有其他力量；「瑜伽聲稱冥想能給予人各種超能力，」一個日本佛教徒這樣寫道，「但是禪宗不做這樣荒謬的定論。」[3]

日本人就這樣徹底抹殺了印度瑜伽的根本觀點。日本對有限性的熱愛，讓人不由想到與之相似的古希臘人。他們把瑜伽的訓練方式理解成一種以追求完美為目標的自我訓練，能使人達到「通」的境界，即形意毫無間隔的狀態。這是一種對效率的鍛鍊，也是對自力更生能力的鍛鍊。它的回報就在現時現地，因為它使人能夠有效面對任何情況，使力恰如其分。人的心思本來反覆無常，通過瑜伽訓練就能得到控制，無論是身體面臨的外界危險還是內心激情，都不再使人動搖。

這種訓練對武士的價值當然不比對僧侶少，正是日本的武士把禪宗變成了他們自己的信仰。採用神秘主義的訓練手段，卻不追求最終的神秘主義經歷，世界上只有日本武士用這種方式進行肉搏戰的訓練。然而日本從最早受禪宗影響開始就一直如此。十二世紀日本禪宗創始人榮西的巨著就題為《興禪護國論》，武士、政治家、劍士、大學生都接受過禪宗訓練，為相當世俗的目標作準備。正如查爾斯・艾略特爵士所說，中國禪宗史毫無跡象表明日後它會在日本成為一種軍事學科。「禪宗像茶道和能劇一樣，已經成為道地的日本特產。其主張真理不在於經文而在於精神的直接體驗，所以不難設想，在十二、十三世紀那樣的亂世裡，這種冥想和神秘主義的教義會在離世避難的寺院裡盛行起來。但是誰也不會想到武士階級會接受它成為他們最喜愛的生活規則。然而事情的發展就是如此。」[4]

日本佛教和神道的許多流派都極為強調冥想、自我催眠和入定的神秘修行方式。當中有些流派聲稱這種訓練的結果證明了神的恩寵，並把他們的理論建立在相對應的「他力」基礎上。另有些流派，其中又以禪宗為最，只依賴「自力」。他們教導潛力只存在於體內，只有付出努力才能增強。日本武士完全認同這一教義，於是不管是僧侶、政治家還是教育家——這些都是武士們擔任過的角色——都利用禪宗的訓練方法來鞏固一種粗獷的個人主義。禪宗的教義說得再明白不過：「禪只追求人能在自己體內發現的光。它不能容忍任何妨礙。掃除路上的一切阻礙……遇佛殺佛！遇祖殺祖！遇聖殺聖！這是到達救贖的唯一途徑。」[5]

追求真理的人不能接受任何間接的東西，無論是佛的教誨、經文還是神學。「佛經十二卷都是廢紙」，習之或許有益，但是它們與唯一能引發「悟」的靈光一閃無關。在一本禪宗對話錄裡，弟子請禪師講解《法華經》。禪師的闡述精彩紛呈，弟子聽完後卻批評他：「怎麼，我還以為禪師們都鄙夷經文、理論和邏輯體系呢！」這位禪師回答道：「禪不是一無所知，而是相信悟不在經文，或其他任何典籍中。你沒有告訴我你想領『悟』，你只是向我求解經文。」[6]

禪師們所傳授的傳統修行是為了教會弟子如何「求悟」。修行可以是肉體上的，也可以是精神上的，但最後都必須通過修行者內在意識的考驗。劍士的禪修就是個很好的例子。當然，劍士得學習正確的擊劍方式，但是這方面的熟練僅僅屬於「能力」的範疇。除此之外，他還必須學習如何做到「無我」。首先，他被要求站在平地上，把注意力集中在支撐身體的方寸之地。這一小塊立足之地會被逐漸升高，直到他站在四尺高的柱子上仍然如履平地。當他能坦然立於那根柱子上時，他就「悟」了。他的心不會再因暈眩或害怕跌落而違背己意。

西歐中世紀的聖西蒙派修士（Saint Simeon Stylites）也有立柱這種苦行方式。日本的立柱訓練把這種大家熟悉的苦行變成了一種有目的的自我訓練，而不再是苦行。在日本，不管是出自禪宗還是農村的習俗，都經歷了這種轉變。在世界上其他許多地方，跳入冰冷的水裡和站在山間的瀑布下都是標準的苦行，這樣做有時是為了鍛鍊肉體，有時是為了向神祈求憐憫，還有的時候是為了進入出神的狀態。日本人最喜歡的冷苦行是拂曉前站在或坐在冰冷的瀑布裡，或者在冬夜裡三次用冰冷的水澆身。但是他們的目標是鍛鍊自我意識，直到自己不再感到痛苦。求道者的目標是鍛鍊自己保持無間斷的冥想；當他的自我意識可以在寒冷的清晨完全無視冷水的刺激和身體的顫抖，他就達到了「通」的境界——除此之外也別無所求。

精神上的訓練同樣需要自主自發。誰都可以請教老師，但師父不會進行西方式的「教導」，因為重要的東西無法從自身以外的任何來源習得。師父可以和弟子進行討論，但不會溫和地引導弟子進入新的知識領域；師父越是粗魯，就被認為對弟子越有幫助。如果毫無徵兆地打破弟子剛剛送到嘴邊的茶碗，或者絆倒他，或者用銅棍敲他的手指關節，這種刺激有可能促使弟子獲得頓悟，因為這打破了他的自得狀態。僧侶們的記錄中充滿著這類事例。

為了引導弟子拚死「求悟」，最受歡迎的方法是「公案」，字面上的意思就是「問題」。據說這類問題一共有一千七百個，軼事錄裡，一個人花上七年時間解決一個公案完全稱不上罕見。這些問題的存在不是為了尋求合理的解答。比如有一個問題是「設想孤掌之鳴」；另有一個是「體會未成胎前對母親的思慕」。其他還有「是誰背負著無生命的軀體？」、「是誰在向我走來？」、「萬物歸一；此一何歸？」諸如此類的禪宗問題曾經見用於十二、十三世紀以前的中國，日本引進禪宗時也同時引進了這些方法。但是在中國，這些方法沒有流傳下來，反觀在日本，它們則成了達到「通」之境界最重要的訓練法。禪宗入門書對此極其嚴肅。「公案體現了人生之兩難」；據說，一個正在研究公案的人會進入死局，就像「被追進死胡同的老鼠」，又像「喉嚨裡哽了一個火熱的鐵球」，或者像「想要叮鐵塊的蚊子」。他忘我地加倍努力，最終阻擋在心和公案之間的「觀察的自我」屏風倒下，兩者——心和公案——疾如閃電般得到了調和，他便「悟」了。

看完這些關於精神如何高度緊張和努力的描寫之後，再從軼事錄裡尋找所有這些付出所獲得的偉大真理，結果就難免讓人失望。例如，南嶽花了八年來思考「是誰在向我走來」這個問題，最後他明白了。他的原話是：「確定此處有一物，即錯失全局」。儘管如此，獲得的啟示也有一個大致的模式，從以下對話中可以看出：

弟子：我如何才能逃脫生死輪迴？

師傅：何人縛爾？（誰把你綁在輪迴上？）

他們說，借用中國一條有名的成語，他們明白了自己是在「騎牛找牛」。他們明白了「要緊的不是網或陷阱，而是這些工具要捕獲的魚和動物」。用西方的表達方式來說，就是他們明白了兩難之境的兩個死角都無關緊要。只要打開天眼，目標就可以通過現有的手段實現；只要自助，一切皆有可能，無須借助他力。

公案的重要性不在於這些尋求真理的人從中發現了什麼，他們發現的不過是神秘主義的普世真理。其重要性在於日本人怎樣看待對真理的追求。

公案又被稱為「敲門磚」。人性未經啟蒙時總是擔憂現有的手段是否足夠，幻想有眾多的見證人在留意自己並決定如何褒貶。它的四周有堵牆，「門」就裝在牆上，這堵牆則對所有日本人來說是感之甚切的「恥」。一旦磚敲開了門，人獲得了自由，磚便失去意義，也就不必繼續解答更多的公案。該學的已經學到，日本道德的兩難處境已經得到了解決。他們竭盡所有來對付死局；「為了訓練」變成了「叮鐵塊的蚊子」。到了最後，他們終於明白並沒有什麼死局——不論是義務和道義之間，道義和情慾之間，還是正義和道義之間都不存在死角。他們終於找到了出路，獲得了自由，第一次徹底地「品味」人生。他們實現了「無我」，以「通」為目標的訓練獲得了成功。

禪宗權威鈴木大拙把「無我」形容為「一種忘形狀態，全無『我正在這樣做』的意識」、「不費力」。消滅了「觀察的自我」，實現了「忘我」，也就是他不再關注自己的行為。鈴木說：「隨著意識的覺醒，意志一分為二：行動者和觀察者。衝突在所難免，因為行動者（的自我）想要擺脫來自觀察者的自我的限制。」因此，在「得悟」時，信徒發現沒有了「觀察的自我」或「未知或不可知的靈體」。除了目標和達成目標的行動，其他一切都不再存在。研究人類行為的學者可以改寫一下這段話，使它更貼切地特指日本文化。日本人從小就接受嚴厲的訓練要觀察自己的行為，並且站在別人眼光來評判這些行為；他的「觀察的自我」非常脆弱。為了拯救自己進入靈魂的忘形境界，他消滅了這種脆弱的自我。他不再感覺到「他正在這樣做」。此刻他覺得自己的靈魂已經訓練成功，就像劍術新手自覺已經練就立於四尺之柱而無懼墜落。

畫家、詩人、演說家和武士也都用類似的方法訓練自己達到無我的境界。他們學到的不是「無限」，而是清晰、專注地感受有限的美，或者是如何調節手段及目的，以便自己付出恰到好處的努力，「不多也不少」，剛好達到目標。甚至連沒有受過任何訓練的人也可以經歷某種近似無我的體驗。當一個人在觀賞能劇和歌舞伎時全身心地投入其中，他就可以說是失去了「觀察的自我」。他的手掌滿是汗水，他感到了「無我之汗」。轟炸機的飛行員接近目標時，在投下炸彈之前也會有「無我之汗」。「他沒有在這樣做。」他的意識裡沒有「觀察的自我」。一個全神貫注的高射炮手也可以同樣說是在出「無我之汗」，並消滅了「觀察的自我」。在日本人的觀念裡，處於這種狀態的人都是在發揮自己的最高水平。

這些概念有力地證明，日本人把自我警覺和自我監督化作是沉重的負擔，認為一旦擺脫這些限制自己才能自由和高效率。美國人把「觀察的自我」看成是內心的理性原則，在危機中以「保持冷靜的頭腦」為驕傲；日本人卻要靠進入忘我狀態，忘記自我警覺的束縛，才好像去掉了頸上的石枷。就如我們所見，他們的文化向他們的心靈反覆灌輸謹慎的必要，對此日本人則力辯人的意識有更加高效的層次，在那裡並沒有這種心理負擔。

日本人表達這一信條最為極端的方式，至少在西方人聽來如此，就是他們如何盛讚「像已死之人一樣生活」的人。這照字面翻譯應該是「活屍」，而在任何西方語言中，「活屍」都有表達恐怖的意思。我們用這種方式來形容一個人的自我已死，徒留軀體在世，不再遵循生命的法則。日本人則用「像已死之人一樣生活」來形容一個人處於「通」的境界。這句話被用於日常勉勵。男孩為中學畢業考試擔心時，鼓勵他的人會說「就當自己已死那樣去應考，你一定會輕鬆過關」；為了鼓勵正在談大生意的人，朋友會說，「就當自己是個已死之人」；當一個人經歷嚴重的心靈危機，看不清前路時，他通常會下定決心「像死了一樣」生活。戰後被選為貴族院議員的基督教著名領袖賀川（豐彥）在自傳小說裡寫道：「他就像惡靈纏身一樣每天在屋裡哭泣，抽泣連連，近乎歇斯底里。這種痛苦持續了一個半月，但是生命終於獲得了勝利……他要帶著死亡的力量活下去……要像已死之人一樣投入戰鬥……他決定成為基督徒。」[7]戰爭期間，日本士兵會說：「我決心當作自己是個已死之人一樣生活，以此回報皇恩」。這種說法囊括了種種行為，包括出征前為自己舉行葬禮、立誓把自己的身體化為「硫磺島之塵土」，以及決心「與緬甸之花共存亡」等等。

支撐「無我」一說的理論基礎同樣支撐著「像已死之人一樣生活」的概念。在這種狀態下，人消除了所有的自我警覺，也就消滅了害怕與謹慎。他成為死人，無須再思考什麼才是恰當的行動。死人不會再回報「恩」；他們自由了。因此，說「我會像已死之人一樣生活」意味著從掙扎中徹底解脫出來。它意味著「我可以自由地把精力和注意力直接用於實現我的目標，『觀察的自我』和它造成的恐懼這一重負不再阻擋在我和目標之間。隨之而去的還有緊張感、壓力和早先的嘗試中困擾我的抑鬱。現在我覺得一切皆有可能」。

用西方人的話來說，日本人訓練「無我」和「像已死之人一樣生活」就是消滅了自己的良心。他們所稱的「觀察的自我」、「干擾的自我」，其實是對自己行為進行評判的監督者。這裡有個例子生動地說明了東西方心理學之間的差異：當我們說到沒有良心的美國人時，是指這個人不再為幹了壞事而產生罪惡感；但是當日本人使用同類用語時，他的意思是說那個人不再緊張畏縮。美國人指的是壞人，日本人指的是好人、受過訓練的人，能夠最大限度發揮自己能力的人，是能夠做出最困難、最忠誠的無私行為的人。美國使人向善的最大制約力是罪惡感；要是良心泯滅，不再有罪惡感，就會變成危害社會之人。日本人對這個問題則有著不同見解。根據他們的理論，人在內心深處是善的。如果行為能直接表現內心的衝動，他就會很自然地行有德之舉。因此要透過訓練，在「通」的狀態下消除「恥」的自我審視。只有這樣，人的「第六感」才能掙脫阻礙，徹底從自我意識和掙扎中得到解脫。

只要不把它與個人在日本文化中的生活經歷分離開來，日本這種自我訓練的哲學並非無稽之談。日本人歸之於「觀察的自我」的「恥」帶給了他們多沉重的負擔，我們早已在前文見識過了。但是如果不描述一下日本的育兒方式，我們就無法理解這種哲學之於他們的精神統御術所具有的真正意義。在任何文化裡，傳統的道德制約要代代相傳，依賴的不僅是語言，更是所有長輩對孩子的態度。不對一個國家裡孩子的成長方式進行學習，外人就無法理解該國生活中看重的是什麼。至此，我們僅僅是從成人的角度描述了日本民族對人生的許多觀點，然而他們的育兒方式能讓我們對這些觀點了解得更加清楚。

1 查爾斯·艾略特（Eliot, Sir Charles），《日本的佛教》（Japanese Buddhism），第二八六頁。
2 Nukariya, Kaiten, The Religion of the Samurai，倫敦，一九一三年，第一九七頁。
3 同上，第一九四頁。
4 查爾斯·艾略特，《日本的佛教》，第一八六頁。
5 引自 E. Steinilber Oberlin, The Buddhist Sects of Japan。倫敦，一九三八年，第一四三頁。
6 同上，第一七五頁。
7 賀川豐彥（Kagawa, Toyohiko），《天亮之前》（Before the Dawn），第二四〇頁。

第十二章　兒童的學習

日本人的育兒方式和善於思考的西方人所設想的不同。美國孩子長大後的生活遠不如日本人那樣謹慎自制，但是美國的父母在訓練他們為將來做準備時，一開始就是要讓嬰兒明白自己的願望並不是這個世界裡的最高旨意。我們規定了餵奶和睡覺的固定時間，只要不到規定時間，任他如何哭鬧也要讓他等待。再過一陣，母親就會敲敲他的小手，制止他吸吮手指或者把他的手從身體其他部位拿開。母親經常不在孩子身邊，外出時也會把嬰兒留在家裡。沒等孩子喜歡上其他食物，大人就會給他斷奶；如果他是用奶瓶餵養的，就不再給他奶瓶。某些特定食物對孩子有益，那麼他就一定得吃；要是犯了錯，就必須受罰。日本的孩子長大以後必須壓抑個人意願，小心謹慎地遵守一套要求嚴格的道德規範，這讓美國人自然以為日本嬰兒要接受的紀律訓練也一定加倍嚴格。

但是，日本人並不是這樣做的。日本的人生軌跡與美國的恰好相反。它是個大大的淺底U字，嬰兒和老人享有最大程度的自由和縱容。嬰兒期一過，限制就漸漸多了起來，自主能力在結婚前後降至最低。這個低谷要在青壯年時期持續許多年，但是此後這條曲線終於又開始漸漸上升，到六十歲以後，老人幾乎可以像孩子一樣不受廉恥約束。在美國，我們所經歷的曲線正好顛倒；幼兒要服從嚴格的紀律，但會隨著成長逐漸鬆弛，直到他有了工作能夠自力更生並建立自己的家庭，從此開始完全主宰自己的生活。青壯年對我們來說是自由和進取心的鼎盛時期。當我們年老力衰，日漸遲鈍並且賴人照料，我們又開始受到約束。按照日本方式安排的人生軌跡生活，這是美國人連想都不能想像的。在我們看來這完全背離了現實。

然而，事實證明，儘管美國和日本對人生軌跡的安排完全不同，但是實際上兩者都保證了各自的個體在青壯年時期精力充沛地參與自己的文化。為了實現這一目標，美國人靠著在這段時期增加人的自由選擇，日本人則藉由把對個人的約束最大化。即便此時個人的體力和賺錢能力均處於巔峰期，但他無法為自己的人生做主。日本人堅信這種約束能夠修身養性，自由的生活是無法取得同樣效果的。但是，雖然日本人在最富生產力的時期所受到的約束增加，這些約束並不就此貫穿他們的一生。童年和老年就是「自由地帶」。

一個這樣嬌縱孩子的民族大體上是樂於生兒育女的。日本人就是如此。其中的首要原因和美國父母一樣，因為疼愛孩子是一種樂趣。但是他們還有其他對美國人來說無足輕重的理由——日本的父母需要孩子，不僅僅是為了感情上的滿足，更重要的是因為不能傳宗接代被認為是人生的失敗。每一個日本男人必須有個兒子，確保他死後會有人每天到廳堂的神龕前祭拜他。他需要兒子傳宗接代，保持家族名望和財產。由於這種傳統習俗，父親對兒子的需要不亞於幼兒對父親的依賴。兒子會在不久的將來取代父親現有的地位，這不是對父親的排擠，而是負責。父親僅僅是暫時受託管理這個「家」，以後就會由兒子接班。如果父親無法交接給自己的兒子，那麼他自己的角色就失去了意義。正是由於這種根深蒂固的延續感，日本的兒子即便在成年後繼續依賴父親，哪怕時間遠遠長於美國人的習慣，也不會像在西方國家那樣招來羞辱和嘲笑。

同樣，女人想要孩子也不僅僅是為了感情上的滿足，而是只有作為母親才能獲得地位。沒有子女的妻子在家裡的地位是最不穩定的，即使不被拋棄，也無法指望有朝一日成為公婆，從而行使權力安排兒子的婚事和指揮媳婦。她的丈夫必須過繼一個兒子來傳承家族，但是按照日本人的觀念，無出的妻子依然是個失敗者。日本人普遍期待婦女能多生養；一九三〇年到一九三五年，日本的年均生育率是千分之三十一點七，即便和生育率極高的東歐國家相比也是高產。而美國一九四〇年的生育率只有千分之十七點六。日本母親初次生育也早，以十九歲為生育的最高峰。

生孩子在日本就像性交一樣私密。女人生產時不能哭叫，以免引人注目。為嬰兒準備的小床有自己的新床墊和被子。孩子沒有自己的新床是不吉利的，哪怕家裡買不起新的，也要翻新一下舊被套和被芯。嬰兒用的小被子不像成人用的那樣結實，也更柔軟。因此嬰兒被認為要有自己的床才會睡得舒服，但更深層的原因應該是源於一種交感巫術——新的生命必須有自己的新床。嬰兒的小床通常被放在母親的床邊，但是母親不和嬰兒同睡，除非他長大到能自己表達出這樣的意願。據說大概在一歲左右，嬰兒會伸出手臂表達自己的要求。這時嬰兒就會與母親同睡，蓋同一條被子了。

嬰兒初生的頭三天裡得不到哺乳，因為日本人要等母親的乳汁成熟。在那以後，不管是想要吃奶還是需要安慰，嬰兒隨時都可以吸吮母親的乳房，母親也很享受給嬰兒哺乳。日本人堅信哺乳是婦女最大的生理快樂之一，嬰兒也很快就學會分享這種快樂。母親的胸脯不僅提供營養，也是快樂和安慰的源泉。頭一個月裡，初生的嬰兒不是躺在自己的小床上，就是被母親抱在懷裡。只有在出生三十天左右被抱到神社參拜以後，嬰兒的靈魂才被視為牢牢附體，可以安心地抱著出門。一旦滿月，母親就用一條雙股的肩帶把嬰兒從腋下和臀部固定在背上，肩帶的一端越過母親的肩膀，在腰前打結。天冷的時候，母親會把夾層的外套穿在外面蓋住背上的嬰兒。家裡較年長的孩子不論男女，也會背著嬰兒，就連在玩跑壘和跳房子等遊戲時也不例外。農家和窮苦人家更是特別依賴年長孩子當保姆。「日本嬰兒就這樣生活在集體之中，他們很快就會露出一副聰明、感興趣的樣子，就好像和背著自己的孩子們一樣享受他們所玩的遊戲」。[1]日本這種把嬰兒手腳展開綁在背上的方式和常見於太平洋群島及其他地區的披肩包裹方式多有相似之處；它助長了被動的性格，被這樣背著的嬰兒也更容易發展成能夠隨時隨地入睡，正如日本人可以做到的那樣。但是日本的綁帶法又不像包裹法那樣助長完全的被動。日本嬰兒「學會像小貓一樣貼在背著自己的人身上……綁在背上的背帶保證了他的安全；但是嬰兒……得依靠自己用力來獲得比較舒適的位置，並很快就學會巧妙地乘於他人背上，而不再只是一個綁在肩上的包袱」。[2]

母親工作的時候就把嬰兒放在他的小床上，上街的時候也會帶上他。她會對嬰兒說話哼歌，帶他做各種禮節性動作。當母親回應別人的問候時，她也會把嬰兒的頭和肩膀向前壓低做出鞠躬的姿勢。嬰兒總是被涵蓋在母親的行動中；每天下午母親泡熱水澡時也會帶著嬰兒，把他放在自己膝上一同玩耍。

嬰兒有三到四個月的時間要包尿布，日本人有時候把自己的O型腿歸咎於這種厚實的尿布片。等嬰兒到了三四個月大，母親就要開始訓練他上廁所。她會在估計嬰兒需要排泄的時間來到屋外，用手托住他的身體並等待，同時低聲哼著單調的噓聲。嬰兒慢慢便會弄懂這種聽覺刺激的目的。多數人認同日本的嬰兒和中國的一樣，很早就開始了這方面的訓練。要是偶爾嬰兒尿在了身上，有些母親也會擰他一下，但通常都只是變換語調訓斥一番，同時增加帶他到戶外上廁所的頻率。要是嬰兒不願排便，母親就給他灌腸或服瀉藥。母親們都認為這能讓嬰兒更舒服一些。一旦訓練成功，嬰兒就不用再包又厚又不舒服的尿布。日本的嬰兒肯定會覺得尿布不舒服，因為尿布不僅很厚，而且習俗上並不會一尿濕就給他更換。但是嬰兒想必還太小，肯定無法理解這種大小便訓練與擺脫不舒服的尿布之間的聯繫。他只體驗到這是每天都逃脫不了的例行差事，自己沒有任何選擇。此外，母親必須用手托著嬰兒遠離自己的身體，並且把嬰兒抓得緊緊的。這種無情的訓練為嬰兒長大成人後接受日本文化中更微妙的強迫性要求打下了基礎。[3]

日本嬰兒通常在會走之前就開口說話了。爬是一向不受鼓勵的。傳統認為嬰兒不應該在一歲以前站立或行走，以前的母親們會阻止他們這樣做。近來日本政府發行了便宜、廣為流傳的《母親雜誌》，花了十幾二十年教育婦女們應該鼓勵孩子早日走路，這個習慣才漸漸普及開來。母親在訓練孩子走路時會把帶子繫成一圈套在孩子腋下，或者乾脆自己用手扶著。不過嬰兒一般還是更早就開始說話。當他們開始牙牙學語的時候，大人逗弄嬰兒的串串兒語就帶上了更強的目的性。他們不會任由嬰兒隨意地模仿說話；

他們會開始教嬰兒詞語、語法和敬語，大人和小孩一起樂在其中。

在日本家庭裡，孩子學會走路以後就會到處闖禍。他們會用手指戳破紙門，或掉進地板中央的圍爐裏。這樣還不夠，日本人甚至誇大了家裡潛在的危險。比如踩到門檻上是「危險」的而被嚴令禁止。日本的房子當然沒有地窖，都是靠樑柱架離地面的；人們真心認為如果踩在了門檻上，即便只是個孩子也會使整個房子變形。不僅如此，孩子還必須學會不要踩或坐在榻榻米的接縫上。榻榻米都是標準尺寸，房間也因此被稱為「三疊間」或「十二疊間」。孩子們被告知，古時候的武士會藏在屋下，用刀刺穿榻榻米的縫隙殺死坐在上面的人。只有厚實柔軟的榻榻米部份才是安全的，縫隙都是危險的。母親就是用這種語氣不斷地訓斥孩子「危險」、「壞」。第三種常見的訓斥是「髒」。日本房子的整潔乾淨向來有名，孩子也被告誡要尊重這一點。

大部分日本孩童要到下一個孩子出生前夕才會斷奶，但是政府的《母親雜誌》近年來提倡讓嬰兒在八個月大時斷奶。中產階級的母親經常這樣做，但是這遠不是日本的普遍習慣。日本人覺得哺乳是母親的一大樂趣，即使那些逐漸採用新習慣的圈子也忠於這種觀點，認為縮短哺乳期是母親為了孩子的幸福做出的犧牲。她們在接受了「哺乳期長的孩子身體弱」這種新說法之後，就責怪沒給孩子斷奶的母親太過任性。「她說自己沒法給孩子斷奶，其實是她自己下不了決心。是她還想繼續餵下去，她得到的好處比孩子多。」由於這種心態，八個月大斷奶的習慣當然不可能普及開來。斷奶較晚還有另一個務實的原因——日本人沒有為剛斷奶的孩子準備特殊食物的習慣。如果孩子斷奶得早，就得餵他吃米湯，但是一般情況來說，孩子都直接從母乳轉換到普通的成人食品。日本的飲食結構裡沒有牛奶，也不為孩子準備特別的蔬菜。考慮到這些情況，讓人不禁懷疑政府教導民眾「哺乳期長的孩子身體弱」的作法究竟是否正確。

孩子斷奶一般在他們能聽懂語言之後。在此之前，全家人一起吃飯的時候，母親就抱著嬰兒坐在桌邊，餵他一點零星的食物，等到斷了奶就會吃得更多。有的孩子在這一時期餵起來特別麻煩，尤其是當家裡誕生了新嬰兒所以才不得不給他們斷奶的時候。母親會經常用糖果甜點賄賂他們不再要求吃奶，有時也會在乳頭上塗辣椒。但是所有的母親都會以嘲弄的方式告訴他們如果還想要吃奶，就證明他們仍是小嬰兒。「看看你的小表弟。他已經是個大人了。他年紀和你一樣，卻不要求吃奶了。」「那個小男孩在笑你，因為你是個男孩卻還要吃奶。」三、四歲還向母親要求吃奶的孩子要是聽到有年紀較大的孩子接近，就立刻停止索求，裝出不感興趣的樣子。

這種督促孩子早日長大成人的嘲弄並不僅限於斷奶。從孩子懂話起，這些嘲弄就常見於幾乎每個場合。男孩哭泣時，母親會對他說：「別像個女孩」，或者「你是個男人了」。她也可能會說：「看看那個孩子，他就不哭。」當別人帶著小孩上門拜訪時，母親會當著自己孩子的面愛撫別人的孩子，說：「我要收養這個寶寶。我想要個這麼乖的好孩子。你都這麼大了，還是一點不懂事。」於是她的孩子會撲到她的懷裡，還經常會用拳頭捶打她，哭喊著：「不要！不要！我們不要其他寶寶。我會聽你的話」。如果一兩歲的孩子吵鬧不休或者拖拖拉拉，他的母親會對來訪的客人說：「你能把這個孩子帶走嗎？我們不要他了。」客人會依言扮演角色，準備把孩子從家裡帶走。小孩於是尖叫著向母親求救，他會大發脾氣哭鬧一場。當母親認為嘲弄起了作用，她就會鬆口接回孩子，一邊聽他發狂似的保證以後會乖乖聽話。這樣的小把戲有時也會用在五、六歲大的孩子身上。

嘲弄還有另一種形式。母親會轉向自己的丈夫，對孩子說：「我喜歡你爸爸多過喜歡你。他是一個好人。」孩子就會充分表達自己的嫉妒，試圖擠進父母之間。他的母親就說：「你的爸爸不會在屋子裡大喊大叫、跑來跑去。」「不對！不對！」孩子抗議地說：「我也不會這樣。我是好孩子。現在你喜歡我了嗎？」等戲演夠了，父母就會相視一笑。年幼的女兒和兒子一樣，都有可能受到同樣的嘲弄。

害怕被人嘲笑和排擠是日本成人身上的顯著特徵。上述的經歷無疑是培養這種特徵的沃土。我們無法得知孩子從幾歲開始明白這種嘲弄只是在開玩笑，但是他們遲早會明白的。到了那個時候，被嘲笑的感覺就和兒童因安全感和親密感受到威脅而引起的驚慌融合在一起。即使長大之後，被人嘲笑時依然會感覺到這般孩提時代的陰影。

這種戲弄在二到五歲孩子身上引發的驚恐更加劇烈，因為家對他們來說是真正充滿安全和溺愛的港灣。無論在身體力行還是情感上，孩子的父母親之間分工明確，因此兩人很少以競爭者形象出現在孩子面前。孩子的母親或祖母負責掌管家務，訓誡孩子；她們都跪著服侍孩子的父親，對他無比尊崇。家庭等級結構裡的高低順序是非常明確的。孩子們瞭解了長輩享有的特權、男人有而女人沒有的特權、兄長有而弟弟沒有的特權。但是在幼兒階段，孩子受到家裡所有人的溺愛，尤其男孩更是如此。不管是女孩還是男孩，母親一向都對他們的要求百依百順，三歲的男孩甚至可以朝母親發洩怒火。他不能對父親表現出一絲攻擊性，但是他可以向母親和祖母大發脾氣，表達受父母嘲弄時的一切感受和對「被帶走」的怨恨。當然並不是所有的小男孩都會這樣哭鬧，但是無論是農村家庭還是上流社會，這樣的行為都被看成是孩子三到六歲之間的正常表現。孩子會用拳頭捶打母親，高聲尖叫，作為最後的暴力手段，還會扯亂母親精心打理的髮型。他的母親是一個女人，而他即使只有三歲，也是個男人。他甚至可以肆意滿足自己的暴力傾向。

對於父親，孩子只能表示尊敬。父親對他來說是高等地位的最佳代表，用日本人時刻掛在嘴邊的話來說，「作為練習」，孩子必須學會對他表達恰當的尊敬。和西方國家的父親相比，日本的父親更少管教孩子。那是女人的職責。父親對年幼的孩子有什麼要求，通常只需無言地瞪視一眼，或者簡短地訓誡幾句。而且由於這些都不常見，所以孩子一般都很快服從。父親在閒暇時會為孩子製作玩具，有時會背起孩子（母親也會這樣做），即使他們早就學會了走路。對這個年紀的孩子，父親偶爾也會負擔起照顧的責任，美國的父親則通常把這些任務都交給自己的妻子。

儘管祖父母是尊敬的對象，孩子們在他們面前還是享有極大的自由。祖父母不擔任管教孩子的角色，除非對於孩子的教養太鬆而感到不滿，這種情況往往會引發一大堆家庭矛盾。孩子的祖母通常二十四小時在家，婆媳之間爭奪孩子在日本家庭裡是常有的事。從孩子的角度看，雙方都在討好他；從祖母的角度看，她經常利用孩子來壓制媳婦。年輕母親人生的最大義務就是讓婆婆滿意，也因此無論祖父母如何嬌慣孩子，她都不能抗議。母親剛說過孩子不能再吃糖，祖母就給他們糖吃，還語帶諷刺地說：「我的糖不是毒藥。」在許多家庭裡，母親無法給孩子取得的禮物，祖母卻有能力給予，也有更多時間陪孩子玩耍。

哥哥、姐姐也被教育要寵愛弟弟、妹妹。孩子會因為下一個嬰兒出生而生氣，用我們的諺語說，就是會「氣得鼻子都歪了」，日本人完全瞭解這種危險性的存在。失寵的孩子很容易聯想到，因為有了新生兒，他才不能再吃媽媽的奶，還要讓出媽媽的床。新生兒誕生前母親會告訴孩子，以後他就有了一個活生生的真娃娃，而不只是「假」的娃娃了。他被告知以後雖然不再和母親一起睡，但是可以和父親一起睡，這被形容成是一種特權。孩子也參與為新生兒所做的準備工作；通常孩子們都為了新生兒的降臨感到由衷的激動和高興，儘管這種情緒也會間隔性地消失，在大人眼裡這完全是預料中的事情，也不覺得有什麼威脅性。失寵的孩子會抱起嬰兒迅速跑開，一邊對母親說：「我們把寶寶送走吧。」母親會回答：「不行。他是我們的寶寶。你看，我們要對他好。他喜歡你呢。我們需要你來幫忙照顧小寶寶。」這樣的情景有時候會在相當長的一段時間裡反覆出現，但是母親們似乎並不為此煩惱。在大家庭裡這種情形又會自動得到某種彌補：每間隔一個孩子彼此之間會更親近地團結在一起。老大是照顧和保護老三的首選，老二則照顧和保護老四。弟妹們也是同樣地回報哥哥和姐姐。在七、八歲以前，孩子的性別通常對這種安排沒有什麼影響。

日本所有的孩子都有玩具。父母和親戚朋友會給孩子製作或購買玩具娃娃及其附屬物品，在窮人家裡，這些幾乎不用花錢。幼小的孩子們用這些娃娃玩辦家家酒、婚禮和過節，不僅事先要就大人們的「正確」步驟爭論一番，有爭議的時候還要請母親裁斷。當孩子們吵架時，母親一般會用「位高則任重」的說法要求年長的孩子忍讓年幼的。常用的話像是：「為什麼不以敗為勝呢？」三歲的孩子很快就能明白她的意思，只要大的把玩具讓給小的，他很快就會玩膩了轉向其他東西；受到母親教訓的年長孩子雖然在前面放棄了自己的玩具，但最終還是贏了回來。如果孩子們提議玩主僕遊戲，那麼母親這句話的意思就是讓年長的扮演大家都不想演的角色，這樣他仍然「贏得了」遊戲的樂趣。即便是長大以後，生活裡「以敗為勝」造就的結果依然受到日本人尊敬。

除了訓誡和嘲弄之外，引開孩子的注意力也是一種頗受推崇的育兒方法。就連不停地給糖吃也被認為是轉移注意力的辦法之一。當孩子接近學齡時，則會採取「治療」方法。如果一個小男孩亂發脾氣、不聽話，或者吵鬧不休，他的母親就會帶他前往神社或寺院。母親如此做的心態是「我們要去求神佛幫助。」通常這就像一次出遊，負責治療的神官嚴肅地和孩子談話，詢問他的生辰和困擾他的毛病。然後神官退回內室祈禱，再回來的時候就會宣佈治療方法，例如驅除寄生在他身上的淘氣蟲。接著為孩子淨身，讓他回家。「這種方法能管用一段時間」，日本人這樣說。日本孩子受到的最嚴重懲罰也被認為是一種「良藥」，這是在孩子的皮膚上點燃一小撮堆成圓錐形的艾粉，事後會留下終身無法抹滅的疤痕。艾灸是一種古老而又流傳極廣的東亞療法，日本傳統上也用它來治療各種疼痛。它也能治壞脾氣和倔強，六、七歲的小男孩就可能被母親或祖母用這種方式治好。孩子特別難治的時候甚至可以用上兩次，但是很少有孩子因為淘氣需要第三次艾灸。艾灸並非「如果你這麼做我就打你屁股」那種意義上的懲罰，而是遠比打屁股更加痛苦，讓孩子經歷過之後就知道淘氣必有苦果。

除了用以上方法對付不聽話的孩子，日本還有許多其他習俗來教給孩子必要的身體技能。日本人特別強調指導者要親自帶孩子做動作，孩子應該被動地被引導。不到兩歲時，父親就會把小孩的腿疊起來擺成正確的坐姿，小腿收攏緊挨大腿，腳背挨著地板。一開始孩子發現很難不往後摔倒，尤其這種坐姿訓練必不可少的一部分就是強調紋絲不動。他不能坐立不安或者變換姿勢。據說學習的最好方式就是放鬆和被動接受，由父親擺放腿的位置就是對這種被動性的強調。坐姿並不是唯一需要學習的身體姿勢，還有睡姿。日本女性的睡姿關係到她是否顯得端莊，其嚴肅性就如同在美國是否被人看見裸體。本來日本人在澡堂裡並不以裸體為恥，直到政府為了贏得西方人的贊許試圖在宣傳中引入裸體羞恥的概念。但是他們對睡姿的態度仍十分強硬。女孩必須學會兩腿併攏、直身而睡，男孩們則自由多了。這是最早把男孩、女孩區別開來進行訓練的規則之一。就像日本其他所有規定一樣，上層階級執行得比下層社會更加嚴格。杉本夫人這樣提及自己在武士家庭受到的教養：「從我懂事起，就一直注意晚上要安靜地睡在小木枕上……武士的女兒受到的教誨是身心永遠都不能失控——就連睡覺也不例外。男孩可以隨便地敞開四肢，睡成大字形；但是女孩必須屈身呈現莊重、高貴的『き』字，意為『自制精神』。」[4]日本女性告訴過我，在晚上上床睡覺時，她們的母親或保姆會把她們的手腳擺放好位置。

傳統上教授書寫時，老師也會握著孩子的手描繪出字樣。這是「為了讓他體驗那種感覺」。孩子還沒學會認字，更提不上寫字，就已經先學會了體會這種受控制、有節奏的動作。在現代的集體教育中，這種方法不再那麼突出，但是依然存在。鞠躬、持筷、射箭、往背上綁枕頭模擬嬰兒，這些都是通過親授或是直接調整身體至正確位置的方式來傳授給孩子們的。

除了上層階級，孩子們不必等到上學就能和鄰里的孩子們一起自由玩耍。在農村，孩子不到三歲就會組成小型的遊戲群體，甚至在市鎮也會在擁擠的街道上穿梭於車輛間自由玩樂。他們是享有特權的人。他們停留在商店周圍，聽大人們講話，或者玩跳房子和手球；他們聚集在村裡的神社，神明會保佑他們的安全。上學之前和上學的頭兩三年，男孩和女孩都在一起玩，但是最親近的關係總是在同性之間，特別是同一年紀的孩子之間。這些所謂「同年」的團體，尤其在農村，可以持續終身，比其他所有團體都更持久。在須惠村，「隨著對性的興趣逐漸減少，同年的聚會就是人生僅剩的真正樂趣。須惠村有種說法：『同年比老婆還要親。』」[5]

這些學齡前兒童的遊戲團體之間百無禁忌，他們之間的許多遊戲在西方人看來是無恥下流的。孩子們瞭解性知識一方面是因為大人們言談隨便，另一方面也是因為日本家庭的居住空間狹小。除此之外，他們的母親在逗孩子玩或給他們洗澡時，也經常把孩子的注意力引向他們的生殖器，特別是男孩。日本人一般不譴責孩子們的性遊戲，除非地點或者對象不合適，而手淫也不被看作是有害的。孩子之間也可以肆無忌憚地以對成人來說形同侮辱的言辭互相指責，或者進行會讓成人羞恥的自我吹噓。「孩子們不知恥，」日本人會和善地笑著並接著說：「所以他們才這麼快活。」這就是小孩和成人之間的鴻溝，因為若是說一個成人「不知恥」就等於在說他不成體統。

這個年紀的孩子互相批評彼此的家和財產，還特別誇耀自己的父親。「我爸爸比你爸爸力氣大」，「我爸爸比你爸爸聰明」是常見的自誇。他們甚至會為各自的父親大打出手。在美國人看來這種行為似乎並不值得特別注意，但是在日本，這和孩子們日常聽到的對話形成鮮明對比。成人在提到自己家的時候都謙稱為「寒舍」，提到鄰居的家則尊稱「貴宅」；說起自己一家就是「鄙家」，說起鄰居家就是「貴府」。日本人都同意，在童年的許多時光裡——從孩子結伙玩耍到小學三年級大約九歲的時候——孩子們一直都是忙著提出這些個人主義的要求。有時候是「我來演領主，你來當我的家臣」；「不，我才不當僕人。我要當領主。」還有時是誇耀自己，貶低別人。「他們想說什麼就說什麼。隨著年紀漸長，他們發現自己無法隨心所欲，於是就等別人詢問才開口，也不再炫耀了。」

孩子還從家裡學會對待超自然事物的態度。神官並不「教導」孩子，通常一個孩子只有在參加節日慶典的時候才會經歷有組織的信仰，和其他參加活動的人一起接受神官的灑水淨身。有些孩子被帶去參加佛教儀式，但通常這也發生在節日慶典上。孩子最常接觸到、也是最深刻的宗教經歷，一直都是家裡對神龕或佛龕的祭拜。其中最常見的是置放家族先人牌位，供奉著鮮花、一種特別的樹枝和香火的佛龕。除了每天供奉食物之外，家裡的長者還要敬告祖先家裡發生的大小事，並天天在佛龕前鞠躬。傍晚的時候，龕前則會點亮小燈。人們常常說自己不喜歡離開家過夜，因為沒有先人的神靈守護宅子，心裡不踏實。神龕的話通常都是一個簡單的層架，上面主要供奉著從伊勢神宮求來的神札，以及擺放一些其他供品。此外，廚房裡還有覆滿煙灰的灶神，家裡的牆上、門上也貼滿了各種護符。祂們都是保護家宅安全的守護神。在農村，村裡的神社也同樣是一個安全的地方，因為有慈悲的神靈鎮守保護。母親們喜歡讓孩子在那裡玩耍，因為很安全。孩子的這些經歷讓他從未畏懼神靈，也不曾被要求端正行為以符合神明的正義或挑剔。受到禮敬膜拜的神祇自然就會賜福眾人。祂們並不獨斷專行。

把男孩納入日本成人生活的謹慎模式是項嚴肅的任務，這要到入學兩三年後才真正開始。在此之前，他被教會了控制自己的身體，不聽話的時候，就「治療」他的淘氣，轉移他的注意力。他曾被和藹的訓誡，也受過嘲弄；但是他被允許任性，甚至到了可以對母親使用暴力的程度。他的小小自我得到了助長。在他剛開始上學時這一切都沒有什麼變化。小學前三年都是男女混合教育，不論是男老師還是女老師，都很寵愛學生，和他們玩在一起。但是學校和家裡都更加強調陷入「尷尬」處境的危險性。「恥」對孩子們來說還太早，但是他們必須學會避免「尷尬」。比方說，故事裡的男孩在沒有狼的時候高喊「狼來了！狼來了」，等於「愚弄了大家。如果做出這種事，人們就不會信任你，這讓人很尷尬」。很多日本人說他們做錯事的時候，第一個嘲笑他們的不是老師或家長，而是同學。在這個階段，長輩們的任務的確已經不是嘲笑孩子，而是逐漸地把嘲笑和履行對社會的道義這一道德教育結合起來。在孩子六歲的時候，義務僅止於一隻忠犬表現出來的愛心和奉獻精神——前文所提到的忠犬報恩的故事，出自六年級讀物——現在，義務逐漸變成了一系列約束。「如果你這麼做，如果你那樣做了」，長輩們如是說：「世人都會笑話你。」這些規定都是視特定情況而定，很多都和我們所說的禮節有關。它們要求把對鄰居、對家庭、和對國家不斷增加的責任置於個人意願之上。孩子必須約束自己，認識到自己背負的恩情和債務。他逐漸過渡成為負債人，如果想還清債務，就必須謹慎行事。

這種地位的變化通過擴展幼時的嘲弄模式，使其後果更加嚴重來傳達給成長中的少年。當孩子長到八、九歲時，他的家庭真的有可能把他逐出家門。如果老師認為他不服管教或者不敬，給他的操行評分不及格，他的家人就會和他反目；如果店主人批評他幹了壞事，「家族的名譽就蒙了羞」，他的家庭會堅定一致地指責他。我認識兩個日本人，還不到十歲就被父親告知不必再回家，也因為覺得羞恥而不願依靠親戚。起因只是他們在學校受到了老師的處罰。兩人只好棲身在外屋，後來被母親找到才終於安排他們回家。高年級的學生有時候會被關在家裡「悔過」並專心寫日記，這也是日本人的一大執著。不管是何種情況，全家都表示現在他們把少年當作自己家在社會上的代表，要是他引來了批評，全家人都會和他翻臉。因為他沒有履行對社會的道義，不能指望家裡人的支持；他也不能指望同齡夥伴，因為他犯了錯，同學們都疏遠他。只有藉由道歉並作出保證以後，他們才會重新接納他。

正如傑弗瑞．格拉爾（Geoffrey Gorer）所說：「值得強調的是，從社會學上來說這種懲罰的嚴重程度非常少見。通常在有大家庭或其他社群活動的社會裡，要是某一團體的成員受到了其他團體的指責或攻擊，那麼他所屬的團體通常會全體團結起來保護他。只要能持續得到團體的贊同，個人就能放心地面對整個世界，因為如果有需要，或者遇到攻擊，他能確保自己得到團體的全力支持。但是在日本，情況恰好相反。個人只有得到其他團體的認同，才能保證自己團體的支持；如果外人不贊同或者有非議，自己的團體就會站到對立的立場，對自己施行懲罰，直到或者除非他能夠強迫其他團體收回非議。由於這種機制，『外在世界』的贊同在日本具有一種其他任何社會都無法比擬的重要性。」6

目前為止，女孩接受的訓練和男孩沒有本質上的差別，儘管細節上差異仍大。在家裡，她比兄弟受到更多的約束。雖然小男孩也會被指派照顧嬰兒，女孩總是承擔著更多的家務，但她收到的禮物和關心卻總是家裡最少的。她也不會像典型的男孩那樣發脾氣。但是作為一個亞洲少女，她已經享有驚人的自由——能夠穿著鮮紅的衣服、和男孩子們一起在街頭遊戲、打架，還經常不輸給他們。作為一個孩子，她同樣「不知恥」。六到九歲之間，她也像哥哥、弟弟們那樣漸漸懂得了自己對「社會」的責任，經歷了類似的體驗。九歲時，學校的班級開始劃分成男生班和女生班，男孩子們開始就這種全新的男性團體大做文章。他們排斥女孩，討厭被人看到和女孩說話。女孩們的母親也警告她們這樣做不合禮儀。據說這個年紀的女孩會變得陰鬱、內向、難以溝通，日本女性稱之為「童趣」的終結。對女孩來說，被男孩排除在外就意味著童年的結束。從此以後的許多年她們都只有一條道路可以選擇，那就是「自重再自重」。這一教導將一直持續下去，包括她們訂婚和結婚的時候。

男孩在懂得自重和對社會的道義時，卻還沒有完全承擔起日本成年男人的所有責任。「從十歲起，」日本人說，「他開始懂得『對名聲的道義』。」他們指的當然是他開始瞭解怨恨受辱是一種德行。他還必須學會相關的規則：什麼時候和對手清算，什麼時候用間接手段為自己洗刷名譽。我不認為這是在說男孩必須學會對侮辱進行反擊；他們從小就被允許對母親暴力相向，又用打架解決了和同伴之間的無數詆毀和反駁，如今根本不需要通過學習才會具有攻擊性。但是進入少年期後，他們被包括在「對名聲的道義」這一準則的條款之下，為他們的攻擊性導入了公認的模式並提供特定的處理方式。正如我們所見，日本人經常把這種攻擊性對準自己，而不是用暴力對付別人。就連學子們也不例外。

對六年小學教育之後繼續升學的男孩來說——升學人數大約占日本人口的百分之十五，男生的比例會更高一些——這個時候，他們正開始為「對名聲的道義」負責，突然就要面對激烈的中學入學考試，各個學科每個人都要按成績進行排名，無一例外。在此之前沒有任何過渡期，因為小學和家裡都盡可能地將競爭最小化到趨近於零的地步。這種突如其來的新體驗使競爭白熱化，學生心裡只想著和人一爭高下，爭奪名次和懷疑老師偏心的情況屢見不鮮。但是，日本人的生活故事裡比起這類競爭，更常被提及的是中學裡高年級生欺負低年級生的慣例。高年級的學生會命令低年級學生到處跑腿，並用各種手段欺負他們，或讓低年級生做愚蠢丟臉的動作。低年級生對此普遍感到怨恨，因為日本男孩不會把這種事看作是玩笑。一名低年級的男孩要是被迫對高年級生下跪、跑腿，他會懷恨在心，暗地裡計劃復仇。因為復仇必須推遲到日後才能進行，它就更加讓人耿耿於懷。這是對他的「名聲的道義」，在他看來是一種美德。有時在多年後他才得以通過家庭的影響力讓折磨自己的人丟掉工作。也有的時候他靠著勤練柔道或劍術，畢業之後在大街上當眾羞辱那個人。但是，要是他不能在某個時候算清舊帳，就會一直抱持「事有未竟之感」，這種感覺正是日本人雪恥的核心。

那些沒有進入中學的男孩也可能在軍隊訓練中遭遇類似經歷。和平時期，四個男孩裡面就有一人被徵召入伍，而二年兵對新兵的欺辱比中學高年級生有過之而無不及。這和軍官們無關，甚至連士官們都極少牽涉其中。日本軍隊的首要準則就是向軍官告狀是丟臉的；爭端都由士兵自行解決。軍官們把它當作是「鍛鍊」部隊的一種方法，但是自己並不參與。二年兵把自己在頭一年積累的怨恨轉移到新兵身上，通過各種稀奇古怪的侮辱方式來證明自己「久經鍛鍊」。常常有人形容受訓之後的新兵好像變了一個人，成了「真正的軍國民族主義者」。這種變化可不是因為他們接受了極權主義國家的理論，或者是被灌輸了忠於天皇的思想，實際上飽受羞辱的經歷才是更重要的原因。少年們在家庭生活裡受到的日本式修養以及對自尊的極度重視讓他們很容易在軍隊的這種環境裡變得殘暴起來。他們不能容忍嘲笑，當他們認為自己受到排斥時，於是便轉過頭來成為折磨別人的高手。

日本中學和軍隊之所以存在這種現狀，其特點自然來源於日本有關嘲笑和侮辱的舊習。日本人對此的反應並非中學和軍隊造成，很顯然正是因為存在「對名聲的道義」這一傳統準則，舊人欺辱新人的習俗才會在日本造成極大的怨恨，其懷恨程度遠遠超過美國人對類似事件的態度。每一批受欺侮的人雖然會適時把懲罰轉嫁給下一批人，但是他們依然執著於向真正折磨過自己的人尋仇，這一點也符合日本的舊模式。和西方許多國家不同，找代罪羔羊的行為在日本民間並不常見。以波蘭為例，這裡的新學徒和年輕的收割手都會被老手狠狠地欺負。他們不報復那些欺負他們的人，卻把怨氣發洩到下一批新學徒和收割新手身上。日本的少年當然也能得到這種滿足，但是他們主要在乎的還是直接報仇雪恨。只有和欺負他的人算清舊帳，受欺負者才會「感到痛快」。

在重建日本的過程中，領導人們要是把日本的未來放在心上，就應該特別關注這種舊欺新的現象，以及中學和軍隊裡讓少年們幹傻事的習俗。他們應該強調愛校精神，甚至「校友關係」，以此來打破高年級和低年級之分。在軍隊裡，則應該禁止老兵欺負新兵。二年兵應該堅持對新兵進行嚴格的訓練，就像各級軍官所做的那樣，但是這種堅持在日本並不算侮辱，欺凌、嘲弄人的行為才是。假如學校和軍隊嚴懲欺凌行為，比如讓人學狗搖尾巴、學蟬叫，或者在其他人吃飯的時候倒立，那就是日本再教育的一大成功，遠比否認天皇的神聖或者刪除教科書裡的民族主義要素更為有效。

女人們不必學習「對名聲的道義」這一準則，她們沒有類似男孩那種中學和軍訓的經歷或體驗。她們的生活軌跡遠比兄弟們的平穩。從最早有記憶開始，女孩就被教導萬事以男人為先，他們能享有女人無法享有的優先權、關照和禮物。她們必須遵守的人生規則不允許她們明顯地表現出自我意願。儘管如此，在嬰幼兒時期，她們得以和兄弟們一起共享日本小孩子的特權。還是小女孩的時候，她們曾經被特意打扮、穿上鮮紅的衣服，卻在成人之後就不能再穿這種顏色的衣物，直到六十歲後進入人生的第二個特權階段。在家裡，母親和祖母像對待她的兄弟一樣爭著討她的歡心，兄弟姐妹也爭著要求她像家裡其他人一樣，「最」喜歡他們。孩子們要求和她一起睡，以此證明她最喜歡自己。她還可以經常把祖母給她的好處分給兩歲的幼兒。日本人不喜歡一個人睡覺，晚上經常把孩子的小床放到一個選定的大孩子床邊。「你最喜歡我」的證明經常就是當天把兩人的床併到一起。九至十歲時，女孩雖然被排斥在男孩的遊戲圈之外，但還是能得到一定補償。為了討她們高興，大人給她們梳理新的髮型。日本女孩的髮型和髮飾在十四歲至十八歲之間最為繁複。到了這個年齡，她們可以穿絲著綢，而不僅限於棉製；家裡人會不遺餘力地為她們製作新衣，把她們打扮得更漂亮。透過這些方式，女孩們都得到了某種程度的滿足。

女孩雖然受到各種約束，但是對此負責的是她自己，而不是由專橫的家長強制。父母並不用體罰的形式行使自己的特權，而是平靜、堅定地期待女兒能達到自己的要求。這裡有一個極端的例子值得一提，因為它很好地說明了這種非專制性的壓力所具備的不甚嚴格又似有特權的特徵。小鉞子（即杉本鉞子，婚前姓稻垣）從六歲開始就受教於儒學大師，背誦漢文經典：

在整整兩個小時的授課過程中，除了雙手和嘴唇，他全身紋絲不動。我也以同樣正確的姿勢，一動不動地坐在他身前的榻榻米上。有一次我動了，那時還在上課。不知道為什麼我有點焦躁不安，於是身體微微晃了一下，交疊的雙膝滑離了應有的角度。老師的臉上流露出了一絲微不可察的驚訝；他靜靜地合上書本，和氣但又堅定地說：「小姐，很明顯你今天的心情不適合學習。你應該回房靜思一下。」我那幼小的心靈幾乎羞恥得無地自容。我無所適從，只得先後向孔子畫像和老師鞠躬，畢恭畢敬地退出房間。

我慢慢地走去向父親匯報，就像往常下課後一樣。因為還沒到時間，父親很驚訝，他隨口說：「你的功課做得真快啊」，這句話簡直就像是喪鐘。想起那一刻來，心裡至今仍隱隱作痛。7

杉本夫人還在另一處描寫了她的祖母，簡要地體現了日本家長態度最顯著的特徵：

她態度安詳地期待每個人都按她的意思去做；既無責罵，也無爭吵，但是她的期待如絲線般柔軟，也同樣牢固，引導著她的小家庭走向她認為正確的方向。

這種「如絲線般柔軟，也同樣牢固」的「期待」之所以有效，原因之一就是每一種技藝都有明確的訓練。女孩學到的不僅是規矩，更是習慣。無論是孩童時期學習筷子的正確使用方式、進入房間的正確方式，還是後來學習茶道和按摩，大人都會牽著他們的手一遍遍重複動作，直到這些動作成為自然反應。長輩們不認為孩子到時候「自然而然就會」養成正確的習慣。杉本夫人描述了十四歲訂婚後她是如何學習為丈夫上菜的。她還從沒見過未來的丈夫；他身在美國，而她在越後[8]。但是在母親和祖母的監督下，一次又一次，「我親自料理聽哥哥說松雄最喜歡的菜。他的食案就放在我的旁邊，我總是先給他上菜，然後才輪到自己。就這樣，我學會了用心服侍未來的丈夫。祖母和母親說話時總是當作松雄也在場，我也非常注意自己的衣著和舉止，就好像他也在屋中。於是我漸漸學會尊敬他，也尊敬自己作為他妻子的地位」。[9]

男孩雖然訓練嚴格度不及女孩，卻同樣通過榜樣和模仿接受對習慣的訓練。一旦「學了」，就不能再有藉口。但成年以後，在他人生中的一個重要領域，他不會得到幫助，基本需要靠自己主動——他的長輩們不會教他求愛的習俗。家裡禁止任何公開表達愛意的行為，沒有親屬關係的男孩和女孩更是從九至十歲起就被完全隔離。日本人的理想是，在他開始對性感興趣之前，就由父母為他安排一門婚事。因此，男孩與女孩接觸時「害羞」是可取的。農村的人常常就這一話題取笑男孩，有時的確導致他們總是感到「害羞」，但是男孩仍會試圖瞭解。過去有不少女孩未婚先孕，近來甚至在日本偏遠的農村都出現這種現象，有時候甚至是村裡的大多數女孩。這樣的婚前經歷是一個「自由地帶」，與人生正事無關，父母安排婚事時也不會提到這些風流韻事。但是現在，就如須惠村一個女孩對恩布里博士所說的：「就連女傭人也受過足夠的教育，知道要保持處子之身。」上中學的男孩也被嚴格地規定不准跟異性打交道。日本的教育和輿論都旨在阻止婚前兩性間的親密行為。日本電影中，那些在年輕女子面前表現得輕鬆自在的青年都被當作是「壞」的；至於「好」的那些，在美國人看來，對漂亮女子不是太粗暴，就是太無禮。和女子相處態度自然就意味著他們不是曾經「遊戲花叢」，就是找過藝伎、妓女或咖啡店女服務生。藝伎館是「最佳」學習場所，因為「她會教你，男人只須放鬆地觀賞」。他不必擔心自己表現笨拙，也不指望和藝伎發生性關係。但是沒有多少日本男孩有錢找藝伎。他們可以去咖啡館，看男人怎麼親暱地與女孩接觸，但是這種觀察又和他們在其他領域接受的訓練不同。男孩有很長一段時間都擔心自己笨拙。生活中他們必須要自學的行為領域不多，性就是其中之一，沒有可信任的長輩親自教導。有地位的家庭會為新婚夫婦提供「新娘書集」（bridebooks，又譯《枕草約》）和繪滿各種姿勢的畫卷，就如一個日本人所說：「你可以從書本中學習，就像學習佈置庭院的規則一樣。你的父親沒有教你如何佈置一個日式庭院，這是等你長大之後才會學會的興趣愛好。」把性和佈置庭院相提並論，認為同樣能從書中習得，這種說法很有趣，不過其實日本大部分年輕人都是通過其他管道瞭解性行為。總而言之，他們不是通過長輩的悉心教導才學會的。這種訓練上的不同對年輕人強調了這一日本信條：人生的正事有長輩照管，他們會不遺餘力地訓練他養成正確的習慣。性不是人生大事，它屬於自我滿足的領域，儘管害怕尷尬，也必須自己學習掌握。這兩個不同領域有著不同的規則；結婚後，他可以光明正大地在別處尋歡，這樣做不會侵犯妻子的權利，也不會威脅到家庭的穩定。

妻子則沒有同樣的特權。她的義務是對丈夫忠誠。若是紅杏出牆，就得偷偷摸摸。但是即便有心，日本的大部分婦女都沒有足夠的私人空間能隱瞞婚外情。精神緊張或情緒不穩定的女人被當作是歇斯底里。「女人最常見的問題不在於社交，而在於性生活。很多發瘋和歇斯底里（精神緊張，情緒不穩定）的例子都是因為性事不調。女子只能靠丈夫來滿足性慾。」[10]須惠村的農夫們說，大部分女人的病「從子宮開始」，然後蔓延至頭部。當丈夫另有新歡時，妻子就求助於日本公認的手淫習俗。從農村到顯貴家庭，婦女都珍藏著用於手淫的傳統工具。村婦在生過孩子後，在性方面的行為忌諱更是大大減少。為人母之前，她不能講和性有關的笑話，但是生完孩子之後，隨著年紀的增長，她便可以在男女混合的宴會上談笑無忌。她還會隨著淫曲扭腰擺臀，跳著十分情色的舞蹈娛樂賓客。「這樣的表演總是無一例外地引起哄堂大笑。」在須惠村，士兵服完兵役回鄉時在村外受到熱烈歡迎，此時女人們打扮成男人的模樣，講著黃色笑話，還佯裝要強姦年輕女孩。

因此，日本女人在性這方面享有一定的自由，出身越低，自由度就越大。她們人生的大部分時間都必須遵守許多禁忌，但並不忌諱瞭解性事。表現得淫蕩還是一本正經，全看男人喜好。她們到了成熟年紀就可以拋開所有禁忌，如果出身低下，更是可以和男人一樣下流。日本人對於婦女行為端正的要求在不同的年紀和場合有不同標準，而並非前後一致，不像西方只單純分成「貞女」和「蕩婦」。

男人有放縱的時候，也有需要極力自制的地方。和男性同伴一起喝酒，特別是有藝伎服侍，是男人最大的樂趣。日本男人喜歡喝得醉醺醺的，沒有要求節制飲酒。幾口清酒下肚，他們就不再正襟危坐，而是喜歡靠在彼此身上，姿態親密。即使喝醉了，他們也很少有暴力表現，儘管少數「不好相處的人」可能會變得喜歡爭吵。按照日本人的說法，除了喝酒這樣的「自由」領域，男人永遠不能「出乎意料」。如果一個人在生活正事上超乎預期，在日語裡是僅次於「傻瓜」的罵人話。

西方人所描述的日本人的矛盾性格，從他們的育兒方式就可見一斑。這造成了日本人人生觀的雙重性，無論哪一面都不能忽視。他們在幼兒時期過著有特權的生活、心理輕鬆，即便日後經歷了各種訓練，心裡依然保留了對那個「不知恥」年代輕鬆生活的回憶。他們不需要描繪未來的天堂；他們的過去就是天堂。他們相信人性本善，相信神靈慈悲，相信作為一個日本人是一種無上光榮，這些信條都是對童年的別樣描述。這使得他們很容易對每個人身上都有「佛根」，死後都可成佛這種說法作出極端解釋，並以此為基礎建立道德規範。這也給了他們果斷和自信，從而解釋為什麼他們經常願意做任何工作，哪怕看上去是自己力所不能及的。這也能解釋為什麼他們敢於堅持己見，和政府作對，甚至不惜以死相爭。有的時候，這也導致他們陷入集體性的狂妄自大。

六、七歲以後，他們就被漸漸壓上了謹慎和「知恥」的責任，同時伴隨著最激烈的制裁手段：如果有所違背，自己的家人就會和他反目。這種壓力雖然不是普魯士式的紀律，卻無法逃避。早在他們還享受著特權的時代，基石就已鋪下：對如廁習慣和身體儀態進行持續不斷的、不可逃脫的訓練，以及父母嘲弄孩子，威脅說要拋棄他們。這些早期經歷為孩子做好了準備，當他被告知會遭到「世人」嘲笑或遺棄時，就願意接受自我約束。他抑制了幼年曾經自由表達的衝動，不是因為它們是惡的，而是因為已經不合時宜。現在他正進入人生的嚴肅階段。隨著童年特權逐漸減少，他也獲得了更多成人才有的享受，但是幼年時代的經歷從未真正從腦海裡淡去，他的人生哲學隨時從中吸取經驗。承認「情慾」就是出自童年的經歷；綜觀成人生涯，他都在生活中的「自由地帶」重新體驗童年。

另有一種值得注意的連續性貫穿了整個兒童時代：被同伴接受的重要性。這一點深植於他們的心中，而不是其他絕對的道德標準。在童年早期，母親會應他的要求帶著他一起睡，他會計較自己和兄弟姐妹們分到的糖果多少來衡量自己在母親心裡的地位。他對自己受到忽視十分敏感，甚至會追問大姐：「你是不是最喜歡我？」童年後期，他要放棄的個人滿足越來越多，但是他作為補償能夠贏得「世人」的贊許和接納作為回報，懲罰則是會遭到「世人」的嘲笑。雖然大部分文明的育兒過程都會使用到這種制約力，但是它在日本格外沉重。早在父母逗弄孩子說要拋棄他時，就是在誇大遭到「世人」遺棄的結果。因此他一生中最怕的就是被排斥，甚至超過了暴力。他對嘲笑和排斥的威脅異常敏感，哪怕只是自己腦中的想像。也因為日本的社區少有隱私，「世人」幾乎都知道他的所作所為，如果反對就有可能排斥他，這絕非主觀臆想。日本房屋的構造就是牆薄不隔音，白天還大方敞開，要是沒能力修築圍牆和庭院，私生活就宛若公諸於眾。

日本人使用的某些象徵有助於我們瞭解他們育兒的不連貫性所造成的雙重性格，童年早期培養出來的一面是「不知恥的自我」，日本人通過對鏡自照來檢查自己保有多少這種自我。根據他們的說法，鏡子「反射永恆的純潔」，它不會助長虛榮，也不會反射「干擾的自我」，而是心靈深處。人能夠從鏡子中看到自己「不知恥的自我」。在鏡子裡，他的眼睛就是心靈之「窗」，這有助於他像「不知恥的自我」那樣生活。他在鏡中看見的是理想化的父母形象。據說有的男人因此隨身攜帶鏡子，有人還在家中的神龕裡專門立了一面特別的鏡子，用來日省自身；他「奉祀自己」、「膜拜自己」。這種做法不尋常，但也不難辨，因為所有家庭的神龕裡都供有鏡子作為神器。戰爭期間，日本廣播還特地播歌讚揚某個班級的幾位女學生買了面鏡子；沒有人認為這是虛榮的象徵，而是被描述成一種重新煥發的奉獻精神，目的是心靈深處的平靜。照鏡子是一種外在的表現，證明了她們精神的高尚。

早在孩子們被灌輸「觀察的自我」概念之前，日本人就已對鏡子產生了感情。他們不會在鏡子裡看到「觀察的自我」，映出的自我同孩提時代一樣，有著發自本心的善良，無須「恥」的教導。鏡子在日本所具備的象徵意義也是他們自我修煉求「通」思想的基礎，他們持之以恆地修煉來消除「觀察的自我」，以求回歸童年早期的率直。

儘管幼時的特權生活對日本人影響很大，但童年後期以恥為道德基礎而生的各種約束也沒有被當成純粹的剝奪。就如我們所見，自我犧牲是日本人經常反對的基督教教義之一；他們拒絕承認自己是在做出自我犧牲。即使是在極端的例子裡，日本人也寧願說是為了盡忠、盡孝或盡道義而「自願」赴死，而不視之為自我犧牲的範疇。據他們說，這樣的自願赴死是完成了自己的心願。不然就是「犬之死」，意指死得沒有價值，而不是像英語中意指潦倒地死在街頭。另外有些行為不那麼極端，英語裡會稱之為自我犧牲，日本人則把它們歸類為自重。自重永遠帶有自我約束的意思，這和自重一樣都是可貴的。只有自我約束才能成大器，比起美國人強調自由是有所成就的前提，這一點在生活經歷不同的日本人看來遠遠不夠。他們認為自我約束使自己更有價值，把這一觀點當作道德體系的主要信條。要不然，那些充滿衝動的危險自我很有可能衝出來擾亂正常生活，又該怎樣才能控制？一個日本人這樣表述：

經過長年累月的辛勤勞作，毛坯上的漆層越多，漆器成品時的價值就越高。一個民族也是這個道理……有人這麼說俄羅斯人：「剝開俄羅斯人的外皮，你就看到一個韃靼人。」同理，日本人也可以被說成：「剝開日本人的外皮，刮掉塗漆，你就看到一個海盜。」但是我們不能忘記，漆在日本是貴重之物，是手工藝品的材料。漆沒有任何作偽之處，它不是用來遮蓋缺陷的塗料。它的價值不低於它所裝飾的器物。11

日本男人行為的矛盾性在西方人看來非常顯眼，其成因是來自兒時教養中的不連貫性。即使經過層層「塗漆」，他們的意識裡仍然有著童年的深深印記，那時的他們在自己的小世界裡就像神一樣，恣意妄為，甚至可以肆意動用暴力，似乎沒有什麼不能得到滿足。正是因為這種深植的二元性，他們成人後可以從過分的浪漫突然轉變為對家庭的絕對服從。既可以輕鬆自在地享受樂趣，也能不計一切承擔極端的義務。謹慎的教育經常使他們在行動時顯得怯懦，但是他們勇猛起來又近於魯莽。在等級分明的情況下他們表現出極度的順從，但是又不輕易服從上級的管教。儘管他們禮貌周到，卻也會心存傲慢。他們能夠接受軍隊裡的超嚴紀律，同時卻又桀驁不馴。他們可以對保守主義充滿激情，卻又容易被新道路所吸引，相繼引進中國習俗和西方知識就是佐證。

性格的雙重性導致兩者間的緊張，對此日本人各有不同的對策，儘管都是用自己的方式解決同一個本質問題——該如何協調童年早期充滿自發性和受人包容的經歷，與人生後期關乎自身安危的種種約束。很多人無法解決這個問題；有些人孤注一擲，像鐘擺一樣嚴格規劃自己的生活，對生活中的任何自發舉動都提心吊膽。恐懼之所以會占上風，正是因為自發性並不是幻想，而是確實有過的經歷。他們保持冷漠，嚴格遵守自己制定的規則，由此覺得自己就等同於權威。另有一些人更加自我意識分裂。他們把心靈深處的暴力傾向圍堵起來，表面貌似若無其事，其實卻無比害怕。他們經常耽於日常瑣事，以防意識到自己的真正感情。他們就好像機械般嚴格完成日常事務，儘管實際上這些事務對他毫無意義。還有一些人對幼兒時代更為留戀，面對成人的種種要求感到強烈的焦慮，於是試圖更加依賴別人，哪怕年齡上已經不合適。他們覺得任何失敗都是對權威的背叛，因此任何努力的嘗試都讓他們焦灼不安。不能按慣例處理的意外情況對他們來說是可怕的。[12]

這些是日本人過度擔心受到排斥和非難時容易陷入的典型危險。在壓力還可以承受的時候，他們在生活裡既能顯示出對生活的享受，又能以一貫的教養小心不冒犯他人。

這是一種了不起的成就。他們的幼年時代培養出自信，也沒有喚醒沉重的罪惡感。後來受到的種種約束又是以團結夥伴之名，而且義務也是相互的。儘管在某些事情上自己的意願要受他人左右，生活裡依然有規定的「自由地帶」來滿足衝動。日本人一向以能從簡單事物中獲得樂趣聞名，例如賞櫻、賞月、賞菊，或者賞新雪，把昆蟲關在家裡的籠子裡聽其鳴叫、寫俳句、佈置庭院、插花，還有品茶。這些絕不是一個身心焦慮、態度囂張的民族應有的作為，他們享受這些消遣時也並不憂傷頹廢。在日本還未開始其慘烈軍事行動之前的幸福時光裡，日本農村在閑暇時充滿歡樂和希望，絲毫不亞於任何其他民族，幹起活來也一樣勤奮。

但是日本人對自己的要求非常之高。為了避免被排斥和責難，他們必須放棄剛剛學會品味的個人享受。在人生的重大事務中，他們必須牢牢克制住這些衝動。背離這一模式的人甚至有陷入喪失自尊的危險。那些真正「自重」的人並不是在「善」與「惡」之間尋找前進的方向，而是在「迎合期望」和「不符期望」之間選擇道路，並為了集體的「期望」葬送了個人要求。這些是「知恥」、慎行的好人；正是這些人給家庭、村子和國家帶來榮譽。因此產生的緊張感也無比巨大，具體表現為日本的遠大抱負，正是這種抱負使日本成為東方的領袖、世界的強國。但是這種緊張也給個人帶來了沉重的負擔。人們必須小心翼翼，以防失敗，唯恐辛苦付出卻依然被人輕視。有時候，這些人會因此爆發出極具攻擊性的行為，其原因不是像美國人那樣因為個人原則或自由受到了挑戰，而是因為察覺到自己遭受侮辱或者誹謗。於是危險的自我就此爆發，可能的話就針對誹謗者，反之則針對自己。

日本人為自己的生活方式付出了巨大代價。各種對美國人來說像空氣一樣理所當然的自由，他們卻放棄了。我們必須記住，既然日本在戰敗後開始了民主化的進程，對日本人民來說，能夠隨心所欲地行動該是多麼激動人心啊。杉本夫人對此有過絕佳的描述，講的是她在東京一所教會學校學習英語時，得以隨意種植花草的經歷。老師分給了每個女孩一小塊園圃和她們需要的種子。

這塊可以任我種植的園圃給了我一種個人權利的全新體驗……人的心裡能存在這樣

的幸福，這一事實本身就讓我驚異。……我竟然可以自由行動，而不會違背傳統，不會玷污家聲，不會震驚父母、老師或鄰居，也不會傷害到任何事物。13

所有其他女孩都種了花。她卻準備種馬鈴薯。

沒有人知道這種荒誕舉動帶給我的放縱感……自由之神在敲打我的心扉。

這是一個全新的世界。

在我的家裡，庭院裡有一處是特意要保持野趣的……但是總有人忙著修剪松枝，剪齊樹籬，每天早晨老伯還要擦拭踏腳石，把松樹底下打掃乾淨後，再仔細地撒上樹林裡採集來的新鮮松針。

這種仿造的自然對她來說就象徵了一直以來她所受訓練的那種偽造的自由意志。整個日本到處充斥著這種仿造。日本庭院裡每一塊半嵌在地上的巨石都經過精心挑選，從別處運來，置放在由小石頭鋪成的隱形平台上。它的位置經過仔細計算，要考慮到和溪流、屋宅、灌木和樹木的相對距離。同理，菊花也是養在盆中，每年準備參加日本各地的花展時，每一片花瓣都經過培育人的精心修整，並經常用細不可見的鐵絲架固定來保持姿態。

杉本夫人有幸摘除鐵絲架時感到的激動是幸福而純真的。種在盆裡的菊花原本都要經過細緻的擺弄，終於在自然狀態下發現了純粹的快樂。但是，如今在日本人中，「不合期望」的自由和質疑「恥」的制約力的自由都可能打破他們生活方式的微妙平衡。在新的局面下，他們必須學習新的約束力。改變總是代價不菲的；建立新的觀念和新的道德並不容易。西方世界既不能認定日本會立刻採用這些新思想並融會貫通，也不應認定日本最終無法建立一套更加自由、相對寬容的道德體系。美國的日裔「二世」們早已不瞭解日本的道德體系和實踐，祖上的出身也無法約束他們固守父母之邦的舊俗。所以在日本的日本人同樣可以做到，在新時代建立起生活的新方式，不再像過去那樣嚴格自我約束。即使沒有鐵絲架和嚴格的修剪，菊花一樣可以美麗動人。

在轉入擴大精神自由的過程中，日本人有些舊的傳統美德可以幫助他們保持平穩。其中之一就是自我負責的精神，用他們的話來說就是對自己的「體銹」負責。這一比喻把身體比做刀，正如佩刀人有責任保持刀的閃亮，每個人也必須為自己的行為負責。他必須承認並接受因自身原因而造成的自然後果，無論是因為自身的弱點、缺乏韌性還是徒勞無功。日本對自我負責的詮釋比自由的美國更為嚴厲。在這種意義上，刀不再是攻擊性的象徵，而是理想中勇於自我負責之人的比喻。在尊重個人自由的新規定下，這一美德是最好的平衡輪，而且一直以來日本的兒童教育和行為哲學也讓它深植人心，成為日本精神的一部分。如今日本人提出西方意義上的「放下刀」，但是在日本意義上，他們仍強力戒慎保持心中之刀不染銹蝕的威脅。以他們對道德的闡釋來說，這把刀是在一個更加自由和平的世界裡可以繼續保持光潔的象徵。

1 Bacon, Alice Mabel, Japanese Women and Girls，第六頁。

2 同上，第一〇頁。

3 Geoffrey Gorer 在 Themes in Japanese Culture 一文（收入 Transactions of the New York Academy of Science，第五卷，第一〇六到一二四頁，一九四三年）中也強調了日本如廁訓練的作用。

4 Sugimoto, EtsuInagaki, A Daughter of the Samurai. Double day Pageand Company，一九二六年，第十五、二十四頁。

5 約翰·恩布里，《須惠村》，第一九〇頁。

6 傑弗瑞·格拉爾（Gorer, Geoffrey），Japanese Character Structure, The Institute for International Studies，一九四三年，第二十七頁。（謄印本）

7 Sugimoto, EtsuInagaki, A Daughter of the Samurai. Double day Pageand Company，一九二六年，第二〇頁。

8 相當於現在的新潟縣。

9 A Daughter of the Samurai，第九二頁。

10 恩布里，《須惠村》，第一七五頁。

11 Nohara, Komakichi, The True Face of Japan，倫敦，一九三六年，第五〇頁。

12 以上例子的依據是 Doctor Dorothea Leighton 對戰時隔離收容所裡的日本人所進行的 Rorschach（墨跡）測驗，由 Frances Holter 進行分析。

13 A Daughter of the Samurai，第一三五到一三六頁。

第十三章　戰敗後的日本

美國在戰爭勝利後的對日管理中發揮了巨大作用，足以使美國人感到驕傲。八月二十九日透過電台廣播國務院─陸軍部─海軍部聯合指令，第一次頒布了戰後美國的對日政策，並由麥克阿瑟（Mac Archur）將軍隨即巧妙地付諸實行。這一足以自豪的絕佳理由卻往往因為美國報紙和廣播的黨派性讚揚和批評而失焦，也沒有多少人對日本文化有足夠的瞭解，能夠確認某項既定政策是否可取。

日本投降時的最大問題就是占領的性質。勝利方是該利用日本現有政府，甚至天皇，還是將其解散？是否該由美國的軍政府軍官負責，逐町逐村地進行管理？義大利和德國的模式是在當地建立盟軍軍政府（A.M.G.）總部，作為戰鬥部隊的一部分，並把當地民政事務的處理權交付到盟軍官員手中。日本投降當天，太平洋地區的盟軍軍政府負責人依然期待在日本也建立起類似管理機制。日本人也不知道自己能保留哪些內政的處理權。波茨坦公告裡只是聲明「盟國所指定的日本領土地點將被佔領，以保證我們在此宣佈的基本目標」，以及必須永久消除「那些欺騙誤導日本人民妄圖征服世界之人的權威和影響」。

國務院—陸軍部—海軍部對麥克阿瑟將軍發出的聯合指令代表了美國針對這些問題所作出的重大決定，也得到了麥克阿瑟將軍指揮部的全力支持：日本人將為自己國家的管理和重建負責。「只要美國的目標能夠得到令人滿意的推進，最高指揮官將通過日本政府機構和組織，包括天皇，來行使他的權威。日本政府將獲許在他（麥克阿瑟將軍）的指導下，於內政管理方面行使正常的職能。」因此，麥克阿瑟將軍對日本的管理和德、義兩國受到的管理相當不同。對日司令部完全只是一個指揮機構，它充分利用了日本政府由上自下的各級官員。其通告直接發給日本天皇政府，而不是日本民眾或某町村的居民。它的任務是為日本政府確定工作目標。如果某位日本大臣認為該目標不能實現，他可以自己請辭，但是如果他言之有理，也可能修改指令。

這種管理方式是一步大膽的棋。從美國的角度來看，這種政策的優勢是顯而易見的。正如希德林（Hilldring）將軍當時所說：

通過利用本國政府，我們獲得的好處是巨大的。如果沒有日本政府可資利用，我們將不得不自己直接運行一個管理七千萬人口的國家需要的複雜機制。這些人從語言、習俗到態度都和我們不同。藉由淨化日本的政府機制並以其為工具，我們節省了時間、精力和資源。換言之，我們是在要求日本人自己進行大掃除，但是具體的要求由我們提出。

當華盛頓起草這份指令的時候，仍然有許多美國人害怕日本人會心懷不滿、充滿敵意，擔心日本到處都會有人伺機報復，暗中破壞和平計劃。這些恐懼日後被證明並沒有成為事實。其原因就在於奇特的日本文化，而不是關於戰敗國、政治或經濟的普遍真理。這種完全依賴信任的政策，要是用在任何其他民族身上，也許都不會產生在日本所取得的偌大成效。在日本人眼裡，這個政策象徵了抹去戰敗這一赤裸裸事實的侮辱，刺激他們施行新的國策。而他們之所以能夠如此接受，正是由於深受日本文化薰陶的日本民族特性。

在美國，我們為和平條款是強硬還是懷柔爭論不休。但真正的問題不在於寬嚴，而是嚴格的程度，好恰如其分地打破日本危險的侵略性舊模式，進而讓它設立新的目標。選擇何種方法則取決於該國的民族特性和傳統社會秩序。普魯士的極權主義深植於家庭生活和日常公民的生活之中，因此在德國必須採用某些特定的和平條款。明智的和平條款對日本應該不同於對德國。德國人不像日本人那樣認為自己虧欠社會和歷史的恩情。他們的努力不是為了償還無法計算的巨債，而是為了避免自己淪為受害者。父親是一個權威性人物，如同其他具有超然地位的人一樣，按照德國人的說法，是「強迫別人尊敬他」。如果得不到尊敬，就覺得自己受到了威脅。在德國人的生活裡，每一代的兒子都會在青春期反抗獨斷專行的父親，最終在成人時屈服，接受和父母一樣平淡無味的生活。人生的最高潮永遠是青春期叛逆的狂飆年代（Sturm und Drang）。

日本文化的問題不在於簡單粗暴的極權主義。日本的父親對待孩童和藹可親，幾乎所有西方觀察家都認為這在西方極為罕見。日本的孩子理所當然地認為自己和父親之間存在著某種真正的親情，並公開誇耀自己的父親。所以父親只要語調一變，就能讓孩子聽從他的意願。但是父親絕不是幼兒的嚴師。與其說青春期是反抗家長權威的時期，還不如說在這一時期，孩子開始在世人評判的眼光下，成為負責、順從的家庭代表。就像日本人所說的，他們對父親表示尊敬是「為了實踐」，「為了練習」。也就是說，作為尊敬的對象，父親是等級和正確處世態度的去人格化象徵。

孩子早年在與父親的接觸中學到的這種態度成為了整個日本社會的一種模式。有些人因為自身的等級地位而受到最高尊崇，其人本身卻並沒有絕對的權力。等級制度最高層的官員通常並不行使實權。自天皇以下，都是顧問們和隱蔽勢力在背後運作。對日本社會的這一面描述得最清楚的莫過於某個國粹主義團體的首領。二十世紀三〇年代初，這個黑龍會[1]式團體的領袖對東京一份英文報紙的記者說，「社會，」這裡自然就是指日本，「是一角被大頭針所控制的三角形。」換句話說，三角形放在桌上，人人都看得見。大頭針則是看不見的。三角形有的時候倒向右邊，有的時候又倒向左邊，它繞著一個從不現形的樞軸搖擺。用西方人的話說，一切都「掩人耳目」地完成。日本人竭盡全力不表現出獨斷專行，一切行動看上去都好像是在對象徵性地位表示忠誠，儘管這個象徵往往都與真正的權力無關。如果日本人真的發現了無遮掩的權力來源，他們就像看待放債者和暴發戶一樣視之為剝削者，不配在日本的體制裡存在。

因為這種看待世界的方式，日本人可以不通過革命就掀起反對剝削和不公的浪潮。他們並不要求徹底摧毀舊制度。他們可以施行最徹底的變革，而毫不批判現有體制，就像明治政府所做的那樣。這種變革被稱為復古，即「回歸」過去。日本人不是革命者。西方作家中有人寄希望於日本全民性的意識形態運動；他們在戰時仔細觀察日本的地下勢力，冀望其在日本投降時能領導全國，還有的又預言戰後激進政策將贏得日本民意。但是他們都嚴重錯估了情勢。保守派的首相幣原喜重郎在一九四五年十月組成內閣時的發言更能準確地代表日本人：

日本的新政府有著民主的形式，尊重人民的意願……我國自古以來就以天皇之意志為民眾之意志。這是明治天皇憲法的精神，我所說的民主政府可以被認為正是這一精神的體現。

對美國讀者來說，對民主作如此解釋簡直毫無意義；但是，和西方的意識形態相比，以這樣的認同作為基礎，毫無疑問更方便日本擴大公民自由的範疇，增加國民的福利。

當然，日本也會試驗西方的民主政治機制，但是它不會像美國那樣，把西方的套路當作值得信賴的工具，以此建設一個更美好的世界。普選和由選舉產生的立法權威所造成的問題不會比它們所能解決的問題少。這些問題一旦發展下去，日本就會修改那些我們賴以實現民主的方式。然後美國就會抗議說這場戰爭白打了。我們相信自己的方式是正確的。但是，日本要重建成一個和平的國家，在很長一段時間裡，普選充其量只能處於次要地位。自十九世紀九〇年代第一次試行選舉以來，日本並沒有發生本質性的變化，小泉八雲（Lafcadio Hearn）在那時描述的老問題仍有可能重現：

那些激烈的競選中有不少人送命，其實當中並沒有什麼個人恩怨；議會辯論中的暴力讓外人瞠目，其實雙方也沒有針對個人的敵意。政治鬥爭並非在個人之間進行，而是黨派族系的利益之爭；各方的忠誠追隨者只把這種新政治理解成一種新的戰鬥方式——一場為了效忠領袖而進行的戰鬥。2

在更近期的二十世紀二〇年代的選舉中，村民們在投票前會說「我已經洗淨脖子等著砍頭」。這種說法把競選等同於舊時特權階級的武士對平民的攻擊。即使是現在，選舉在日本所包含的各種意義也和美國不同。不管日本是否推行危險的侵略性政策，這種差異都是真實存在的。

日本的真正力量在於它敢於承認一種行動方針「失敗了」，然後全力投入到其他路線中去。日本可以憑借這種力量重新把自己建設成愛好和平的國家。日本人的道德體系允許多項選擇。他們試圖在戰爭中找到自己的「恰當地位」，但是失敗了。現在他們可以拋棄那條路線，因為他們一直以來受到的訓練就使他們習慣了改變方向。價值觀更加絕對的民族必須說服自己是在為原則而戰鬥，如果向勝利者投降，就會說「我們戰敗的那一刻，正義不復存在」。他們的自尊要求他們為了使「正義」在下一次獲勝而繼續努力，不然就是捶胸頓足，懺悔自己的罪孽。日本人則不需要做這樣的選擇。日本宣佈投降五天之後，還沒有一個美國人登陸日本，東京的著名報紙《每日新聞》已經就戰敗及其將帶來的政治變化發表如下論斷：「但是這都有利於日本的最終救贖。」這篇社論強調每個人都應該時刻不忘日本已被徹底地打敗。既然試圖依靠武力建設日本的計劃已然失敗，他們必須從此走上和平國家的路線。同一星期，東京另一家著名報紙《朝日新聞》把日本近來「對武力的過度信任」總結為一個內外政策的「嚴重錯誤」。「舊的態度讓我們損失慘重卻近乎一無所獲，我們應該用基於國際合作和愛好和平的新態度取而代之。」

西方的觀察家們把這種轉變看成是原則性的轉變，因此心有疑慮。但是，它其實是組成日本為人處世的不可或缺的部分，無論在個人關係還是國際關係都是如此。

日本人把行動路線沒有達到目標看成是自己犯了一個「錯誤」。路線一旦失敗就予以放棄，因為他們不習慣堅持失敗的路線。他們有種說法，「咬自己的肚臍沒有用」。二十世紀三〇年代，日本人普遍認為能藉軍事主義贏得世界的欽佩——一種靠強大的軍事實力爭取來的崇拜——於是他們心甘情願地為這一計劃做出犧牲。一九四五年八月十四日，日本神聖的代言人天皇宣佈日本戰敗了，他們接受了這一事實所包含的一切。這意味著美國軍隊的到來，於是日本人表示歡迎；這意味著帝國企圖的失敗，於是日本人願意考慮制定一部禁止戰爭的憲法。宣佈投降十天之後，日本報紙《讀賣新聞》就以《新藝術和新文化的開端》為題，提到「我們必須堅信軍事上的失敗與民族的文化價值無關。應該以軍事上的失利為動力……（因為）日本人民付出了民族性慘敗的巨大代價，才開始真正地放眼世界，真正客觀地看待事物。我們必須通過坦誠的分析消除一切在過去扭曲了日本思想的非理性思考……正視戰敗這一事實需要勇氣，但是我們必須對日本未來的文化充滿信心」。日本人曾經嘗試的一種行動路線失敗了，如今他們將嘗試和平的處世藝術。日本的社論反覆強調「日本必須得到世界各國的尊重」，日本人民的任務就是在新的基礎上贏得這種尊重。

這些報紙的社論並不只是少數知識份子的意見；東京街頭和偏遠村落裡的平民同樣做出了急劇的改變。這些友好的民眾竟然就是曾經發誓用竹槍死戰到底的日本人，這讓美國的占領軍感到不可思議。日本的道德體系裡有很多內容受到美國人的唾棄，但是這一奇特體系也有許多值得贊許之處，美國人在占領日本時期的經歷就很好地證明了這一點。

以麥克阿瑟將軍為首的美國對日管理層承認了日本人轉換航向的能力。它沒有堅持用侮辱的手段來阻撓新的進程。根據西方的倫理觀，強加屈辱於日本在文化上是能夠被接受的。西方的道德信條認為，侮辱和懲罰是讓犯錯者認罪的有效社會手段。這種認罪又是改過自新的第一步。如我們前面所見，日本人則用另一種方式來論述這個問題。他們的道德讓人對自己行為的所有後果負責，一個錯誤所帶來的必然後果就能說服他不再這樣做。這些必然後果也可能包括全面戰爭中的失敗，但是日本人並不視之為侮辱而心生怨恨。按照日本人的看法，侮辱的方式有誹謗、嘲笑、鄙視、貶低及揭露其不名譽等等。當日本人相信自己受到了侮辱，復仇就成了美德。不管西方的道德體系如何譴責這樣的信條，美國對日占領的有效程度取決於美國人在這一點上的自制。因為日本人痛恨嘲笑。根據他們的投降條件，戰敗的「必然後果」可以包括解除軍備，甚至是嚴苛的戰爭賠償，但是「嘲笑」被排除在這些「必然後果」之外。

日本在唯一一次戰勝另一強國時的表現證明，只要日本認為敵對國未曾嘲笑自己，對方最終投降時，日本即使作為勝利者，也會小心地避免侮辱戰敗的敵人。有一張一九〇五年俄軍在旅順港投降的著名照片，在日本人盡皆知。照片上顯示俄國人都佩著刀。日本人並沒有收繳俄國人的武器，因此勝利者和失敗者的區分只是軍服不同。關於這次投降的故事在日本家喻戶曉，講的是當俄國指揮官斯提塞爾（Stoessel）將軍表示願意接受日本的投降條件時，一個日本大尉和翻譯帶著食物前往他的指揮部。「除了斯提塞爾將軍的坐騎，所有的馬都被殺來吃了，所以日本人帶來的五十隻雞和一百個新鮮雞蛋受到熱烈歡迎。」斯提塞爾將軍和乃木將軍的會面被定在第二天。「兩位將軍握了手。斯提塞爾將軍對日本人的英勇表達了欽佩之情……乃木將軍讚揚了俄國人長期堅守和戰鬥之勇猛。斯提塞爾對乃木在這次戰役中失去兩個兒子表示同情。……斯提塞爾把自己的阿拉伯種白馬獻給乃木將軍，乃木表示儘管他很想從將軍手裡接過這匹馬直接作為自己的所有物，但他必須先把馬獻給天皇。只不過他相信這匹馬會被賜還給他，若是如此，他會像對待自己的馬一樣愛護牠。」[3]每個日本人都知道乃木將軍在自己家的前院為這匹馬建了馬廄，據傳它比乃木自己的住宅還要講究。乃木將軍死後，馬廄也成為了乃木神社的一部分。

有人說，自俄國投降以來，日本人已經變得不同了。比方說，在日本占領菲律賓的期間，他們毫無節制的破壞性和殘暴舉世皆知。對日本來說，結論卻未必如此，因為他們的道德規則隨時根據情況發生變化。首先，巴丹戰役之後除了局部地區，很多敵人並未投降。甚至輪到在菲律賓的日軍投降時，日本也依然還在戰鬥。其次，日本人從來不曾認為俄國人在本世紀早期「侮辱」了他們，但是二十世紀二、三〇年代成長起來的每個日本人都認為美國的政策「藐視日本」，用他們的話來說就是「視其如糞土」。美國的限制移民法案、美國人在樸茨茅斯條約中扮演的角色，及海軍裁軍條約都在日本人中激起了這樣的反應。對於美國在遠東日益擴大的經濟影響，以及美國人對非白人的種族主義態度也促使日本人作出相同反應。因此，對俄勝利和在菲律賓對美的勝利例證了日本人行為中的兩個對立面：受到侮辱時是一面，無關侮辱時又是另一面。

美國的最終勝利再度改變了日本人的處境。就像日本生活中常見的，他們的最終失敗使他們放棄了此前堅持的路線。日本特有的道德體系使他們能夠有全新的開始。美國的政策和麥克阿瑟將軍的管理成功地避免帶給日本人新的恥辱，而是僅僅堅持那些日本人眼中戰敗的「必然結果」。這種策略生效了。

保留天皇具有非常重大的意義。這個問題得到了很好的處理。天皇首先拜訪了麥克阿瑟將軍，而不是將軍拜訪他，這對日本人來說是一次生動的教育，其影響力是西方人所無法體會的。據說，天皇聽到讓他否認神格時曾提出抗議，說要他拋棄自己原本就沒有的東西讓他感到為難。他的話並不假，日本人沒有把他看作西方意義上的神。但是麥克阿瑟將軍的指揮部勸他說，西方人對天皇自稱為神的看法不利於日本的國際聲譽，於是天皇強忍為難地同意宣佈否認自己的神性。他在元旦發表了聲明，並要求把世界所有媒體對此聲明的評論翻譯給他看。讀完評論後，天皇致函麥克阿瑟將軍的指揮部表示滿意。顯然外國人此前並不理解，他很慶幸自己發表了聲明。

美國的政策也讓日本在特定方面得到了滿足。國務院—陸軍部—海軍部聯合指令裡特別指出「對於在民主基礎上組織起來的勞工、工業和農業組織，應鼓勵其發展並為其提供便利」。日本許多產業中的工人都組織了工會，二十世紀二、三〇年代曾經活躍一時的農民聯盟也重新開始發揮影響力。對許多日本人來說，他們現在可以主動採取行動來改善自己的處境，這就證明了戰爭的後果之中，日本還是有所斬獲的。一位美國記者報導過一個東京的罷工者望向一個美國大兵，喜笑顏開地說：「日本贏了，不是嗎？」今天日本的罷工和舊時的農民起義有很多類似之處。那時的農民起義都是因為農民身上背負的苛捐雜稅影響了正常的生產。它們不是西方意義上的階級鬥爭。放眼全日本，現在的罷工也並不影響生產。最受歡迎的罷工方式是工人們「占領工廠，繼續工作，通過增加產量讓管理層丟臉。在三井所有的一家煤礦，罷工工人禁止所有管理人員進入礦井，然後把每日產煤量從二百五十噸增加到了六百二十噸。足尾銅礦的工人在一次『罷工』中繼續工作，提高了產量，還把自己的工資翻了倍」。4

當然，不管採取的政策多麼明智，管理任何戰敗國都是困難的。在日本，食物、住所和復原的問題不可避免地棘手。就算沒有利用日本政府人員來進行管理，這些問題也不會有任何改善。復員軍人的問題在戰爭結束前讓美國當局萬分擔心，如果沒有保留日本官員，這一問題一定會比現在更具威脅性。但是它也不容易解決，日本人也意識到了這種困境。去年秋天，日本的報紙同情地講到，對飽受苦難依然失敗的軍人來說，戰敗是多麼難以入口的苦酒，懇求他們不要為此影響了自己的「判斷力」。遣返的軍隊普遍地表現出了可觀的「判斷力」，但是失業和戰敗使某些士兵重新投入了舊式追逐民族主義的秘密團體。他們動輒對自己的現有地位感到憤慨。日本人不再賦予他們舊日的特權地位。過去的傷兵都身著白衣，路上的行人會向他鞠躬致敬。就連和平時期新兵入伍，村裡都會出面為他舉辦歡送會，等他復員時又舉辦歡迎會。宴會上酒水不斷、歌舞佐餐，士兵坐在首席。如今的遣返士兵再也沒有這樣的待遇。他的家人會為他騰出一席之地，僅此而已。遣返軍人在許多城鎮受到冷遇；瞭解這種行為轉變讓人多麼倍感痛苦，就很容易想像和老戰友一起回憶往昔該多麼令人滿足，那時日本的榮譽還寄託在軍人手中。有些老戰友還會告訴他，某些更加幸運的日本士兵已經在爪哇、山西和滿洲與盟軍作戰；他們會說，為什麼要絕望？他將會再度投入戰鬥！民族主義的秘密團體在日本由來已久，他們要為日本「洗清污名」。日本的男人接受的教育是為了報仇必須竭盡所能，否則「世界就會失去平衡」，所以他們極有可能加入這樣的地下團體。像黑龍會、玄洋社之類的秘密團體所宣揚的暴力，以「對名聲的道義」為名，這是日本道德所允許的。為了根除這種暴力，日本政府長期以來一直強調義務，貶抑「對名聲的道義」的努力在往後幾年裡還需繼續下去。

為此，僅僅求助於「判斷力」是不夠的。必須重建日本經濟，使那些現在二、三十歲的人能夠找到生計和「各得其所」。農民的境況也必須有所改善。每逢經濟蕭條，日本人總是回到農村故鄉，但是那些農場占地狹小，負債累累，很多地方還要交租，無法再養活更多的人。工業也必須發展起來。因為日本人十分反對平分遺產，除了長子之外，其他人終究要到城市裡謀生。

日本人無疑面臨著一條艱險的漫漫長路。但是，只要國家的財政預算不包括重整軍備，日本人就有機會提高全國的生活水平。襲擊珍珠港事件發生之前的十年裡，日本一直把一半的國民收入用於軍備和軍隊；只要能夠禁止這樣的開銷，逐步減輕農民的賦稅，日本就可能為健康的經濟打下基礎。就如我們所見，日本分配農產值的公式是百分之六十自留，百分之四十用於支付租稅。這與緬甸、暹羅等其他種稻國家形成了巨大反差，那裡的傳統是耕種者保留百分之九十的出產。正是日本耕種者繳納的沉重賦稅為日本的國家軍費買了單。

任何歐洲或亞洲國家，只要未來十年裡不擴軍，就會具備潛在的優勢，因為它們可以把財富用於建設健康繁榮的經濟。在美國，我們很少在推行亞洲和歐洲政策時考慮到這一點，因為我們知道美國不會因為昂貴的國防計劃而陷入困境。我國沒有受到戰亂的重創，也不是以農業為主的國家。我們的關鍵問題是工業上的生產過剩；由於大量生產和機械設備太過完善，如果不規模投入軍備、奢侈品生產、福利和研究設施，我們的人民就有可能失業。我國對盈利性資本投資的需求也很迫切。其他國家的情形就大不相同，甚至連西歐也和我們不同。德國儘管面臨諸多的賠償要求，但因其不能重新置軍，只需十年左右就可以打下健全繁榮的經濟基礎，而法國如果推行擴充軍備的政策，就無法做到這一點。日本對中國也有這種優勢，可以盡量加以利用。中國目前的目標是軍事化，並且得到了美國的支持。日本如果不把軍事化納入預算，只要他們願意，用不了多少年就可以奠定繁榮的基礎，並成為東方貿易不可或缺的一份子。日本可以憑借和平時期的獲利建立經濟基礎，提高國民的生活水平。這樣一個和平的日本將在世界各國中占有光榮的一席，如果美國繼續動用自己的影響力支持日本的這項計劃，將是對日本很大的幫助。

通過命令創造一個自由、民主的日本，是美國無法做到的，也是任何外國都做不到的。這一策略從未在任何被佔領國家展現成功。任何外國人都不能強迫一個習俗和觀念和自己不同的民族按照自己的方式生活。立法無法強迫日本人接受當選人的權威，無視日本等級體系的「各得其所」原則。立法也無法強迫日本人像美國人那樣，與人交往時輕鬆自在，有強烈的獨立要求，對自主選擇伴侶、工作、住宅和責任充滿激情。但是，日本人自身也認為有必要朝這一方向發展，並對此做出了明確表示。自從宣佈投降以來，日本的公眾人物多次提到日本必須鼓勵自己的國民按自己的意願生活，尊重自己的良心。他們雖然沒有直接質疑「恥」在日本所扮演的角色，但是所有日本人都明白他們有這個意思，以及希望國人心中吹起新的自由之風，即不再畏懼批評和「世人」的排擠。

這是因為，不管個人如何心甘情願，日本的社會壓力對個人的要求實在太多。他必須隱藏自己的情緒，放棄自己的慾望，以家庭、組織或國家代表的身份面對世人。日本人證明了他們都能夠忍受這種生活方式所要求的嚴格自我訓練，但是負擔實在太過沉重，壓抑過多則有損自身。因為不敢要求精神負擔較輕的生活，他們被軍國主義者引上了一條後患無窮的道路。在付出如此沉重的代價之後，他們變得自以為是，看不起那些道德觀念較寬容的民族。

認識到侵略戰爭是一個「錯誤」，是失敗的路線，這是日本人走向社會變革所邁出的第一步。他們希望能夠通過自己的努力，在和平國家之中贏得受尊重的地位。這只有在和平的世界裡才有可能。如果未來的數年裡俄國和美國忙於擴軍備戰，則日本會利用自己的經驗加入戰爭。但是承認這一點並不是質疑日本成為和平國家的內在可能性。日本的行為動機會取決於特定情況；如果形勢允許，日本會在和平的世界裡謀求一席之地。如若不然，就在武裝世界裡謀求。

日本人現在知道自己的軍國主義之路已經行不通。他們將關注軍國主義是否在世界其他國家同樣遭到了失敗。如果它沒有完全失敗，日本有可能重燃自己的戰爭狂熱，以顯示自己所能作出的貢獻。如果軍國主義在他處也遭到失敗，那麼日本就會力證自己充分汲取了教訓：帝國主義的稱霸企圖絕非通向榮譽之路。

1 日本軍國主義組織，成立於一九〇一年，解散於一九四五年。

2 Japan: An Interpretation，一九〇四年，第四五三頁。

3 引自一個日本故事，出自 Upton Close, Behind the Face of Japan，一九四二年，第二九四頁。這個俄國投降的故事不一定完全符合史實，但不影響其文化上的重要價值。

4 Time，一九四六年二月十八日。

後記
我在曖昧的日本

大江健三郎 著／許金龍 譯

災難性的第二次世界大戰期間，我在一片森林裡度過了孩童時代。那片森林位於日本列島中的四國島上，離這裡有萬里之遙。當時，有兩本書占據了我的內心世界，那就是《哈克貝里．芬歷險記》和《尼爾斯歷險記》。

通過閱讀《哈克貝里．芬歷險記》，孩童時代的我為自己的行為找到了合法化的依據。我發現，在恐怖籠罩著世界的那個時代，與其待在峽谷間那座狹小的房屋裡過夜，倒不如來到森林裡，在樹木的簇擁下進入夢鄉更為安逸。而《尼爾斯歷險記》中的少年，則變成了一個小不點兒，他能夠聽懂鳥類的語言，並進行了一次充滿冒險的旅行。在這個故事中，我感受到若干層次的官能性愉悅。首先，由於像祖先那樣長年生活在小島茂密的森林裡，自己天真而又固執地相信，這個大自然中真實的世界以及生活於其中的方式，都像故事中所描繪的那樣獲得了解放。這，就是第一個層次的愉悅。其次，在橫越瑞典的旅行中，尼爾斯與朋友（野鵝）們相互幫助，並為他們而戰鬥，使自己淘氣的性格得以改造，成為純潔的、充滿自信而又謙虛的人。這是愉悅的第二個層次。終於回到了家鄉的尼爾斯，呼喊著家中思念已久的雙親。或許可以說，最高層次的愉悅，正在那呼喊聲中。我覺得，自己也在同尼爾斯一起發出那聲聲呼喊，因而感受到一種被淨化了的高尚的情感。如果借助法語來進行表達，那是這樣一種呼喊：「Maman, Papa! Je suis grandjesuis de nouveau un homme!」

他這樣喊道，媽媽、爸爸，我長大了，我又回到了人間！

深深打動了我的那個句子，是「Je suis de nouveau un homme!」隨著年齡的增長，我繼續體驗著持久的苦難，這些苦難來自生活的方方面面，從家庭內部，到與日本社會的聯繫，乃至我在二十世紀後半葉的總的生活方式。我將自己的體驗寫成小說，並通過這種方式活在世上。在這一過程中，我時常用近乎歎息的口吻重複著那聲呼喊：「Je suis de nouveau un homme!」

可能有不少女士和先生認為，像這樣絮叨私事，與我現在站立的場所和時間是不相宜的，可是，我在文學上最基本的風格，就是從個人的具體性出發，力圖將它們與社會、國家和世界連接起來。現在，謹請允許我稍稍講述有關個人的話題。

半個世紀之前，身為森林裡的孩子，我在閱讀尼爾斯的故事時，從中感受到了兩個預言。一個是不久後自己也將能夠聽懂鳥類的語言；另一個則是自己也將會與親愛的野鵝結伴而行，從空中飛往遙遠而又令人神往的斯堪地納維亞半島。結婚後，我們所生的第一個孩子是個弱智兒。根據 light 這個英語單詞的含義，我們替他取名為光。幼年時，他只對鳥的歌聲有所知覺，而對人類的聲音和語言卻全然沒有反應。在他六歲那年夏天，我們去了山中小屋，當聽見水雞的叫聲從樹叢對面的湖上傳來時，他竟以野鳥叫聲唱片中解說者的語調說道：「這是……水雞。」這是孩子第一次用人類的語言說出的話語。從此，他與我們之間用語言進行的思想交流開始了。

目前，光在為殘疾人設立的職業培訓所（這是我國以瑞典為模式興辦的福利事業）

工作，同時還一直在作曲。把他與人類所創造的音樂結合起來的，首先是小鳥的歌聲。難道說，光替父親實現了聽懂小鳥的語言這一預言？

在我的生涯中，我的妻子發揮了極為豐富的女性力量，她是尼爾斯的那只名叫阿克的野鵝的化身。現在，我同她結伴而行，飛到了斯德哥爾摩。

第一個站在這裡的日語作家川端康成，曾在此發表過題為《美麗的日本的我》的講演。這一講演極為美麗，同時也極為曖昧。我現在使用的英語單詞 vague，即相當於日語中「曖昧的」這一形容詞。我之所以特意提出這一點，是因為用英語翻譯「曖昧」這個日語單詞時，可以有若干譯法。川端或許有意識地選擇了「曖昧」，並且預先用講演的標題來進行提示。這是通過日語中「美麗的日本的我」裡「的」這個助詞的功能來體現的。

我們可以認為，這個標題首先意味著「我」從屬於「美麗的日本」，同時也在提示，「我」與「美麗的日本」同格。川端的譯者、一位研究日本文學的美國人將這一標題譯成了 Japan, the Beautiful, and Myself。雖說把這個句子再譯回到普通的日語，就是「美麗的日本與我」，卻未必可以認為，剛才提到的那位嫻熟的英譯者是一個背叛原作的翻譯者。

通過這一標題，川端表現出了獨特的神秘主義。不僅在日本，更廣泛地說，在整個東方範圍內，都讓人們感受到了這種神秘主義。之所以說那是獨特的，是因為他為了表現出生活於現代的自我的內心世界，而借助「獨特的」這一禪的形式，引用了中世紀禪僧的和歌。而且大致說來，這些和歌都強調語言不可能表現真理，語言是封閉的。這些禪僧的和歌使得人們無法期待這種語言向自己傳遞信息，只能主動捨棄自我，參與到封閉的語言之中去，非此則不能理解或產生共鳴。

在斯德哥爾摩的聽眾面前，川端為什麼要朗誦諸如此類的和歌呢？而且還是用的日語。我敬佩這位優秀藝術家的態度，在晚年，他直率地表白了勇敢的信條。作為小說家，在經歷了長年的勞作之後，川端迷上了這些主動拒絕理解的和歌，因而只能借助此類表白，講述自己所生存的世界與文學，即《美麗的日本的我》。

而且，川端是這樣結束講演的：有人評論說我的作品是虛無的，可它卻並不等於西方所說的虛無主義，我覺得這在「心靈」上，根本是不相同的，道元的四季歌命題為《本來面目》，一方面歌頌四季的美，另一方面強烈地反映了禪宗的哲理。我覺得，這裡就有直率和勇敢的自我主張。他認為，雖然自己植根於東方古典世界的禪的思想和審美情趣之中，卻並不屬於虛無主義。川端特別提出這一點，是在向阿爾弗雷德·諾貝爾寄予信賴和希望的未來人類發出心底的呼喊。坦率地說，與二十六年前站立在這裡的同胞相比，我感到七十一年前獲獎的那位愛爾蘭詩人威廉·勃特勒·葉芝更為可親。當時，他和我年齡相仿。當然，我並不是故意把自己與這位天才相提並論。正如威廉·布萊克──葉芝使他的作品在本世紀得以復興──所讚頌的那樣：「如同閃電一般，橫掃歐亞兩洲，再越過中國，還有日本。」我只是一位謙卑的弟子，在離他的國度非常遙遠的土地上，我說了以上這番話。

現在，我總結自己作為小說家的一生而寫作的三部曲已經脫稿，這部作品的書名（《熊熊燃燒的綠樹》），即取自於他的一部重要詩作中的一節：「從樹梢的枝頭，一半全是輝耀著的火焰，另一半全是綠色，這是一株被露水濕潤了的豐茂的大樹。」他的全部詩集，在這部作品的每一處都投下了透徹的影子。為祝賀大詩人葉芝獲獎，愛爾蘭上院提出的決議案演說中，有這樣一段話：「由於您的力量，我們的文明得以被世界所評價……您的文學極為珍貴，在破壞性的盲信中守護了人類的理智……」

倘若可能，為了我國的文明，為了不是因為文學和哲學，而是通過電子工程學和汽車生產工藝學而為世界所知的我國的文明，我希望能夠起到葉芝的作用。在並不遙遠的過去，那種破壞性的盲信，曾踐踏了國內和周邊國家的人民的理智。而我，則是擁有這種歷史的國家的一位國民。

作為生活於現在這種時代的人，作為被這樣的歷史打上痛苦烙印的回憶者，我無法和川端一同喊出「美麗的日本的我」。剛才，在談論川端的曖昧時，我使用了 vague 這一英語單詞，現在我仍然要遵從英語圈的大詩人凱思琳．雷恩所下的定義，「是 ambiguous，而不是 vague」，希望把日語中相同的曖昧譯成 ambiguous。因為，在談論到自己時，我只能用「我在曖昧的日本」來表達。

我覺得，日本現在仍然持續著開國一百二十年以來的現代化進程，正從根本上被置於曖昧（ambiguity）的兩極之間。而我，身為被刻上了傷口般深深印痕的小說家，就生活在這種曖昧之中。

把國家和國人撕裂開來的這種強大而又銳利的曖昧，正在日本和日本人之間以多種形式表面化。日本的現代化，被定性為一味地向西歐模仿。然而，日本卻位於亞洲，日本人也在堅定、持續地守護著傳統文化。曖昧的進程，使得日本在亞洲扮演了侵略者的角色。而面向西歐全方位開放的現代日本文化，卻並沒有因此而得到西歐的理解，或者至少可以說，理解被滯後了，遺留下了陰暗的一面。在亞洲，不僅在政治方面，就是在社會和文化方面，日本也越發處於孤立的境地。

就日本現代文學而言，那些最為自覺和誠實的「戰後文學者」，即在那場大戰後背負著戰爭創傷，同時也在渴望新生的作家群，力圖填平與西歐先進國家以及非洲和拉丁美洲諸國間的深深溝壑。而在亞洲地區，他們則對日本軍隊的非人行為做了痛苦的贖罪，並以此為基礎，從內心深處祈求和解。我志願站在了表現出這種姿態的作家們的行列的最末尾，直至今日。

現代日本無論作為國家或是個人的現狀，都孕育著雙重性。在近現代化的歷史上，這種近現代化同時也帶來了它的弊端，即太平洋戰爭。以大約五十年前的戰敗為契機，正如「戰後文學者」作為當事人所表現出來的那樣，日本和日本人在極其悲慘和痛苦的境況中又重新出發了。支撐著日本人走向新生的，是民主主義和放棄戰爭的誓言，這也是新的日本人最根本的道德觀念。然而，蘊含著這種道德觀念的個人和社會，卻並不是純潔和清白的。作為曾踐踏了亞洲的侵略者，他們染上了歷史的污垢。而且，遭受了人類第一次核攻擊的廣島和長崎的那些死者們，那些染上了輻射病的倖存者們，那些從父母處遺傳了這種輻射病的第二代的患者們（除了日本人，還包括眾多以朝鮮語為母語的不幸者），也在不斷地審視著我們的道德觀念。

現在，國際間有一種批評，認為日本這個國家對於在聯合國恢復軍事作用以維護世界和平持消極態度。這些言論灌滿了我們的耳朵。然而，日本為重新出發而制定的憲法的核心，就是發誓放棄戰爭，這也是很有必要的。作為走向新生的道德觀念的基礎，日本人痛定思痛，選擇了放棄戰爭的原則。

西歐有著悠久傳統——對那些拒絕服兵役者，人們會在良心上持寬容的態度。在那裡，這種放棄戰爭的選擇，難道不正是一種最容易理解的思想嗎？如果把這種放棄戰爭的誓言從日本國的憲法中刪去——為達到這一目的的策動，在國內時有發生，其中不乏試圖利用國際上的所謂外來壓力的策動——無疑將是對亞洲和廣島、長崎的犧牲者們最徹底的背叛。身為小說家，我不得不想像，在這之後，還會接二連三地發生何種殘忍的新的背叛。

支撐著現有憲法的市民感情超越了民主主義原理，把絕對價值置於更高的位置。在長達半個世紀之久的民主主義憲法下，與其說這種情感值得感懷，莫如說它更為現實地存續了下來。假如日本人再次將另一種原理制度化，用以取代戰後重新出發的道德規範，那麼，我們為在崩潰了的現代化廢墟上建立具有普遍意義的人性而進行的祈禱，也就只能變得徒勞無益了。作為一個人，我沒法不去想像這一切。

另一方面，日本經濟的極度繁榮——儘管從世界經濟的構想和環境保護的角度考慮，這種繁榮正孕育著種種危險的胎芽——使得日本人在近現代化進程中培育出的慢性病一般的曖昧急劇膨脹，並呈現出更加新異的形態。關於這一點，國際間的批評之眼所看到的，遠比我們在國內所感覺到的更為清晰。如同在戰後忍受著赤貧，沒有失去走向復興的希望那樣，日本人現在正從異常的繁榮下竭力挺起身子，忍受著對前途的巨大擔憂，儘管這種說法有些奇妙。我們可以認為，日本的繁榮，有賴於亞洲經濟領域內的生產和消費這兩股潛在勢力的增加，這種繁榮正不斷呈現出新的形態。

在這樣的時代，我們所希望創作的嚴肅文學，與反映東京氾濫的消費文化和世界性從屬文化的小說大相逕庭，那麼，我們又該如何界定我們日本人自身呢？

奧登為小說家下了這樣的定義：他們「在正直的人群中正直，在污濁中污濁，如果可能，須以羸弱之身，在鈍痛中承受，人類所有的苦難」。我長年過著這種職業作家的生活，已然形成了自己的「生活習慣」。

為了界定理想的日本人形象，我想從喬治．奧威爾時常使用的形容詞中挑選「正派的」一詞。奧威爾常用這詞以及諸如「仁慈的」、「明智的」、「整潔的」等詞來形容自己特別喜愛的人物形象。這些使人誤以為十分簡單的形容詞，完全可以襯托我在「我在曖昧的日本」這一句子中所使用的「曖昧」一詞，並與它形成鮮明的對照。從外部所看到的日本人形象，與日本人所希望呈現的形象之間，存在著顯而易見的差異。

倘若我將「正派的」人這一日本人的形象，與法語中「人道主義者」的日本人這一表現重疊起來使用的話，我希望奧威爾不會提出異議，因為這兩個詞都含有寬容和人性之義。不過，我們確實有一位前輩不辭辛勞，為造就這樣的日本人而付出了艱辛的努力。

他，就是研究法國文藝復興時期文學和思想的學者渡邊一夫。在大戰爆發前夕和激烈進行中的那種愛國狂熱裡，渡邊儘管獨自苦惱，卻仍夢想著要將人文主義者的人際觀，融入到自己未曾捨棄的日本傳統美意識和自然觀中去，這是不同於川端的「美麗的日本」的另一種觀念。

與其他國家為實現近現代化而不顧一切的做法不同，日本的知識份子以一種相互影響的複雜方法，試圖在很深的程度上把西歐同他們的島國連接起來。這是一項非常辛苦的勞作，卻也充滿了喜悅。尤其是渡邊一夫所進行的弗朗索瓦・拉伯雷研究，更是取得了豐碩的成果。

年輕的渡邊在大戰前曾在巴黎留學，當他對自己的導師表明了要將拉伯雷譯介到日本去的決心時，那位老練的法國人給這位野心勃勃的日本青年下了這樣的評價：「L'enCtreprise inouie de la traduction de l'in traduisible Rabelais.」即「要把不可翻譯的拉伯雷譯為日語，這可是前所未聞的企圖」。另一位驚訝的幫腔者則更為直率地說道：「Belle enterprise Pantagrueline」，即「這是龐大固埃式的、了不起的企圖」。然而，在大戰和被佔領期間的貧困、窘迫之中，渡邊一夫不僅完成了這項偉大的工程，而且還竭盡所能，把拉伯雷之前的、與拉伯雷並駕齊驅的，還有繼他之後的各種各樣的人文學者的生平和思想，移植到了處於混亂時期的日本。

我是渡邊一夫在人生和文學方面的弟子。從渡邊那裡，我以兩種形式接受了決定性的影響。其一是小說。在渡邊有關拉伯雷的譯著中，我具體學習和體驗了米哈伊爾·巴赫金所提出並理論化了的「荒誕現實主義或大眾笑文化的形象系統」——物質性和肉體性原理的重要程度；宇宙性、社會性、肉體性等諸要素的緊密結合；死亡與再生情結的重合；還有公然推翻上下關係所引起的哄笑。

正是這些形象系統，使我得以植根於我置身的邊緣的日本乃至更為邊緣的土地，同時開拓出一條到達和表現普遍性的道路。不久後，這些系統還把我同韓國的金芝河、中國的莫言等結合在了一起。這種結合的基礎，是亞洲這塊土地上一直存續著的某種暗示——自古以來就似曾相識的感覺。當然，我所說的亞洲，並不是作為新興經濟勢力受到寵愛的亞洲，而是蘊含著持久的貧困和混沌的富庶的亞洲。在我看來，文學的世界性，首先應該建立在這種具體的聯繫之中。為爭取一位韓國優秀詩人的政治自由，我曾參加過一次絕食鬥爭。現在，我則對中國那些非常優秀的小說家們的命運表示關注。渡邊給予我的另一個影響，是人文主義思想。我把與米蘭·昆德拉所說的「小說的精神」相重複的歐洲精神，作為一個有生氣的整體接受了下來。像是要團團圍住拉伯雷一般，渡邊還寫了易於讀解的史料性評傳。他的評傳涵蓋了伊拉斯謨和塞巴斯齊昂·卡斯泰利勇等人文學者，甚至還包括從圍繞著亨利四世的瑪爾戈王后到伽布利埃爾·黛托萊的諸多女性。就這樣，渡邊向日本人介紹了最具人性的人文主義，尤其是寬容的寶貴、人類的信仰以及人類易於成為自己製造的機械的奴隸等觀念。

他勤奮努力，傳播了丹麥偉大語法學家克利斯托夫·尼羅普的名言「不抗議（戰爭）的人，則是同謀者」，使之成為時事性的警句。渡邊一夫通過把人文主義這種包孕著諸多思想的西歐母胎移植到日本，而大膽嘗試了「前所未聞的企圖」，確實是一位「龐大固埃式的、了不起的企圖」的人。作為渡邊的人文主義的弟子，我希望通過自己這份小說家的工作，能使那些用語言進行表達的人及其接受者，從個人和時代的痛苦中共同恢復過來，並使他們各自心靈上的創傷得到醫治。我剛才說過被日本人的曖昧「撕裂開來」這句話，因而我在文學上做出了不懈的努力，力圖醫治和恢復這些痛苦和創傷。這種工作也是對共同擁有日語的同胞和朋友們確定相同方向而做的祈禱。

讓我們重新回到個人的話題上來吧。我那個在智力上存在著障礙卻存活下來的孩子，在小鳥的歌聲中走向巴赫和莫扎特的音樂世界，並在其中成長，終於開始創作自己的樂曲。我認為，他最初的小小作品，無異於小草葉片上閃爍著的耀眼的露珠，充滿新鮮的亮光和喜悅。純潔一詞好像由 in 和 nocea 組合而成，即沒有瑕疵。光的音樂，的確是作曲家本人純真的自然流露。

然而，當光進一步進行音樂創作時，作為父親，我卻從他的音樂中清晰地聽到了「陰暗靈魂的哭喊聲」。智力發育滯後的孩子盡了最大努力，使自己「人生的習慣」，即作曲，得以在技術上發展和構思上深化。這件事的本身，也使得他發現了自己心靈深處尚未用語言觸摸過的、黑暗和悲哀的硬結。

而且，「陰暗靈魂的哭喊聲」被作為音樂而美妙地加以表現這一行為本身，也在明顯地醫治和恢復他那黑暗和悲哀的硬結。作為使那些生活在同時代的聽眾得到醫治和恢復的音樂，光的作品已經被廣泛接受。從藝術的這種不可思議的治癒力中，我找到了相信這一切的依據。

我無須仔細進行驗證，只是遵循這一信條，希望能夠探尋到一種方法——如果可能，將以自己的羸弱之身，在二十世紀，於鈍痛中接受那些在科學技術與交通的畸形發展中積累的被害者們的苦難。我還在考慮，作為一個置身於世界邊緣的人，如何從自己的意願出發展望世界，並對全體人類的醫治與和解作出高尚的和人文主義的貢獻。

國家圖書館出版品預行編目 (CIP) 資料

菊與刀 / 露絲．潘乃德 (Ruth Benedict) 著；陸徵譯．——
四版．—— 新北市：遠足文化，2018.03．——(傳世；01)
譯自：The Chrysanthemum and The Sword :
Patterns of Japanese Culture
ISBN 978-957-8630-24-6 (平裝)
1. 民族文化 2. 民族性 3. 日本

535.731 107002392

傳世 01

菊與刀：日本文化的雙重性格

The Chrysanthemum and The Sword

作者——露絲．潘乃德 Ruth Benedict
譯者——陸　徵
總編輯——李進文
責任編輯——徐昉驊
編輯——陳柔君、林蔚儒
通路行銷——張元慧
封面設計——霧　室
封面插畫——黃正文
排版——簡單瑛設

執行長——陳蕙慧
出版——遠足文化事業股份有限公司
發行——遠足文化事業股份有限公司 (讀書共和國出版集團)
地址——231 新北市新店區民權路 108-2 號 9 樓
電話——(02)2218-1417
傳真——(02)2218-0727
郵撥帳號——19504465
客服專線——0800-221-029
網址——http://www.bookrep.com.tw
Facebook——日本文化觀察局 (https://www.facebook.com/saikounippon/)
法律顧問——華洋法律事務所 蘇文生律師
印製——呈靖彩藝有限公司

四版一刷 2018 年 3 月
五版十一刷 2024 年 3 月
Printed in Taiwan